1723

世界史的11扇窗

接觸、匯聚與開創，從全球史中的人物，看見現代世界的格局與變化

Viewing the
WORLD HISTORY
Through 11 Windows

陳正國 主編

目次 CONTENTS

—推薦序—

一七二三：世代、世界觀，與世界史

美國賓州州立大學講座教授
中央研究院院士
夏伯嘉

陳正國先生編輯的《一七二三，世界史的十一扇窗》一書，收集了十一篇論文，分別探討了十三位於一七二三年出生的歷史人物。這十三人當中，有八個是歐洲人，包括三位英格蘭人，四位蘇格蘭人，與一位法國人；四位是亞洲人，分別為兩位中國、日本、蒙古與越南人。這本書的起源應該是出自陳先生多年研究蘇格蘭啟蒙運動的心得，亦即借一個歷史的巧合：蘇格蘭啟蒙運動的三位重要人物皆生於一七二三年。亞當．史密斯的《國富論》讓後世尊之為經濟學之祖；亞當．佛格森，愛丁堡大學的哲學教授，書寫《文明社會史論》，與大衛．休姆齊名，為十八世紀思想史的重要人物；而約翰．威瑟斯本，長老教會接近喀爾文嚴格教義的中堅人物，日後移民美洲出任新澤西書院的第一任校長（按：後來的普林斯頓大學），於一七七三年支持美國英屬殖民地獨立，成為〈美國獨立宣言〉簽署者之一。

其他五位歐洲人都是十八世紀文化領域的先驅：霍爾巴赫男爵是啟蒙運動代表作《百科全書》的編輯者德尼・狄德羅（1713-1784）的摯友，他為《百科全書》撰寫了一千多份條目。威廉・錢伯斯是宮廷與花園設計師，曾經旅遊中國，親身拜訪中國的園林；在他的設計與寫作中，圓明園的皇家格局亦影響了後來倫敦萬國博覽會展場設計。美術方面，一七二三年出生的雷諾茲是十八世紀英國本土畫派的開創人。在他的領導下，英國美術擺脫了法意的影響而自成一派，反映了十八世紀下半葉

圖0-1 Chinese Jesuit. Portrait by Godfrey Kneller, 1687.
圖片來源：Godfrey Kneller,1687, Public domain, via Wikimedia Commons

英國的強盛國力。雷諾茲主持了一七六八年創立的皇家藝術學院，他擅長的肖像畫中有不少英國統治階級的菁英，亦包括了一幅中國人黃亞東（1776）的肖像，是繼中國耶穌會士沈福宗（1657-1692）一六八七年的肖像（圖0-1）後最早在西洋美術中出現的中國人。

在政壇上，布萊克史東和普萊斯分別代表了保守與改革的思潮。身任牛津大學法學教授，布萊克史東是第一位將英國普通法有系統地整理，並分析了普通法與歐陸公民法在理論上的分野，指出普通法的多源性。在大英帝國境內普通法既反映了地方自治亦維護著公民自由。布氏對憲法的解釋對建國後的美利堅合眾聯邦有長遠的影響。進步思想家普萊斯同樣地支持著英國的自由傳統，但是他的出發點是反對英國國教的新教精神。普氏支持法國大革命，和保守派艾德蒙·柏克（1729-1797）激烈舌戰。作為英國女權運動的先驅，瑪麗·沃斯通克拉夫特深受普氏的啟發。

五位亞洲人，除了準噶爾汗阿睦爾撒納（Armasana或Amarsana）之外，其他都是讀書人。編刊《甘薯錄》（1776）的陸燿為官山東運河道期間，曾編輯《山東運河備覽》一書，可以說是代表了清中葉全盛時期的一名高官。這位以經世文章留名的官員與比他小一歲的紀昀年輕時為同窗，亦認識考證學的泰斗戴震（一七二四年生）。乾隆欽定紀昀編修《四庫全書》，戴震代表了乾嘉考證學風，二人的名氣遠遠超過陸燿。生於一七二三、一七二四年的三位中國讀書人的世界觀與治理知識，恰好讓我們可以比較陳先生筆中蘇格蘭啟蒙時代的三雄。

盛平鼎世的清帝國傾力撲滅準噶爾，殺阿睦爾撒納，滅其族，建新疆，開版圖，國力達全盛之峰。在這個帝國內的漢族讀書人，面對西方知識的衝擊，已經備有一個平穩與完整的世界觀。故此，中國知識人如戴震與陸燿只接受了西方知識的有限層面，與同時期日本的知識分子有強烈的分別。德川幕府的日本與大清中國同樣是太平盛世，同樣限制與外通商。可是，面對中、西文化衝擊的日本讀書人，可能擁有更彈性的世界觀。江戶時代出生的三浦梅園代表了日本開始大量接受西方知識的第一代。除了儒、佛經書，梅園亦閱讀了耶穌會士的中文譯著和西方醫書。後者的傳入，有賴於困於長崎通商的荷蘭人。與梅園同年出生的前野良沢是「蘭學」的先驅，著力翻譯了西方解剖學《解體新書》（*Ontleedkundige Tafelen*）一書，接受了西方四元論代替陰陽五行說。有兩件事值得我們注意：蘭學的翻譯西書是直接由江戶幕府贊助；梅園與前野兩人生長於九州的大分和中律，兩地皆是以前耶穌會傳教的重點。十八世紀中葉的中國與日本，面對西方知識和世界觀已顯示了不同的反應。

放在世界史的領域，大清帝國和德川幕府在十八世紀度過了黃金時代。可是，同時期的越南面對的是史無前例的大動盪：西山阮氏三兄弟（阮惠、阮岳、阮侶），不單將主順化的阮氏擊退至海外，更揮兵北上打敗主政北方的鄭氏與傾覆黎朝，統一大越全境，更挫南犯之清軍。號稱光中帝的阮惠欲以儒家思想治國，屢次徵召隱修的理學家阮浹以事新朝。篤承宋明理學的阮浹被迫出任帝師，但是由他主導的文化建設「翻譯儒家經典為㝵喃文本」，在西山阮氏政權崩潰以後，並沒有存世。順化阮氏復辟後，繼續以儒家科舉治國。曾經在越南歷史中一度興盛的天主教屢遭迫害，活躍於朝廷的西方傳教士亦絕跡，一直到越南淪落為法國殖民地再捲土重來。

通覽一七二三年前後出生的眾人生平，自然想起了輩代（Generation）一詞。德國社會學家卡爾．曼海姆（Karl Mannheim）在他一九二八年〈輩代的問題〉（The Problem of Generations）一文定義說：「作為社會現象，代的意義只不過是一種身分的定位，包括了在一個歷史與社會演變的『同年輩』」。「代」這一個概念有兩重涵義——生理上的定義與歷史中的定位，「同時代不一定有社會學上的重要性，只有參與同樣的歷史與社會過程才是」。曼海姆對「世代」的定義與另一個相關的概念「世界觀」（Weltanschauung），在理論上有互動的作用。「世界觀」的形成是經過一個複雜的過程，在某一個時空下，積累的經歷、感受，和知識構成一種主觀的意識形態。曼海姆說：「最重要的問題，是怎樣將理論上從某時代的客觀事實去解釋一個整體的精神，一個『世界觀』。」

《一七二三》一代人的世界觀，反映的不單是同年代一輩的生活經驗，更重要的是在西歐與東亞這兩個中心地域構成的空間條件下產生的意識形態。書中八位歐洲人生活在英、法、美，在北大西洋，西歐的地域中養成了他們的世界觀。在他們生活的西方，不單經歷了快速的經濟成長，更體驗了大時代的政治動盪：美國獨立戰爭與法國大革命。西歐人的世界觀包含了東亞，在《國富論》史密斯指出當代中國經濟的兩大特點：中國地大物博，人口眾多，形成了一個相當富裕的社會；可是，中國限制國際通商，而下層民眾工資低下，造成長遠經濟增長的隱憂。相對史密斯對中國經濟的負面印象，在英國的文化圈卻發起了「中國熱」（chinoiserie）：在宮廷、園林、瓷器、美術捲起了一陣的中國風，如錢伯斯和雷諾茲的生平可見。這一陣中國風從歐陸吹到英國，其發源地和發起者卻是遠在中國的耶穌會士。在他們的書信中，中國被吹噓成為文明第一大國，而耶穌會士正努力傳播基督福音。當中國風吹越英倫海峽之際，在法國卻興起了反潮流。《百科全書》七萬一千八百十八條目中有一百二十三條有關中國，其大部分出於狄德羅和霍爾巴赫男爵的手筆。受到了狄德羅的影響，有志於技術和工藝的霍爾巴赫從早期的欣賞中國轉變為負面評論中國，《百科全書》有關中國最重要的條目是狄氏書寫的「中國哲學」，文章批判了儒、道、佛思想，對儒家的道德倫理上有讚譽之詞，卻認為儒家在形而上哲學和自然哲學毫無貢獻。在一件一七六〇年的書函中，狄氏回憶起一段對話：「關於中國人，顧神父（pére. Hoop）與男爵（按：霍爾巴赫）都是仰慕者，也許描述中國人的智慧有些是真的，可是我不太相信有智慧的國家。」狄德羅的中國知識主要來自耶穌會士的書籍，但是他的懷疑態度和負面的看法正好跟比他長一代的伏爾泰形成強烈的對比。耶穌會在十八世紀中、後期在歐洲遭受的打擊，造成了對耶穌會中國知識的整體批評。威瑟斯本在美洲費城簽屬〈獨立宣言〉那一年，耶穌會已被葡、西、法三國鎮壓，並於一七七三年被教皇解散禁會。

正當歐、美走過了啟蒙運動、美洲獨立與法國大革命的歷史大動盪，盛清中國、德川日本和李氏朝鮮享有一百多年的太平盛世。中國的人口於乾隆一朝急速直增，境內的小動盪，如陸耀經歷過的山東王倫之亂，輕易平定。在清朝鼎世，代表西方文化衝擊的傳教士中文譯著在帝國統治與儒家思想構成的世界觀中，只佔有邊緣的地位。西方傳教士於明清之際著譯的四百五十餘本書籍，只有利瑪竇的幾本科學著作被《四庫全書提要》收錄，其影響力尚不及「蘭學」在日本的地位。西方傳教士在日本、朝鮮與越南絕跡，在中國，除了在地方有少數教士祕密傳教，只有在北京仍然有歐洲神父在欽天監和宮廷服務。曾經是中西文化交流的先驅者，天主教傳教士變成了在歷史潮流中的漂泊者。其中一位亦生於一七二三年，他是法籍耶穌會士晁俊秀（François Bourgeois, 1723-1792），其生平與暮年可以代表了中、西一七二三年代一輩人的一個縮影，以下簡單的略述他的生平，為序言作為結語。

一七二三年晁俊秀（又名趙進修）出生於法國東部佛日（Vosges）區的一個小鎮，十七歲進耶穌會，一七六四年離法傳教，於一七六七年到達廣州，翌年進京任職欽天監。晁俊秀的書信記載了乾隆宮中的見聞；他也是第一個將中國人口統計介紹給歐洲，指出一七六一年大清帝國人口已高達一億九千萬人。耶穌會在歐洲被解散，晁俊秀任法籍耶穌會傳教團團長，記載了禁會前後的風風雨雨。

一七七四年耶穌會被解散的消息傳到北京，耶穌會人心惶惶。身為法籍團長，晁俊秀決定暫時不公布教皇禁令，待手令到達北京後才執行。三位法籍耶穌會士強烈反對，並要求晁氏公開傳教團的賬簿與分產，以確保散會後各人安生之計。晁俊秀給各人多發支助但是堅決不分產。反對派上告管理西洋人的內務府，說法皇放棄了耶穌會士，已經十年沒有發餉，他們服從的是大清的皇上。主內務府的福隆安親王下批，要求洋人自己解決分歧，讓團長和反對派分別管帳。傳教士內鬨，法、葡兩國相鬥，京城內天主教一團混亂，都記載在晁俊秀的筆下。在一封悲情滿溢的長信中，晁俊秀描述反對派要求分產之日「是他們痛苦的開始，如悲劇的第一幕。」

教皇禁會令傳到北京，葡國耶穌會士已經將產業（北京城內外二百二十九房地產，年入一百二十萬兩）轉移到葡國的管理。法籍教團最終各人分產。後來法國以樂善會接替北京耶穌會的事業。前耶穌會會士大部分將私產歸公。乾隆朝天主教傳教士的暮年，從慌恐急躁平息為聽天由命。一七九二年晁俊秀卒於北京，其他的前耶穌會士亦在京城安度餘生，比在西、葡兩國的會友幸運。

一七九三年英使馬加爾尼出使北京，請求兩國建立邦交，請開放通商大門。在京的傳教士多接觸英使，馬加爾尼的使團日記留載了他對各人的印象。馬使對法籍耶穌會士錢德明（Jean Joseph Marie Amiot）特別稱讚，說他才德均超越其他在京的西洋人。只有一件事馬使不同意錢德明的看法：這位老先生對中國讚譽太誇張，也許是他久居中國之故。反而馬加爾尼看到的是清朝的弱點：封閉自守，兵備落後，海防空虛。要是不幸中、英交戰，馬氏判斷不出三個月，皇家海軍便可以控制全中國海岸，預測了四十多年後的鴉片戰局。

陳正國先生主編的《一七二三》一書，讓讀者從東至西，從中國到英國，管窺看到了十八世紀的文化、思想，與政治大潮流，確實為世界史的一部佳作。

—推薦序—

以歷史的視角看一七二三年

美國普林斯頓高等研究院教授
狄宇宙（Nicola Di Cosmo）

生活在二〇二三年的我們，三十年前的世界是什麼樣子都不太記得了，又要如何評估三百年前發生的事？一九九三年，美國總統喬治·布希和俄羅斯總統葉爾欽簽署第二階段削減戰略武器條約，促使冷戰結束；奧斯陸協議簽署，可望推動中東和平；歐盟正式成立，同時科學家正在制定評估氣候變化影響的指引。那個時候的世界看起來多麼不同，甚至還未考慮技術如何改變日常生活、資訊生產與流通發生的革命、全球化如何衝擊國家和人民的經濟等，不勝枚舉。歷史學家的任務是篩選歷史的殘骸，辨識意義重大的變革，探問變革為何、如何發生，以及事件的長期影響。今日的我們是見證者，見證了一九九三年的所想像的，但如今許多方面未能實現的世界，以及實際取而代之的世界。既然從三十年前的世界看待未來，有許許多多的可能，便不應僅從今日的情況分析歷史人物的行為。雖然我們難免透過實際的結果看待過去，並在那樣的基礎上尋找重要事件和轉折點，然而經歷那些事件的人們，他們的許多行動，無法以同樣的方式理解。我們若要完全理解某個時代的意義，便不能不考慮那些事件的主角認為他們的行為將如何改變他們的現在和未來，不論後果如何。正如我們就個人的經驗都會發現，合理解釋「發生何事」的時候，僅僅考量結果並不是良好的作法，而在歷史研究中，這樣的取徑也使我們容易陷入「目的論」的解釋，即相信人們的行為和事件的發生都有某個目的——然而，這是歷史學家的重大謬誤和致命之罪。

因此，當我們反思歷史，回到三百年前的世界，我們可以回顧一七二三年出生的人們，而不必要求一致的框架：他們認為自己對於正在經歷深刻變革的世界可能做出什麼貢獻，他們又是如何參與當下的時代精神。自然而然地，我們便有榮幸從更宏觀的角度看待當時發生的事，在那個概括的視野中，連結人民、國家和大陸，並超越那些主角可能看到或經歷的範圍。本書收錄的論文透過研究特定人物的傳記，解釋為何一個任意的日期——一七二三年——可以激發歷史反思：關於世界觀認知的改變，而這些轉變既來自先前的發展，也影響未來的事件。每個時代都必須面對本身特定的問題：經濟、社會、政治、精神或物質、地方或國際。詮釋自己的時代，並選擇如何為時代所需的變革做出（或不做出）貢獻，是每個時代出生的人的責任。

十八世紀是知識和政治充滿激烈變革的時代，是革命、大規模社會動盪的時代，是突破貿易和探險邊界的時代——但這也是剝削的時代。同時，十八世紀也產生新的世界視野，一個在物質、地理和智識上不斷擴展的世界。一七二三年大約處於光榮革命和美國革命戰爭之間；而在中國，是清朝雍正元年；在法國，路易十五的統治達到繁榮太平。出生於一七二三年的人似乎形成一個特殊的世代。在這樣的年代中，他們參與深刻的變革，覓得自由和空間，透過創造符合當時需求和渴望的新知識，提升他們為世界做出的貢獻。

聚焦於同一世代、生活在不同地方的人（實際上都是男人），還帶來一個空間的視角：其中有人較常旅行，能夠獲取更多資訊，而且可以藉由正在建立或擴展的通信網絡與其他人聯繫。另一個視角是那些成為時代典範的個人，成為在消逝的舊時代和正在崛起新時代的具體呈現。透過他們的生活，我們可以一瞥變革是多麼普遍，儘管是在不同的地方，不同的文化、思想環境之中察覺。特別是歐洲人發現，人類深遠的過去和歷史演變並不限於歐洲及周邊地區。透過貿易、外交和傳教活動，相較前人，他們以截然不同的形式，開始理解並體驗自然、藝術、哲學、歷史。同樣地，亞洲學者也以無法納入現有思想體系的方式接觸歐洲的知識。

一七二三年出生的歐洲人繼承古老的君主制度，同時，知識和政治的騷動預示劇烈的變革。理查．普萊斯（Richard Price）代表一種新型態的公民，世俗、國際化，而且具備打造新時代的自由與民主觀念。新的理想與從前的愛國主義和崇拜君主體制截然不同，也標誌著他們對世界遙遠角落的文化的交流。愈來愈多受過教育的人認為自己正在參與一場普世的智識探索，這樣的探索形塑他們對於其他文化和知識體系的理解，因此推動許多學術研究的分支。

也許令人驚訝的是，對「一七二三年的世代」做出非常特殊且巨大貢獻的，是位於歐洲西北邊陲的蘇格蘭。蘇格蘭的知識分子，如亞當．史密斯（Adam Smith）、亞當．佛格森（Adam Ferguson）和約翰．威瑟斯本（John Witherspoon），不僅在英國和歐洲留下深刻的印記，影響更觸及美國。威瑟斯本曾在美國主持紐澤西學院（今日的普林斯頓大學），後來成為〈獨立宣言〉其中一位作者。身為卓越的學者，亞當．佛格森是蘇格蘭啟蒙運動的重要代表，他推崇公民社會，視技術和創新為社會變革的驅動力，因此聞名。

亞當．史密斯這位知識巨擘奠定現代經濟思想的基礎。不像威瑟斯本和佛格森，史密斯受的教育不以神學為主，他的著作較不受到基督宗教影響。此外，當時英格蘭和蘇格蘭的大學提供不同類型的教育，這是另一個經常被人提到的原因，或許可以解釋為什麼有這麼多成功的蘇格蘭知識分子。史密斯本人便曾經評論蘇格蘭大學的教學極為開放並充滿活力。

當時另一位重要人物，並且順帶一提，他也針砭過牛津大學的教學，就是法學家威廉．布萊克史東（William Blackstone），他於英格蘭普通法的著作相當聞名，並且深深影響美國憲政思想，提供美國憲法實質的解釋基礎，持續到現代。對於憲法允許的自由和權利，他的觀點緊繫英格蘭普通法的演變，只能在英格蘭內部應用，因此在大英帝國，甚至僅在英國內，允許多種法律體系並存。這樣的系統既有一個全面的憲法秩序，同時保留空間給從屬但相對獨立的法律體系，影響當時美國的聯邦憲法體制，形成將每個州與聯邦聯繫在一起的法律框架。

等待一七二三年在歐洲出生的人的新世界，也是探索大自然的世界。其他大陸的植物和動物正在被收集、記錄和分類。在這個時代，這些新的知識全都急需分類，需要以科學方法組織，除了林奈（Linnaeus）實現這件事情以外，在法國，霍爾巴赫（d'Holbach）也是一位主角。首先，他為狄德羅的《百科全書》貢獻多篇條目；其次，在當時盛行的沙龍文化，他是出色的經理人，舉辦聚會，邀請具有影響力的學者和知識分子，討論各種類別的思想。對於自然科學的百科全書，霍爾巴赫的特殊貢獻在礦物學、礦業和冶金領域。霍爾巴赫從事這項嚴肅的科學事業期間，與許多正在世界各地進行田野工作的人進行交流，從亞洲到拉丁美洲，尋找礦物樣本。

這個世代另一個結合學術和旅行的人物是威廉・B・錢伯斯（William B. Chambers）。他的傳記反映許多人在前往亞洲旅行之後找到自己生活和工作存在的理由（raison d'être）。他的求知熱忱從他對自然歷史、植物和花園的熱愛可見一斑。從哲學和藝術詮釋自然，這個方面中國的山水可謂典範，以花園的形式重現各種風貌，深深吸引歐洲人。他們試圖將清代中國的園藝和造景原則融入、再現於英國本身和更廣泛的歐洲美學。從學習——包括從其他文化中學習——這樣根本的追求之中可以發現，這是另一種代表這個年代對世界主義與普世主義渴望的形式。

另一種受到外國吸引，同時精進本身藝術的類似情況，也能從雷諾茲（Reynolds）的作品見得。身為皇家藝術學院的院長，也是具有影響力的畫家，他以外國為主題的經典作品再次打開一扇窗，除了看到英格蘭的城市和鄉村，更看到更廣大的人類，包括中國人、穆斯林和其他世界民族，不僅代表大英帝國的全球擴張，還有英格蘭與外國民族之間基於藝術興趣的連結。

在亞洲，一七二三年標誌著更微妙但同樣具有影響力的知識分子和歷史變革，本書的多位作者透過研究四個個人的生活——中國人、日本人、越南人、蒙古人，探索這些變革。這四個個人皆代表對於當下時代的特殊回應，同時四人整體亦說明亞洲當時面臨的矛盾和挑戰，部分來自亞洲國家內部，部分則來自與西方的相遇。

十八世紀最動盪不安的國家是越南。阮浹的生平就是這樣騷亂時期的象徵。他是儒家學者、隱士，和不情願的統治者顧問和老師。他的一生反映內戰時期知識分子面臨的選擇。在被召見入朝後，新儒學學者阮浹必須在公共生活和私人學習取得平衡。他在荒野中隱居的治學與教學，和非他主動追求的政治權力，二者之間形成鮮明對比。即使在如此的困境中，他於解釋儒家經典的成就依然卓越。在政治動盪的時代，他一心向學，代表全球轉向的另一個文學面向。

正值和平繁榮的日本與越南不同。三浦梅園的人生在某種程度上懸於傳統學問和西方人帶給日本、所謂「蘭學」的新學問之間。然而，正是三浦梅園這個世代接觸到大部分的西方觀念。他的思想兼容並蓄，包括新儒學、道教、佛教以及西方思想。他重新詮釋中國哲學的各個面向，例如陰陽五行論，但尤其引人注目的是，包含在明末與清朝引入中國的西方知識，尤其醫學和解剖學研究領域。三浦梅園的融合主義可被視為世界主義的另一個版本，在地球的另一端的通行，以及蘭學所代表的全球思想的流通。

與此同時，清朝中國繼續擴張邊疆，這是雍正與乾隆，由特是乾隆的統治遺產，而帝國核心地區基本上維持和平。同樣在一七二三年出生的陸燿，在山東擔任官員，雖然不是一位特別有名的作家，卻寫了一篇以蕃薯為題具有影響力的論文。這樣的著作表面上可能不如他的某些同代人（如紀昀和戴震）那麼引人矚目，但重要意義在於，這位地方官員搭上這個時代的全球趨勢。由於工作，陸燿不僅對河流管理感興趣，也對廣泛的經濟問題感興趣，以致他在行政工作推動創新。他好奇西方進口品能為人民的生活帶來什麼好處，例如蕃薯，因此特別關注所處時代的新變化。

在宏觀的歷史層面上，衛拉特領袖阿睦爾撒納的命運預示草原時代結束，而在此之前，草原一直是世界史的推動力量。準噶爾是歐亞歷史上最後一個轉型的汗國，此時正被兩個擴張中的帝國，即俄羅斯羅曼諾夫帝國和滿洲清帝國，無情地壓制。因此，阿睦爾撒納可以被視為延續近三千年歷史的「游牧帝國」最後化身。雖然清朝本身在一定程度上受益於內亞洲帝國傳統，但地緣政治利益已經改變，麥金德（Mackinder）稱之為「亞洲樞紐」的歐亞大陸中心地帶，終於被中國和俄羅斯兩個不斷擴張的陸地帝國掌控。隨著準噶爾權力結束，再也不會有游牧領袖像以前那樣，在歐亞建立幅員廣大的帝國——成吉思汗和忽必烈的時代已經永遠逝去。

總結而言，我們必須熱烈讚揚本書的主編陳正國教授，以及本書收錄文章的所有作者。這些同樣在三百年前誕生的個人，他們了不起的故事，為人類歷史帶來特殊的維度和豐富的視角。在這個視角中，一個時代稍縱即逝的性質，即時代的精神，儘管有著非常不同的地方特色和感知方式，在不同的大陸折射。我會主張，這種折射提高雅克．皮漢納（Jacques Pirenne）所謂《普遍歷史的洪流》（*Les Grands Courants de L'Histoire Universelle*）的可見度，使得能夠將抽象的趨勢與具體、切實的生活聯繫在一起。

（胡訢諄譯）

參考書目

- Karl Mannheim, "The Problem of Generations." In P. Kecskemeti, ed., *Essays on the Sociology of Knowledge*. London: Routledge & Kegan Paul, 1962, p. 290.
- Karl Mannheim, "On the Interpretation of 'Weltanschauung'" in P. Kecskemeti, ed., *Essays on the Sociology of Knowledge*, p. 73.
- Dean Buchanan Coen, *The Encyclopédie and China*. PhD dissertation, Indiana University, 1962. Univ. Microfilms, Inc., Ann Arbor, Michigan, 62-5020.
- J.A.G. Roberts, "L'image de la Chine dans l'Encyclopédie." *Recherches sur Diderot et sur l'Encyclopédie* (1997) 22: 87-108.
- R. Hsia, "The End of the Jesuit Mission in China," in Jeffrey Burson and Jonathan Wright, eds., *The Jesuit Suppression in Global Context: Causes, Events, and Consequences*. Cambridge: Cambridge University Press, 2015, pp. 100-116
- R. Hsia, "Jesuit Survival and Restoration in Qing China" in Robert A Maryks and Jonathan Wright, eds., *Jesuit survival and restoration: A Global History 1773-1900*. Leiden: Brill, 2014, pp. 245-260.

• Archivvm Romanvm Societatis, jap-sin 185, "de societatis Iesu suppressione in Sinis ad PP. S. J. in Rossia."（耶穌會羅馬檔案館，日本-中國185號，〈有關耶穌會在中國被禁致在佛會士書〉。）

—主編序—

從移動的微渺個人到世界歷史的結構

中央研究院歷史語言研究所研究員
陳正國

發現不少歷史名人都出生於一七二三年，純粹出於偶然。每一次的發現，都是一次小小的驚喜，直到人數累積超過十位，終於發出了驚嘆。從歐亞大陸的最東緣算起，出生於此年的人物有日本儒學家、醫學家、蘭學者三浦梅園，日本蘭學奠基者前野良澤。在清朝統治的國度有注重經世與政府管理效能的儒家官員陸燿，書法家與掛名《四庫全書》副總編纂梁國治也都生於一七二三年。著名的考證學家與思想家戴震也幾乎在同一年出生（一七二四年一月）。在越南被稱為國師的儒學者阮浹以及在漠北像流星一樣劃過戈壁穹空的準噶爾將軍阿睦爾撒納，同樣出生於一七二三年。

歐亞大陸最西緣的地區雖然人口尚或不及中國江南，著名的一七二三年人物之風流與數量卻絲毫不遜於東亞。蘇格蘭出身的畫家漢彌爾頓（Gavin Hamilton）；英國皇家學院首任院長與畫家雷諾茲（Joshua Reynolds）；英國建築史上中國風的代表性人物錢伯斯（William Chambers）；英國數學家與政治抗議分子普萊斯（Richard Price）；英格蘭法學家，習慣法最重要的詮釋者布萊克史東（William Blackstone）；出身於蘇格蘭的英國哲學家與政治經濟學家亞當．史密斯；蘇格蘭思想家亞當．佛格森；蘇格蘭長老會牧師、紐澤西學院院長、美國建國之父約翰．威瑟斯本；法國《百科全書》重要作家以及著名的無神論者霍爾巴赫男爵（Baron d'Holbach），百科全書作家與翻譯家格林男爵（Baron von Grimm）等等都出生於此年。

從人口學角度而言，一七二三年與一七二〇或一七三〇年應該沒有不同；從統計學上講，它們的出生率應該沒有差別。但這一年的「名人堂」比較擁擠，自然是與歷史的發展有關。簡言之，這些人顯然（集體）代表了一個世代，並在各自的文化中深刻的反映了他們所屬的時代，所以他們留下了深刻足跡、歷史材料，同時被後代史家關注。在一七五〇年代到一七七〇年代，也就是一七二三年出生人物的青壯年期間，他們是各自的民族、國家、乃至世界舞臺上的角兒。他們的名字與事蹟，必然與這些事件與發展息息相關。在歷史學相對不發達的地區，例如非洲、中東、印度、甚至韓國，要尋找一七二三年出生的人物就相對困難。

儒學形塑了十八世紀的東亞行政官員與知識人的世界觀，也是他們最重要的知識來源，所以留下名字的東亞人物多與儒學有關。歐洲十八世紀開始有所謂的啟蒙運動，一七七六年前後有北美獨立運動的爆發，參與其中的人也就比較容易為歷史所記載。十八世紀是帝國與君主制時代，所以參與帝國擴建的人物，王公將相就容易留在史冊。但歷史的一項重要工作就是記載特殊，而非普遍。在普遍的東亞儒學背景中，我們發現日本、中國、越南儒者都有其區域性的特色，例如日本儒學與古學、蘭學發生關係，越南遵守宋明理學的傳統，中國乾嘉考據方興未艾，同時也有中華帝國特殊的經世之學。由於儒學的普遍性，歐洲知識分子認為儒學代表人類重要的知識成就、道德哲學的精緻發展，而往往忽略儒學的區域性，反之，啟蒙思想在歐洲知識人身上呈現了各自不同的風貌，就如晚清中、日在初接受歐洲啟蒙思想時，往往忽略歐洲各國的差異。史學工作者的世界史寫作與哲學家們，例如黑格爾的世界史最大不同之處，應該就是史學工作者更在乎專門區域與國家的特色，而哲學家們只關心普遍性。這不是說，歷史學者不關心普遍的現象，只是他們更在乎普遍現象中的特殊。例如儒學也曾在十八世紀影響許多歐洲哲士，本書的主角之一霍爾巴赫就曾花時間研究宋明理學。他所貢獻的《百科全書》雖與《四庫全書》都是十八世紀編纂整理知識的重大事業，但其發想，政治目的，對當時與後世的影響都極不相同。

十八世紀歐洲國家權力進一步中央化，導致貴族勢力沒落，崛起的市民希望法律改革，法治國的呼聲相當普遍。此外，手工業與對外貿易的發達，使得藝術與品味等文化資本竄起，開始與上層社會的金錢資本與社會資本產生競合。在這些普遍的歷史發展中，布萊克史東名垂青史的習慣法箋注，雷諾茲、錢伯斯等人的藝術與品味的制度化或標準化都是對這些歷史發展的特殊呼應方式。當然，十八世紀是帝國的世界。蒙兀爾、大清固然是控制世界有年的龐大帝國，西歐的海洋帝國也漸次興起。阿睦爾撒納傳奇的一生，既反映帝國周邊的恆常問題，更顯示大清的獨特治理方式，而主人翁的個性更因為依違於帝國之間而顯得悲壯。

二〇二三年適逢這些人物的三百周年祭，我們希望能用某種方式紀念他們，於是有了這本書的構想。但我們希望除了紀念這些個別人物本身，還可以透過他們同時呈現世代、時代、世界史的多層意義。學界在闡述時代或世界史意義的時候多會使用論證的方式，講述環繞著重大事件中的其他事件與人，論證這些事件與人的內在關係；於是這些大小事件與人就一環一環的聯繫起來，形成了大的歷史敘述，時代敘述或具有歷史影響與意義的敘述。這樣的大敘述完全正當且合理，但在有限的篇幅裡，延展性的論證可能不是呈現歷史故事最合適的作法，於是我們採用帶有編年史性質的方式，選擇主人翁生命中的關鍵時間、作品、言論，以及他所屬社會、族群、國家的重要事件之間的纏捲互動，邀請讀者建立起自己的世界史感受。

換句話說，本書作者們努力將每一位主人翁打造成面向區域史與世界史的窗戶，但是打開了其中幾扇或全部窗戶的讀者會看見何種世界史圖像，卻是開放性的，甚至不確定的。本書沒有單一作者，沒有單一權威，所以所謂世界史的樣貌，不是在同一隻手的主觀下描繪出來的。強調「看」，固然是一種象徵修辭；二維的文字閱讀與三維的歷史感知之間需要借助讀者自身的想像。

當然，本書中十幾位主人翁都是歷史大敘述下被記載下來的人物；他們並非一般百姓。我們曾試著尋找出生於一七二三年的凡夫俗子與平凡女性（史料中可考一七二三出生的女性都是女王或公主），很可惜沒有任何成果。目前介紹的人物大抵代表了三個地理空間與文化區域的重大歷史面向，一是東亞的儒學與蘭學，二是帝國的歷史，三是歐洲的啟蒙思想與政治改革。這應該也是十八世紀世界歷史發展的三大面向。但我們不希望用既有的儒學史、帝國史、啟蒙運動、美國大革命等史學敘述來介紹這些人物。反過來，我們希望能透過這些人物的細微描述，講一點過往大敘述中被遺漏的私人情感、吉光片羽或歷史遺跡，讓更豐富、更立體的歷史人物成為主角，站上世界史的舞臺，而不是被大歷史化約後的歷史工具角色（historical agents）。

事實上除了戴震、亞當·史密斯與佛格森，本書有多位主人翁從未或很少為中文世界所研究，遑論仔細研究；如三浦梅園、前野良澤、阮浹、約翰·威瑟斯本、威廉·布萊克史東、加文·漢彌爾頓、霍爾巴赫、理查·普萊斯等人，儘管他們在各自的國家歷史中具有一定的重要性。中文世界對於阿睦爾撒納，約書亞·雷諾茲、威廉·錢伯斯、陸燿等人可能不是完全陌生，但他們的跨區域意義、比較史乃至世界史的意義，則很少被強調。細心的讀者應該可以輕易發現，這些主人翁所參與的知識與帝國發展，多少具有或隱或顯的全球史關聯；正因為如此，我們希望能在紀念這些人物時，同時透過讓他們再現當時世界的動向。

沒有書是完美的。本書準備過程約為兩年，而作者們正式寫作的時間則不及一年半。疏漏或不足之處在所難免，例如我們始終找不到朝鮮的人物，也找不到適合的史學工作者幫忙處理格林男爵等人。因為本書具有強烈的時間性與儀式性，我們只能割捨部分無法處理的歷史。但以目前的呈現而論，我們深信本書已經符合當初希望透過人物觀察區域互動或世界史動向的初衷；而本書也很可能是世上唯一以一七二三年為主題出版的書籍。

非常感謝聯經出版公司總編輯涂豐恩博士的成全，讓這本具有實驗性質的集體創作可以與讀者見面。感謝陳胤慧編輯幫忙處理地圖、年表的製作與圖像授權的繁瑣工作；沒有她的協助，本書必然減色不少。感謝夏伯嘉教授以及狄宇宙教授（Nicola Di Cosmo）撥冗為本書撰寫極為精彩的序言，使本書增添許多光輝。事實上，夏教授所述晁俊秀的故事，既深富價值更是神來一筆，直可以視為本書的外章。原本答應為本書序跋的王汎森教授最終慷慨貢獻了本書第三章，為本書添加重要的視角。其高義同樣令人動容，在此一併致上最深謝忱。

本書出版前夕得知歷史學家娜塔莉戴維斯教授（Natalie Zemon Davis, 1928-

2023）於十月二十一日過世，享耆壽九十五歲。二〇〇一年本書作者之一王汎森院士擔任國科會人文處處長時，支持中央研究院舉辦世界史經典研習營，由本書的推薦序作者夏伯嘉院士擔任總召集人與顧問，使得臺灣世界史研究進入新的紀元。在夏伯嘉先生的推薦下，研習營於二〇〇四年邀請戴維斯訪臺擔任主講人，正好由筆者擔任聯絡人，安排她的訪臺行程。戴維斯教授致力於書寫歷史非主流人物，尤其是流動於不同文化中的邊緣人物的奇特歷史經驗。戴維斯教授曾面告筆者，她理想中的歷史書寫是可以讓讀者獲得勇氣的歷史故事。其文筆清暢而人物雖平凡卻卓然兀立，正如教授本人舉止異常優雅而性格百般堅毅。戴維斯教授曾經在臺灣的世界史研究中留下鮮明而重要的足跡，我想本書的所有作者都不會反對筆者將此集體著作做為對戴維斯教授的致敬以及誌念。

三浦梅園與十八世紀日本思想史：西方知識的接受與陰陽五行說

中央研究院歷史語言研究所副研究員
藍弘岳

前言

日本在十七世紀前期進入所謂鎖國的時代。雖然在此之後，日本人不再遠航他國，但朝鮮王朝和琉球的使節團會進入日本，同時來自中國、臺灣和荷蘭的商船也可以至日本進行貿易。他們不僅帶來貨物，也帶來許多在明清中國和歐洲出版的書籍。就西方知識如何在江戶日本展開的這個問題而言，除蘭學之外，明清時期中國翻譯的許多西學書籍也輸往日本，然而因為禁教的政策，許多書籍因此成為禁書。不過，在十八世紀中期以後，相對於中國的耶穌會士離開中國，進入知識鎖國時期；江戶日本則雖在政治上採取鎖國政策，但在知識上已為開國的狀態。不僅蘭學發展，且許多明清西學方面的禁書也開始傳閱。而這一差異進而影響十九世紀日、中兩國面對西方軍事和知識衝擊的方式。在此短文中，讓我們來一窺在德川中期這一看似封閉的時代與社會，德川知識人如何看待西方與傳統中國的知識，及如何思考天地自然。

眾所周知，近代西方哲學大家康德（Immanuel Kant, 1724-1804）有「三批判書」（《純粹理性批判》、《實踐理性批判》、《判斷力批判》）。早康德一年出生的本文主角三浦梅園（1723-1789）也被認為具強韌的思考能力，在日本思想史上創造出其他人幾乎無法比擬之精緻體系的思想家，亦有代表著作「三語」（《玄語》、《敢語》、《贅語》，後述）。這或可謂十八世紀東西方哲人大家之學相互應照。只是較之康德之學對近現代哲學無遠弗屆的影響力，三浦梅園之學其實難以被後世之人理解。這與西方國家在近代政治、經濟、學術等領域全面碾壓東方國家，現今我們的知識已大幅西化有關外，也與德川日本這一特殊的社會、國家，及三浦梅園個人的個性和生長環境等等相關。

若從日本知識史、思想史來看，一七二三年前後出生的人可謂為日本開始大量接受西方知識的第一世代。本文以出生於一七二三年的三浦梅園為主展開論述，同時也會論及同樣出生於一七二三年的蘭學開創者前野良澤（1723-1803）。這兩人皆否定立基於陰陽五行說的自然觀與身體觀，並且接受蘭學所帶來的知識衝擊。以下，我們將以這兩位在一七二三年誕生的人物對陰陽五行說的看法為主幹，論述陰陽五行說在江戶日本受到的批評與運用之情況，及他們對西方知識（包括蘭學與明清西學）的接受等問題。進而，本論文也將比較約同時期誕生的中國思想家戴震（1724-1777）之思想與明清西學和陰陽五行說的關係，以說明一七二三年以後十八世紀日本思想史的特色。

三浦梅園的生平、學問與相關研究

三浦梅園於一七二三年生於豐後國（大分縣）一個醫生之家。諱名為晋，字安貞，梅園為其號。梅園之祖父輩開始業醫，梅園也向其父學習醫術。就其學術經歷來說，在其青少年時期，曾受教於杵築藩的侍讀綾部絅齋（1676-1750）和中津藩的侍讀藤田敬所（1698-1776）。這兩人皆曾在伊藤東涯（1670-1736）的門下學習，故就師承來說的話，或可說三浦梅園屬於以伊藤仁齋（1627-1705）為首的堀川派古學（古義學）系統。不過，許多研究者皆指出，不應以其師承體系來理解其學。梅園主要以深思、獨學方式成就其學。

三浦梅園博覽群書，從其留下的《浦子手記》讀書筆記，可得知他曾閱讀《左傳》、《史記》等中國史書；《甲陽軍艦》等日本兵書；《譯文筌蹄》等辭典；《六祖壇經》、《參同契》、《神代卷私說》等佛教、道教和日本神道方面的經典；《理學類編》、《辨名》等儒學思想方面的書籍。還有《北山醫話》、《素問馬注》、《二火辨妄》等中醫類書籍；《政談》、《經濟錄》等政策論方面書籍；《大東世語》等文學著作，和《天經或問》、《曆學答問》、《曆學疑問》、《物理小識》等明清西學相關著作。從現代學術的角度來說，包括史學、語學、哲學、天文學、醫學、政治學，和文學等領域著作。三浦梅園可謂是位全方位的學者。

其主要著作《玄語》有十萬餘言、一百六十多張圖，從寶曆三年（1753）歷經二十三年，到安永四年（1775）為止，共換稿二十三次。其中，書名也從《玄論》換為《元炁論》、《垂綸子》，再到《玄語》。在此其間，梅園於寶曆十三年（1763）完成《贅語》、《敢語》。《敢語》先於安永二年（1773）出版，《贅語》也經脇蘭室（1764-1814）等人的努力，於江戶時代陸續出版了部分內容，但《玄語》則直到近代，才收錄於大正時代出版的《梅園全集》。梅園在生前出版的著作，除《敢語》、《贅語》（天地冊）之外，還有《梅園叢書》（1773）、《梅園詩集》（1787）、《詩轍》（1786）。在江戶時代，三浦梅園應只是一位地區型學者。在日本其他地區，他很可能只被認知為漢詩文評論家。

一直到明治時期以後，三浦梅園才被「支那學」大家內藤湖南（1866-1934）注意到，在一八九六年大阪朝日新聞連載的〈關西文運論〉（後收入《近世文學史論》）中，將其「三語」與富永仲基（1715-1746）《出定後語》和山片蟠桃（1748-1821）《夢の代》共稱為江戶時代具「創見發明之說」的著作。其後，其著作《敢語》、《贅語》等也被收入井上哲次郎和蟹江義丸編的《日本倫理彙篇》「獨立學派」一冊之中，促進了梅園之學的傳播。

但梅園之所以被認為是代表日本的思想家，受到河上肇（1879-1946）這位馬克思主義經濟學代表學者的影響。河上肇在一九〇五年發表〈三浦梅園の価原及び本居宣長の玉くしげ別本に見られる貨幣論〉一文，主張梅園發現如同Gresham's law的法則，並論述梅園重視貨幣做為交換使用工具的意義。他在後來收錄該文的《經濟學研究》（1912）一書序文中，就注意到三浦梅園與亞當・史密斯（Adam Smith, 1723-1790）同年出生，並認為三浦梅園可謂「我國經濟學之祖」。

其次，近代日本非常具代表性的唯物論哲學家三枝博音（1892-1963）則是使三浦梅園哲學廣被認知的重要推手。他主編過《日本哲學全書》、《日本科學古典全書》等等與日本哲學和科學思想相關的叢書。他在《三浦梅園の哲學》（1941）中，主張梅園在日本獨自發明並運用辯證法邏輯。我們可看到，河上肇和三枝博音皆透過經濟學、哲學等近代西方學術等來強調梅園之學的意義，且其說引領了近代日本學者對於三浦梅園的認識與評價。然他們對於梅園的評價應有些言過其實，且為過度去歷史脈絡性。不過，也正因為如此，三浦梅園的思想才得以重新獲得現代學者的注意與研究。

前述「三語」無疑是三浦梅園的代表作。《玄語》為自然哲學方面著作，《贅語》則可謂《玄語》的注釋，《敢語》則是倫理學、政治經濟學方面的作品。其中《玄語》更是代表作中的代表作。但是，該書被山田慶兒評為「**幾乎令人絕望地難解**」。因為《玄語》以漢文書寫，且完全沒有引用其他漢文典籍，充滿其獨創的術語，故非常難以理解。相較之下，《贅語》則引用許多梅園在思索《玄語》時所閱讀過的書籍段落及其評論等，可被視為閱讀《玄語》的參考書。

總之，人們並不容易理解三浦梅園獨創性極強的思想體系。不可否認地，其體系之建構，除受中國日本之儒學、傳統中醫等東亞傳統知識影響外，也與他從明清西學和蘭學著作所得到的西方知識有關。以下，我們將主要參照山田慶兒論述三浦梅園之學的代表作《黒い言葉の空間：三浦梅園の自然哲学》（東京：中央公論社，1988），以三浦梅園對西方知識的接受和陰陽五行說的理解與批判為主，以探析其思想。

三浦梅園的思想與陰陽五行說：與古學派、古方派醫學的關聯

三浦梅園的最重要的代表作是《玄語》。「玄」是梅園哲學的重要概念，表面意義為帶有赤色的黑色，意謂世界根源性的存在，源於道家思想。梅園在《玄語》中的哲學思想屬雖具道家色彩，實繼承宋明理學的氣論、自然學。以朱熹（1130-1200）哲學為代表的宋明理學，基本上也承繼漢代以來的氣論，並以陰陽五行說為架構解釋世界的源起與發展。陰陽五行說大抵完成於漢代，但「陰陽」與「五行」各自的起源並不相同。在和《易經》相關的書籍中，「陰陽」初始與「剛柔」等概念並用以解釋對待關係，後發展為解釋宇宙生成原理之思想，建構

出中國式的二元論及易數思想等等。相較之下，《書經》〈洪範〉九疇中之第一疇為「五行」（水、火、木、金、土）。《書經》中的「五行」意指民用之五種材料，然五材後來在其原理化的過程中，統合其他思想、確立五行體系。在《禮記》〈月令〉等著作中，五行開始與四季、方位、五色等具體的現象連結。

「陰陽」與「五行」如何結合？這實是中國思想史中極為複雜且重要的問題。簡單地說，「陰陽」後來發展為對待和循環的思想原理與系統，接著「陰陽」系統再收攝「五行」系統。然後，在陰陽說和五行說合體的過程中，依據天圓地方的宇宙構造說，又吸收「天之六氣、地之五行」這種數的觀念。特別在漢代以《黃帝內經》為首所謂「五運六氣」的醫學理論中，將之對應於人體的五臟六腑等等，形成天人感應的自然觀與身體觀，以陰陽、五行、六氣（陰、陽、風、雨、晦、明）說明事物的作用和變化，並從方位和季節等的對應關係來解釋身體的病因等等。其次，陰陽五行說後來再結合「太極」，形成一→二→五的思想體系。這一思想體系，在宋代理學中，再與「理」、「氣」等概念結合。

以理學理論而言，宇宙最初是太極（理），太極動靜使陰陽之「氣」發生、展開，形成五行之材質。接著，陰陽、五行交感形成萬物，而人乃其中最靈者。

人之身體也對應於天地自然之氣，而「氣」所形成的事物之中又有各種「理」的存在。在理學體系中，「理」既是究極的存在根源，同時也為事物間的法則。這一理論模型進而成為中國儒學思想家，解釋自然和身體的基礎理論。其後，不論是理氣二元論還是一元論、或理本論還是氣本論皆依賴「太極↓陰陽↓五行」這一思想架構。總之，太極、陰陽、五行、六氣等，構成可稱之為術數學的身體觀與自然觀，主宰著傳統中國乃至東亞的天文、醫學、音樂之各種學術領域。

上述這種術數學觀點是三浦梅園構建其思想的前提。然他又受到其他儒學學派、古方派醫學和蘭學等西方知識的啟發與刺激，而有其獨創的思想展開。如三浦梅園在其代表作《玄語》說：

> 一一者陰陽也。之為條理，氣物分，性體合，故合者，合乎分中，而氣則陰陽、物則天地。……**五行自洪範以來數千百年汗牛充棟之書，皆為之羽翼**。**則因循薰蒸，何與臭人之臭**。屠人之羶異。雖然彼失徵於天地。則仰觀俯察之久，不能不生疑焉。**於是世稍有議五家之妄者，知妄未遇真**。

由這段引文，可見到三浦梅園批評並且不信任「五行」，認為「五行」並非「天地」間自然的理數，且早有人知其錯誤。相對之，他則擁護「陰陽」，要以之來理解世界的「條理」。

其實，梅園在其著作多處展開對「五行」論的批判。例如，在《贅語》中，在〈五行第六〉中，對各種五行配對展開批判。在另一處，他說：

> 夫儒者以通三才而自負，到覩人之形骸，讓之於醫典而不察。醫人無識，不知素、靈，周季佞者之妄言。意若有造物者為之面授口訣，至若五行配當，則最能糊人之耳目。人身有氣、液、骨、肉，何必有木、火、土、金、水焉而。於佗之四行則一之，於火則分君、相，以為造化之樞要。無用之辯。（〈再答多賀墨卿〉，《梅園拾葉》）

梅園批判中國古代醫書以「五行」來解釋人體，並批評醫書中特別將「火」分「君相」（「君火」與「相火」）來解釋的問題，認為那是「無用之辯」。但梅園的此一見解並非其獨創思想。如前述，梅園讀過芳村恂益（生卒年不詳）所寫的

《二火辨妄》。該書實際上據《黃帝內經》（《素問》、《靈樞》）、《難經》之原文，批判宋元以後的「君火」「相火」論。特別是該書批評宋代以後四大家（劉完素、張從正、李杲、朱震亨）等中國傳統醫學，且具復古的醫學思想傾向。

其實，對於金元醫學的批評為江戶時代古方派醫學思想共有的知識傾向。而且大多數古方派醫師也不信任陰陽五行說。如後藤艮山（1659-1733）認為近世中國醫學取用的陰陽五行之說「有害而不取也」（《師說筆記》）。其弟子香川修庵（1683-1755）更不僅不信陰陽五行之說，甚至視中國傳統醫學之全體為邪說（《一本堂行餘醫言》）。其次，最為著名的古方派醫師吉益東洞（1702-1773）也曾說：「五臟六腑，四肢百骸之論，諸書各異。要之，其旨皆以理推之。論說之辭也。蓋五臟六腑，四肢百骸九竅，皆造化之所為，而非人之所為也。**醫家率以陰陽五行之理論之，療之無寸效矣**。」（《古書醫言》）然而，如吉益東洞等十八世紀後期的古方派醫師，大抵上皆受古學派代表儒者荻生徂徠（1666-1728）的思想影響。其所謂「以理推之」之批判，應源於徂徠之理學批判。

荻生徂徠也曾為《二火辨妄》寫序。一方面徂來贊成芳村對宋元醫學的批判，另一方面對其過於尊信《素問》等經書原文有所批判。在此基礎上，徂徠在

《辨名》中，也對其中「五行」、「五運六氣」等概念展開反駁。徂徠說：「五行者聖人所立以為萬物之紀者也。……如醫書五運六氣，借干支以明天地之氣感人生疾耳。聲色臭味，亦借五行以為臟府之紀耳，故醫之拘五行者，不能療病。」對徂徠而言，「陰陽」或「五行」等是古代中國聖人認識世界的記號、知識範疇，而非自然本身。醫書中所謂「五運六氣」之論主要是在強調人之身體疾病的發生會受環境影響。過度拘泥於「五行」等框架會導致無法治病。

整體來說，在十八世紀的日本，徂徠等古學派儒者和古方派醫師拒絕依據陰陽五行說的傳統中醫理論，雖重視親自試驗的技術方法，但並不積極建構醫學理論，也不同於近代科學。不過，荻生徂徠和古方派醫師們對陰陽五行、五運六氣說所構成之術數的自然觀和身體觀的批判與不滿，應對三浦梅園的思想建構有所啟發。更重要的是，他們對於傳統中國醫學的批評進而媒介了江戶後期以後，日本知識人對於蘭方醫學的接受。

三浦梅園與蘭學、明清西學

一七七一年荷蘭商館長到江戶，其所帶的蘭書中有*Ontleedkundige Tafelen*

（德文原著*Anatomische Tabellen*）一書。而杉田玄白（1733-1817）在藩的援助下買到該書。同年，杉田與前野良澤等人一同獲得見學解剖現場的許可，兩人在見學時皆將*Ontleedkundige Tafelen*帶到現場，並約定要翻譯該書。他們在築地鐵砲洲中津藩的藩邸開始翻譯工作，並將該書翻為《解體新書》出版，開肇了日本蘭學研究。福澤諭吉更稱該書的翻譯為「我大日本國文明開化之元始」。

這件事影響江戶時代蘭學的發展，也使得實際驗證人體的解剖學知識開始為人們所接受。蘭學者同樣不信任陰陽五行之說。例如，和梅園**同為一七二三年出生的蘭學開創者前野良澤也批評五行說**。前野在《管蠡秘言》中〈戲論五行〉一文。比較四元說和五行說。他說：

> **夫五行之說僅支那一區之私言，異於四元渾天渾地之公言也。……**
>
> 夫水、火、木、金、土本來只是水、火、木、金、土而已。然強調天地間無數之事物，悉配當之。所謂陰陽五行、數之成百、成千，只隨人所言也。豈得本然哉。

前野認為在「五行之說」是僅行於「支那一區之私言」。在他看來，蘭學中的四元論，即強調土（earth）、水（water）、火（fire）、氣（air）是物質構成要素的理論才是普世真理。前野良澤和三浦梅園皆屬蘭學之第一世代。前野的「五行」批判不同於先前的荻生徂徠和其他古方派醫師，已更進一步將之對比於蘭學中之四元說，並更相信四元說。

相對之下，三浦梅園也接觸蘭學，曾閱讀《解體新書》，甚至也解剖過老鼠等動物。他對於蘭學中的解剖學知識相當感興趣，著有《造物餘譚》一書，抄錄根來東麟所持有的「連骨圖」（人身連骨真形圖）等與解剖學相關的知識。根據這些對解剖學的知識，他在《贅語》中說：「西人之學，務驗諸實，加以機巧。絲分縷析，殊于漢人之冥搜也。」在此判斷下，也說：「漢人之冥搜，則我惡之。西人之親試，則吾弗及。」更正面地肯定重視親自實驗的蘭學知識。在梅園看來，中國傳統醫學運用陰陽五行說展現較強的想像力，而在面對實驗的態度與理論分析方面，則不若蘭學。

不過，三浦梅園不僅學習蘭學，也接受明清的西學知識。如在《贅語》中，他引用《物理小識》、《天經或問》等明清西學方面的著作以描寫「造化」（天地自然）。並且，梅園在該知識脈絡中，展開他對傳統中國醫學思想和五行說的看法。就其對於明清西學的「五行」批判問題來說，我們知道傳教士高一志（Alfonso Vagnone, 1568-1640）在《空際格致》（1633）中介紹亞里斯多德的自然哲學，說明亞里斯多德著作中的「四元行」（火、氣、水、土）論，並且批判了中國傳統的「五行」思想，否定「金」與「木」為「元行」之一。相對之下，熟知西學的方以智（1611-1671）雖知道西方知識中的「四元行」論，然並不因之批評傳統的五行說，而是試圖調和兩種說法。

其次，游藝在《天經或問》也論及「四行」與「五行」差異的問題。游藝承認「四元行結成之理亦誠然」的同時，也說：「五行因世間可見之五材，而隱表其五氣之行、以謂之五也。然氣分，其氣以凝為形，而形與氣為對待。是一之而用二也。」然後說：「故西國舍金、木，而專言氣與水、火、土並舉者，指其未凝形之氣」。亦即游藝從「氣」與「形」乃一而為二的邏輯，來解釋其實「四行」說中的水、火和土皆是「氣」也是「形」，而其所謂的「氣」是特指「未凝形之氣」，並從此角度企圖融通「四行」與「五行」之說。即可從這個角度來理解「四元行」所無的金、木。他說：「然就氣以格物之質理，舉其所以為氣者，以格物之通理。亦二而一也。費而象數，隱而條理。亦二而一也。若知二在一中，則錯綜變化無不可為者，自非神明，難析至理。」游藝企圖以「二而一」的邏輯展開調和之論。在其論述中，不論是「四行」或是「五行」中的元素，皆是「氣」或「形」，但「四行」和「五行」本身可理解為不同的知識框架。

正是在此明清西學知識基礎上，三浦梅園在《歸山錄》中說：

> 《天經或問》《坤輿外記》等也說西洋四行之事，也有四元行。漢之木、火、土、金、水，天竺之地、水、火、風、空，西洋之四行水、火、土、氣。其說雖不同，畢竟皆說造化之具，同一日之譚也。

比起前野良澤，三浦梅園明顯受明清以漢文書寫的西學相關書籍影響。梅園似乎也僅是將四元說等西學知識視為另一種知識框架，並不特別認為其更具普遍性。也就是說，對於梅園而言，不管是「五行」、「四行」，還是印度佛教的「地、水、火、風、空」之說，皆只是一種解釋「造化」（天地自然）的人造知識框架。而他所要追求的是，解析和理解「造化」之「條理」。

其次，如島田虔次在〈三浦梅園の哲学——極東儒学思想史の見地から——〉一文所指出的，梅園思想中最具本質特色的乃是依據地圓說模型展開的思維。梅園經常以圓形圖來表現該體系，即天地萬物是由「條理」所構成的球型世界，他以各種球體圖型來表現其思想。前述游藝《天經或問》、方以智《物理小識》，乃至梅文鼎的《曆學疑問》等明清西學相關著作皆有言及地圓之論。梅園在這些明清西學書籍的知識基礎上，以地圓說為準，展開其對天地自然的哲學思考。

三浦梅園的自然學：「陰陽」與「條理」

三浦梅園雖不信任並批評五行說，但依舊試圖據「陰陽」架構來建構其思想體系，探析天地自然中之「條理」。他說：

> 儒祖、佛祖皆人也。人而為人立道有所憂，而有爾為。自天地觀之，亦人之私也。故欲於天地大觀則須立身於悉陀太子未託胎於淨飯王宮，太昊氏未點河圖之一畫之前。以取**條理**。（〈與淨圓律師書〉，《梅園文集》）

從此段引文可知，三浦梅園不若荻生徂徠等古學派，不以古代人類歷史上的教祖（或說聖人）所造的教法（如「聖人之道」）等為準則，而是欲探究古代先聖想像、創立各種人類教法前的「條理」。在另一文中，梅園視儒家聖人和佛陀為「講求討論之友」，而以「天地」為師（〈答多賀墨卿〉，《梅園拾葉》）。由此方面，可以說梅園不拘泥於儒、佛二家，而以理解天地自然的「條理」為學問目標。就這點來說，梅園具繼承理學思想的一面。然不同於理學，他排斥「五行」這一知識框架。他曾在《贅語》中說：「五家之說一成，為造化之樞紐，天下此之由，宋儒最不信漢儒，於說五行則依違因襲。」對梅園而言，宋儒之學雖不同於漢儒，但依然援用五行之說來解釋天地自然。

因此，三浦梅園在批判理學的江戶日本之古學思想基礎上，企圖再提出一套解釋天地自然的新思想體系。如他在《贅語》所說：「吾寧失於好古，勿失諸天地」等等。這顯示出梅園不再依據舊有的知識框架，而希望以己「智」探究「天地」。他說：

> 觀天地有二忌。忌以己意逆在彼者，忌執舊見聞，不徵其實。陰陽

也者，條理也。條理也者，取義於草木之理也。……其氣從理而運……從理布氣，布氣成物。（《贅語》）

在梅園看來，觀察天地之時，除了不可過度涉入主觀意見外，更不可「執舊見聞」。這無疑是批判理學家執「五行」之說理解天地。

重要的是，三浦梅園雖批判「五行」，但依然選擇以「陰陽」為基軸展開其思想體系的構建，解釋這自然界的「條理」。不過，梅園說：「世之說天地、說陰陽，皆隔痒於靴」，即認為過去的思想家討論天地自然和陰陽的論述，皆不到位，故陸續寫了《玄語》、《贅語》、《敢語》。他說：

以天地觀陰陽，天中又具陰陽，地中亦具陰陽。以陰陽觀天地，陰中亦具天地。陽中亦具天地。分合之道無適不然也。（《玄語》）

夫條理者、一一也。一一之為陰陽。一一者，陰陽之未有各名也。陰陽者，一一之各有定名也。（〈復高伯起書〉，《贅語》〈附錄〉）

三浦梅園以「陰陽」來解釋、分析這天地間的「條理」。他在《玄語》說：「經緯者條理之大綱。」其所謂「條理」是一元氣的分化、統合作用所構成的經緯關係。其次，又在《贅語》說：「夫一者，一氣也。二者，陰陽也。一而二，二而一。一即無數。」即他從二分法的思考來構築其思想體系，以一即全部、一一（二）即部分。故其所謂「條理」乃將全部與部分的關係，從陰陽分合的角度，以一種二分法為基礎展開思考，構築一種對稱概念關係群。

其次，回到三浦梅園的醫學思想來看，他在《自生餘譚》中說：

> 天地者，一氣一形也。氣形於人為身生，氣形之分為氣、液、骨、肉也。氣分溫、動，而溫外為衛，內為營，動外為息，內為脈。液分膏、血，而膏外為脂，內為髓，血外為津，內為血。骨分筋、骨，而筋外為外筋，內為內筋。肉分為臟、腑，而臟外為外臟，內為內臟，腑外為外腑，內為內腑。

即梅園依然以一種二分法方式來建構概念的金字塔型階層結構，以解釋天地，乃至人體構造。因此，梅園雖同古方派一樣拒絕「五行」之論，與蘭方醫學者一樣重視實驗，但他並不一位經驗論者，而是欲以理解世界中之「條理」的理性論者。就這個意義來說，他依然在理學思想史的脈絡中進行思考。其次，梅園所主張的「天地者，一氣一形也」，應也受前述《天經或問》的作者游藝從「氣」與「形」乃一而為二的邏輯展開的論述有關。因此，我們大致可看出三浦梅園是在理學、古方派醫學乃至蘭學和明清西學等，**以漢字、漢學為媒介的西方知識**基礎上展開其思考。也因為如此，梅園雖然受到西學之刺激，然是以漢字、漢學為媒介進行理解，故其學依然屬於漢字、漢學的思想體系，並展現為一種氣的理論。

結語：三浦梅園與戴震的比較

三浦梅園的思想建構，實也與明清西學密切相關。從東亞的科學史而言，利瑪竇（Matteo Ricci, 1552-1610）等耶穌會教士至中國傳教時，也帶來當時的西方科學知識。他們結合神學與哲學、科學，並且融合儒學的方式進行傳教，故將許多當時的天文學、數學乃至醫學等方面的書籍翻譯為漢文。其後，梅文鼎區別西教與西學，並以西學中源說和援用理學概念裝置的方式展開西學研究。其他如方以智、游藝等人一方面接受西學影響，另一方面也主張以中國的術數學來融通、並同時對抗之。

到了清代以後，在經學上批判宋明理學並主張復古的考據學逐漸興起，同時西學也刺激考據學者從西學中源的角度探究數學，如戴震便著有《句股割圜記》等著作。就中國思想史來說，與三浦梅園約同時期出生的戴震，也同樣受理學和明清西學影響，且在批判理學的同時，展開氣一元論的哲學思考。在這一方面，戴震與三浦的思想比較也頗具意義。日本學者高田真治就注意到這兩人的相似性，主張他們皆重視條理（理在氣中）、講述一元氣論，並認為兩人之學與近世之科學研究精神相通。然實際上，如戴震雖也主張一元氣論排擊宋明理學的理氣說，依照在陰陽五行說支持的世界觀中進行人性論與宇宙論的思考。在《孟子字義疏證》，戴震說：

> 性者，分於陰陽五行以為血氣、心知、品物，區以別焉，……天道，陰陽五行而已矣；人物之性，咸分於道，成其各殊者而已矣。
>
> 易、論語、孟子之書，其言性也，咸就其分於陰陽五行以成性為

言……凡有生，即不隔於天地之氣化。陰陽五行之運而不已，天地之氣化也，人物之生生本乎是，由其分而有之不齊，是以成性各殊。

戴震不僅以陰陽五行來解釋天道，更以之解釋人性。相較之下，三浦梅園的哲學依然種氣的哲學，但留用「陰陽」，批判「五行」概念，及「陰陽」和「五行」結合在一起的陰陽五行論。其次，值得一提的是，三浦梅園後來將「陰陽」改為其古字、異體字「陰昜」。這或許是他有意識地要去除傳統中國思想中陰陽概念所具的意義，強調其與傳統中國哲學的斷絕關係、非連續性。

也就是說，從與陰陽五行說的關係而言，戴震依然內在於其說之中，在該框架中展開思考。相較之下，三浦梅園則在前述江戶日本之古學派儒者、古方派醫學及蘭學以來對於「五行」的批判脈絡中展開思考。再者，雖然戴震如近代科學家，重視數學的確實性，然其方法卻沒有導致新知識體系的建構，而是從西學中源的思惟，導入其經學體系。這或與清朝中國是個科舉社會，讀書人容易固守經學至上觀念，及其以漢譯西學書籍接受西學知識等原因有關。而江戶後期的日本非科舉社會，且蘭學者已開始解讀荷蘭原文書，三浦梅園在蘭學基礎上，已走出傳統經學研究的束縛，且似乎更進一步建構出獨特的理論體系。只是該體系依然為非近代的，依然是根據漢字和漢學而展開。其學即不同於明清中國儒學（不管是氣學還是理學），也不同於江戶儒學中的古學，及源於西方知識的蘭學。而是在融通既有的不同理論體系後，所建構的獨創體系。故其學雖具緻密體系性，然最終也難以為他人所理解乃至繼承。

最後，不只三浦梅園，其實從上所述，我們可知一七二三年前後出生的日本知識人世代一方面不受科舉制度約束，另一方面在漢學和漢譯明清西學基礎上，開始以日文翻譯近代西方知識相關著作，從而獲得更新的西方科學知識。因此，他們更容易脫離陰陽五行等漢學傳統知識的制約。但是，他們對於西學的接受依然相當片面，使得他們建構的知識或有間接媒介近代西方知識傳播的意義，然也是非近代的。過度從現代性視角理解、批評其學並不恰當。島田虔次在前述的文章中，也認為三浦梅園之學顯然並不是近代科學思想的胎動，但可謂是「儒教風格自然哲學最後且最好的成果」。其實，不只有三浦梅園，梅園以後的日本思想人物，如帆足萬里（1778-1852）、山片蟠桃等人皆同時受儒學與西學影響，也皆在自然哲學與科學方面有精彩的思想展現。

最後，就日本思想史而言，除上述自然哲學、科學方面之外，在史學、文學、佛學乃至醫學等各方面，其實皆有許多重要的人物與思想值得我們探究。如前述的古方派的醫師吉益東洞等人，乃至本文未能論及的國學者本居宣長（1730-1801）、平田篤胤（1776-1843），還有寫《九山八海解嘲論》批判《天經或問》並展開佛教天文學思想的文雄（1700-1763）等人。許多與本文相關的十八世紀日本思想史人物皆相當值得探究。他們皆在蘭學興起後，一方面學習過儒學與蘭學等方面的相關知識，但另一方面又展開全然不同之學。因此，該如何理解一七二三年以後的十八世紀日本思想史呢？或許我們需要的是：全球史的視野，及同時深入由漢學（包括漢譯明清西學）、蘭學和國學、佛學所構成的——江戶日本重層的在地知識脈絡。在全球史視野中，我們將看到西方知識藉由明清西學書籍和蘭學等多種管道進入江戶日本。在直視並深入漢學、蘭學和國學、佛學所構成的重層、混雜的在地知識脈絡後，我們將會發現日本異於同時代中國的思想史特色。一七二三年之後的日本思想史多彩多姿，靜待各方學子挖掘。

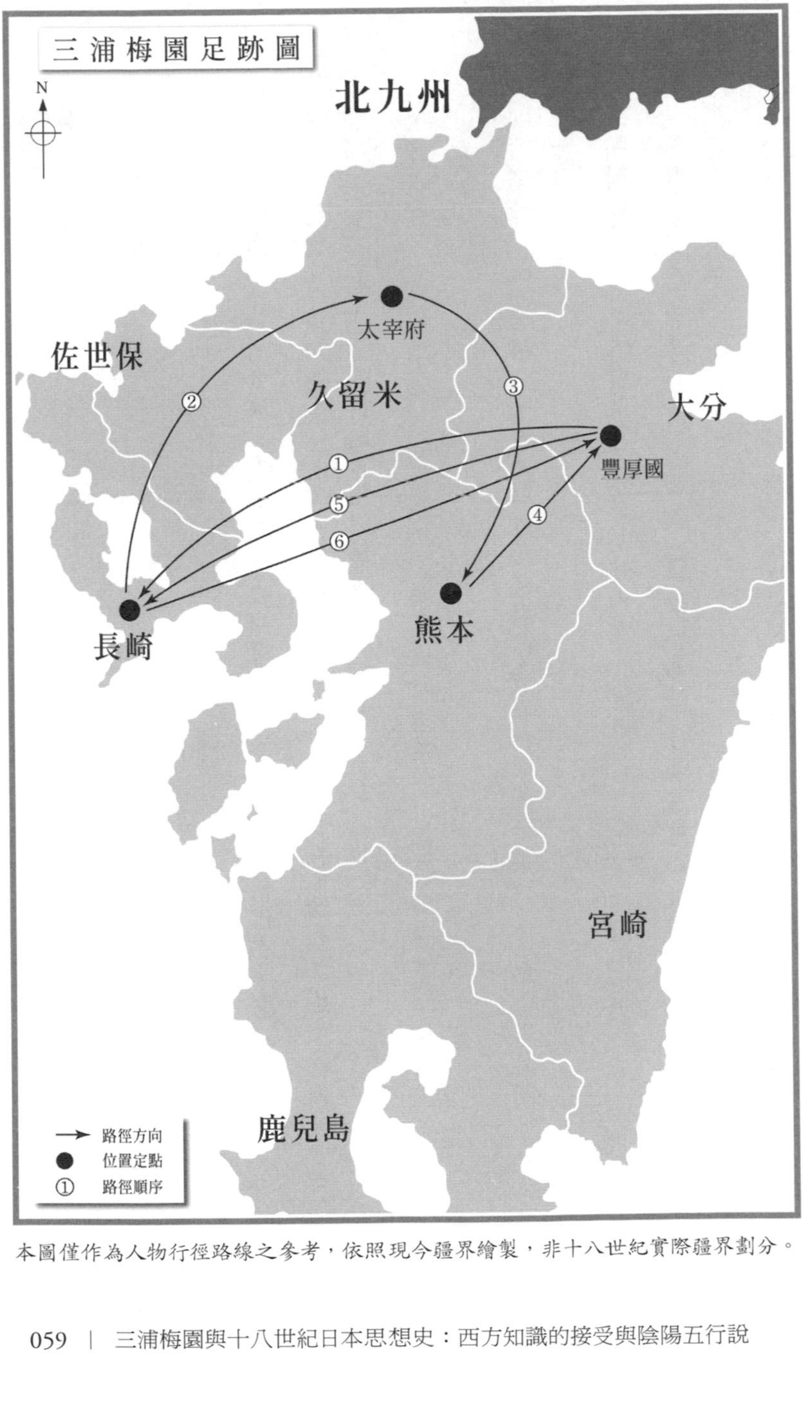

本圖僅作為人物行徑路線之參考，依照現今疆界繪製，非十八世紀實際疆界劃分。

參考書目

1、傳統文獻

- 三浦梅園，《梅園全集（上卷）》，梅園會編，東京：名著刊行會，1978。
- 三浦梅園，《梅園全集（下卷）》，梅園會編，東京：名著刊行會，1970。
- 三浦梅園，《浦子筆記》，收入阿部隆一編，《三浦梅園自筆稿本並舊藏書解題》，大分縣：三浦梅園文化財保存會，1979。
- 方以智，《物理小識》，出版地不明：出版者不明，早稻田圖書館收藏本，1664。
- 吉益東洞，《古書醫言》，收入藝備醫學會編《東洞全集》，京都：思文閣，1980。
- 芳村恂益，《二火辨妄》，京都：錦山堂，1715。
- 前野良澤，《管蠡秘言》，收入《洋學（上）　日本思想大系64》，東京：岩波書店，1976。
- 後藤艮山，《師說筆記》，收入《近世科學思想（下）　日本思想大系63》，東京：岩波書店，1971。
・香川修庵，《一本堂行餘醫言》，收入《香川修庵(一)　近世漢方醫學書集成65》，東京：名著出版，1982。
・荻生徂徠，《辨名》，收入《荻生徂徠　日本思想大系36》，東京：岩波書店，1973。
・游藝，《天經或問》，西川正休訓點，江戶：松葉軒，1730（早稻田大學圖書館收藏本）。
・戴震，《孟子字義疏證》，收入張岱年主編，《戴震全書（六）》，合肥：黃山書社，1995。

2、近人論著

・三枝博音，《三浦梅園の哲學》，收入《三枝博音著作集（第五卷）》，東京：中央公論社，1972。
・山田慶兒，《日本の科学：近代への道しるべ》，東京：藤原書店，2017。
・山田慶兒，《黒い言葉の空間：三浦梅園の自然哲学》，東京：中央公論社，

1988。
・川原秀城，〈西欧学術の東漸と中国・朝鮮・日本〉，《西学東漸と東アジア》，東京：岩波書店，2015。
・內藤湖南，《近世文學史論》，東京：政教社，1897。
・田口正治，〈《玄語》稿本について〉，收入《三浦梅園　日本思想大系41》，東京：岩波書店，1982。
・吉田忠，〈『天経或問』の受容〉，《科学史研究（II）》第二十四期，1985。
・武田時昌，《術数学の思考：交叉する科学と占術》，京都：臨川書店，2018。
・河上肇，〈三浦梅園の価原及び本居宣長の玉くしげ別本に見られる貨幣論〉，《經濟學研究》，東京：博文館，1912。
・島田虔次，〈三浦梅園の哲学——極東儒学思想史の見地から——〉，收入《三浦梅園　日本思想大系41》，東京：岩波書店，1982。
・高田真治，〈三浦梅園と戴東原〉，《東洋研究》第2・3號，1962。
・張永堂，《明末清初理學與科學關係再論》，臺北：臺灣學生書局，1994。

- 鳥井裕美子，《前野良沢：生涯一日のごとく》，京都：思文閣，2015。
- 福澤諭吉，〈蘭化堂設立の目論見書〉，收入《福澤諭吉全集（第二十卷）》，東京：岩波書店，1971。
- 藍弘岳，《漢文圏における荻生徂徠——医学・兵学・儒学》，東京：東京大學出版會，2017。
- 藍弘岳，〈「文獻學」與本居宣長研究：從國文學、日本思想史學到中國學〉，《中央研究院歷史語言研究所集刊》第九十四本第二分，2023。
- Benjamin Elman, *On Their Own Terms: Science in China, 1550-1900*, Cambridge: Harvard University Press, 2005.

依違於清俄帝國之間：歐亞史視野下的阿睦爾撒納與準噶爾汗國

中央研究院歷史語言研究所助研究員
孔令偉

前言

一七二三年在歐亞大陸史上，具有獨特的意義：前一年的十二月二十七日清朝康熙帝的第四子胤禛，在諸位皇子的權力鬥爭中脫穎而出，即位為雍正帝，從而引導中國政治局面的走向。另一方面，沙俄在彼得大帝的領導下，經過激戰擊敗伊朗薩法維帝國，占領裏海西南沿岸的廣袤領土。與此同時，準噶爾汗國的策旺阿喇布坦率兵大舉攻占哈薩克汗國，進而將中亞納入勢力範圍。就在同一年，衛拉特蒙古輝特部首領韋徵和碩齊家中，誕生一子，得名阿睦爾撒納（Amursanaġ-a, 1723-1757），即蒙古語「安心」之意。然而生長於此動蕩年代的阿睦爾撒納，並未能如願平穩一生，反而在其不滿三十五年的壽命間，捲入準噶爾、清朝以及俄羅斯等勢力競合的時代潮流，從而成為改變近世歐亞大陸地緣政治的關鍵角色。

作為歷史上的失敗者以及失語者，阿睦爾撒納的生平不僅多有隱晦之處，更在二十世紀下半國族主義史學興起的背景下，產生各種後設形象。如蒙古國獨立後，在蘇聯史觀的影響下，將阿睦爾撒納歌頌為對抗中國的蒙古民族英雄。另一方面，二十世紀七〇年代後期，由於中蘇雙方因邊界問題交惡，中國學者傾向將阿睦爾撒納描繪為勾結沙俄的分裂叛徒。然而這兩種在冷戰時期形成的國族主義史觀，其強烈的現實目的往往導致去歷史脈絡化，故已為學界所警惕反思。本文在先行研究的基礎上，通過綜合運用托忒文、滿文、漢文、藏文以及俄文等各方史料，重構阿睦爾撒納之生平，進而申論其生命歷程於近世歐亞形塑之時代意義。

出身背景與歷史定位

關於阿睦爾撒納的出身背景，由於清朝在乾隆二十二年（1757）征服準噶爾後，曾有意識地重塑相關歷史記載，故後世史料對阿睦爾撒納的記載，多有互相矛盾之處，其生平可謂撲朔迷離。通過綜合比較衛拉特、清朝與俄羅斯方面之相關記載，不僅可以相對貼近阿睦爾撒納出身之史實，更能體現出衛拉特乃至清、俄帝國史觀，對十八世紀後期中央歐亞史建構的影響。

作為歷史上被征服的失語者，準噶爾人的歷史記載未能系統性地被保存下來。與之相對，清朝在十八世紀後期將新疆納入版圖後，曾有計劃地陸續搜集關於準噶爾之史料，並以征服者的姿態書寫其歷史。在此背景下，乾隆二十八年（1763）軍機大臣等曾奉旨進呈《準噶爾家譜》，皇帝本人在閱覽過這份材料後，撰成〈御製準噶爾全部紀略〉，其中曾對阿睦爾撒納的身世有所考證：

> 丹衷由唐古忒仍回至厄魯特，娶策妄阿拉布坦之女博托洛克為妻，後策妄阿拉布坦知其學習哈拉爾查達術，以兩釜夾丹衷身烙死，遂令大策零敦多布領兵六千襲西藏，擒殺拉藏……迨雍正年間。策妄阿拉布坦死，子噶爾丹策零，欲與唐古忒和好……並以博托洛克與韋徵和碩齊為妻，其在丹衷處所生子班珠爾，給戶五資養。彼時博托洛克，後有孕未

產，適韋徵和碩齊後，乃生一子，是曰阿睦爾撒納。故阿睦爾撒納，雖為輝特台吉，實與班珠爾，皆丹衷之子。

根據上述記載，可見乾隆帝根據當時清軍在新疆搜繳之《準噶爾家譜》，對阿睦爾撒納的家族世系進行論述，並成為平準以後清廷對其出身之官方定調。

根據乾隆帝的推斷，清廷方面主張阿睦爾撒納之生父，實為和碩特拉藏汗之長子丹衷。以乾隆帝為首的清帝國史觀，曾對史學界造成深遠的影響，使得不少學者據此認為阿睦爾撒納為丹衷之遺腹子。然考稽史料，可以發現這種認知，距離史實相去甚遠。康熙五十三年（1714），策旺阿喇布坦向拉藏汗提出將其女博托洛克（Botulaġ）許配給丹衷的要求。拉藏汗作為清廷在西藏之重要盟友，故康熙帝在聽聞此消息後，曾對策旺阿喇布坦之真實意圖，頗感不安。

誠如康熙帝所預料，準噶爾表面上試圖通過和親以籠絡和碩特，背後卻是在為將來進軍西藏作準備。康熙五十六年（1717），策旺阿喇布坦派遣大策零敦多布奇襲西藏，在出兵攻打和碩特勢力前，遂以丹衷學習哈拉爾查達（qara jad）

之黑巫術為由，將其烙死。[1] 策旺阿喇布坦過世後，繼位為準噶爾首領的噶爾丹策零，又再度將博托洛克許配給輝特部的韋徵和碩齊，由於博托洛克此次再嫁以前已懷有身孕，故乾隆帝主張因阿睦爾撒納實乃丹衷之遺腹子，其繼承輝特部首領一事，就血統而言得位不正。

值得注意的是，乾隆帝以上考證，實際上自相矛盾、頗有疑竇。丹衷在康熙五十六年（1717）前遭到處決；至於博托洛克改嫁事在策旺阿喇布坦過世後，故當在雍正五年（1727）以後，兩事相隔至少十年之久。故即便阿睦爾撒納有可能並非韋徵和碩齊親生，亦絕無可能係丹衷之遺腹子。乾隆帝之所以對阿睦爾撒納生平，作出如此牽強之論述，其背後具有強烈的政治意圖，尤其為指出其父系為和碩特人，進而否定其繼承衛拉特貴族身分之合法性基礎。

雖然乾隆帝認為阿睦爾撒納係和碩特人遺腹子的說法，在推理上難以自洽，然其說法亦非空穴來風。成書於十八世紀後期的托忒蒙古文佚名史書《四衛拉特史》（*Dörben oyirad-un teüke tuɣuji kemen orosibai*），亦曾提及博托洛克在懷有身孕時，她的丈夫丹衷被殺，此後博托洛克回到衛拉特蒙古改嫁輝特部之韋徵和碩齊，產下一子，雙手分別握著凝血與黑石誕生。這位孩子三歲時，其外祖父策旺阿喇布坦依照蒙古習俗，依藏傳佛教護法神大黑天化身之名，將其命名為阿睦爾撒納。由此可見，衛拉特史家的歷史記憶中，亦認為阿睦爾撒納之父為和碩特人。在蒙古史學敘事的傳統下，衛拉特史家參考自蒙元時期以降成吉思汗「手握凝血」而生的蒙古史學典故，將阿睦爾撒納描繪成手握凝血而生，同時賦予其大黑天戰神轉世之意像，將其預示為兵戎之兆的不凡人物。至於另一手中所握黑石，則象徵他為其父丹衷復仇，進而角逐準噶爾汗位之野心。

在衛拉特史家與清朝官方的記述之外，由於十八世紀沙俄帝國為謀求地緣政治之利益，曾將阿睦爾撒納視為對清外交之奇貨，故亦曾對其出身進行多方調查。十八世紀五〇年代由於清朝與準噶爾間的戰爭，使得大批衛拉特難民輾轉經由中亞逃亡俄羅斯，遂成為沙俄調查阿睦爾撒納背景的重要資訊來源。根據這些衛拉特難民向俄羅斯提供的口供，當時對於阿睦爾撒納的氏族出身以及統治地位，已有多種傳聞，莫衷一是。有人主張阿睦爾撒納之母出身準噶爾顯貴，與準噶爾統治者具有親緣關係；亦有謠言稱阿睦爾撒納出身外族，故應無資格統治準

---

1 所謂的哈拉爾查達，即蒙藏相傳能以查達石（漢文亦作鮓答）操縱天象之巫術。

噶爾。

沙俄官方曾向阿睦爾撒納本人及其屬下詢問其家族背景，得知其母系與準噶爾貴族之關係，並進一步得知他的確切年齡以及家庭成員。然值得留意的是，由於口供情報來源不一，加諸俄蒙語文翻譯理解之問題，俄羅斯檔案關於阿睦爾撒納母親博托洛克的記載，其中亦多有出入，有些記載指出博托洛克為策旺阿喇布坦之女兒，與清朝以及托忒文史料相符；但亦有說法認為其係策旺阿喇布坦之孫女。十八世紀中葉俄羅斯史料關於阿睦爾撒納的內在矛盾，體現出當時衛拉特諸部對於其人評價褒貶不一，並非一致擁戴或反對其抗清。

通過綜合比較衛拉特史籍以及清朝與沙俄等各方的記載，可以得知現存有關阿睦爾撒納早年生平之史料記載，泰半形成於準噶爾汗國消亡以後，而其中細節多有出入。這些史料記載的差異，正體現阿睦爾撒納出身時代與背景的複雜性，乃至其遊走於衛拉特、清朝以及俄羅斯勢力間的多重角色。要言之，俄羅斯史料所載衛拉特難民口供，對阿睦爾撒納是否出身正統，並未有一致的見解，這體現出他當時並未獲得準噶爾內部一致的擁戴。至於清朝官方則站在征服者的角度，試圖利用關於阿睦爾撒納作為遺腹子的出身謠言，來否定其政治合法性。至於衛拉特史家則試圖在十八世紀後期的戰火餘燼中，重新尋找準噶爾過往的榮光，進而將阿睦爾撒納視為手握凝血而生的勇士。

準噶爾權臣、清朝雙親王到末代汗王

相較於他撲朔迷離的家庭出身，真正將阿睦爾撒納推向歐亞歷史舞臺的，更多的是其個人的政治野心。自雍正十二年（1734）至乾隆九年（1744）這十年間，準噶爾在與清朝和談的前提下，進入相對安穩的狀況。然而乾隆十年（1745），準噶爾汗國爆發天花，其首領噶爾丹策零驟然病逝，準噶爾各方勢力為爭奪汗位，內部旋即陷入一連串的政治鬥爭中。噶爾丹策零死後，留下三子，長子喇嘛達爾扎係庶出，三子策旺達什過於年幼；至於次子策妄多爾濟那木扎爾以正室所出，又得噶爾丹策零偏愛，故得以繼承汗位。惟策妄多爾濟那木扎爾生性殘暴放蕩，多行不義，故乾隆十五年（1750）喇嘛達爾扎藉機聯合部分準噶爾貴族將其弒殺並取而代之，準噶爾政局也由是陷入動蕩。

在準噶爾內部的傾軋之中，阿睦爾撒納一步步的實現其政治企圖，其權力野心也逐步擴張。阿睦爾撒納雖為策旺阿喇布坦之外孫，但其父系並非準噶爾嫡系之綽羅斯氏，故最初並無爭奪汗位之基礎。阿睦爾撒納捲入準噶爾的政治漩渦，始於其聯合出身綽羅斯氏、為名將大策零敦多布之孫的達瓦齊，試圖祕密擁立策旺達什以對抗喇嘛達爾扎，然未料東窗事發，喇嘛達爾扎搶先一步殺害其弟策旺達什，阿睦爾撒納與達瓦齊迫於形勢出逃哈薩克。乾隆十七年（1752）阿睦爾撒納與達瓦齊在重整武力後，決定主動發起攻勢，遂潛回準噶爾。阿睦爾撒納為擴張勢力，不惜謀殺其兄沙克都爾，吞併其屬民，隨後協助達瓦齊突襲喇嘛達爾扎駐牧之伊犁。在伊犁喇嘛等內應勢力的合謀下，阿睦爾撒納篡弒喇嘛達爾扎，並擁立達瓦齊為準噶爾汗。阿睦爾撒納也因為擁戴有功，以其舊有之塔爾巴哈台一帶遊牧地為基礎，擴張武裝勢力，自此躋身準噶爾權臣之列。

然而阿睦爾撒納與達瓦齊的同盟關係，並未能持久。在成功扶植達瓦齊後，阿睦爾撒納的政治野心日益擴張，開始兼併其他衛拉特蒙古勢力，尤其是誅殺其岳父杜爾伯特台吉達什，將其遊牧勢力擴張至額爾齊斯河一帶。不僅如此，阿睦爾撒納甚至帶領哈薩克人，劫掠其他準噶爾部族，此舉引起達瓦齊的猜忌。在其他準噶爾貴族的唆使下，達瓦齊與阿睦爾撒納反目，雙方數度交戰未果。乾隆十九年（1754）年初阿睦爾撒納所部為達瓦齊擊潰，走投無路之下決定投靠清朝。

值得注意的是，在阿睦爾撒納決定歸降以前，已陸續有不少與達瓦齊有矛盾的準噶爾頭人前來依附清朝。經由這些降人的口供，乾隆帝事先已經祕密作出用兵準部的決定，並且提出平定準部後四衛拉特每部各設一汗的分權制衡計畫。與此同時，乾隆帝也預料阿睦爾撒納此人工於心計，可能會採取詐降復叛的計謀，故清廷內部對於如何應對阿睦爾撒納的後續舉措，已有事先推演和討論。

乾隆十九年七月，阿睦爾撒納正式遣使向清廷輸誠，後於同年十一月前往承德避暑山莊入覲。乾隆帝對此喜不自勝，不僅設宴款待阿睦爾撒納，並晉封其親王銜、給予對應之賞賜，同時接連作詩抒發快意。乾隆帝為嘉勉阿睦爾撒納等準噶爾降人頭目，特意在避暑山莊安排欣賞馬術表演，這個歷史場景因郎世寧奉命繪圖而形成圖像史料，即今藏北京故宮博物院之〈馬術圖〉，阿睦爾撒納身著清朝親王補服的形象也從而被保留下來。

阿睦爾撒納投誠清廷之主要動機，一方面是為躲避達瓦齊之追殺；另一方面是為希望憑藉清軍之力，反過來剷除達瓦齊，以遂其成為衛拉特共主之野心。故阿睦爾撒納在投靠後，便積極獻策引清軍進兵準噶爾，而這亦正好暗合乾隆帝先前之謀劃。是以乾隆二十年（1755）二月，清廷在主將班第之外，令阿睦爾撒納為定邊左副將軍，出兵攻打準噶爾，迅速攻占伊犁並俘獲達瓦齊。同年五月阿睦爾撒納以參與平準有功，獲封雙親王，享親王雙倍之俸祿。

阿睦爾撒納雖獲得清廷之殊榮禮遇，但他並不甘心居於人下，而是懷抱著成為四衛拉特共主的雄心。是以在乾隆二十年清軍征服準噶爾前後，阿睦爾撒納曾利用各種手段，試圖繼達瓦齊之後成為統領衛拉特四部的準噶爾汗。另一方面，清軍在占領伊犁並捕獲達瓦齊的前提下，考量軍費補給所費不貲，於乾隆二十年六月決定將主力部隊回撤。在達瓦齊被捕且清朝兵力有限的條件下，阿睦爾撒納決定謀劃以伊犁作為根據地，驅逐清軍，藉此自立為準噶爾汗。為此，阿睦爾撒納不僅祕密策動其部屬散播眾人擁戴他為準噶爾共主之謠言，並暗中接收達瓦齊遺留之屬民以及物資，藉此擴張其在準噶爾當地的政治經濟實力。隨著阿睦爾撒納自立為汗的企圖日益張揚，清軍主將班第在事態緊急的情況下，遂權假御令命阿睦爾撒納前往避暑山莊面聖，同時向乾隆帝奏報其意圖謀反之情。

乾隆二十年七月，阿睦爾撒納自伊犁啟程前往承德，行前已向其在伊犁之部屬，囑咐其中途謀反之安排。阿睦爾撒納之所以不惜涉險東往，主要是因其先前隨清軍西征達瓦齊時，其妻子家人以及主力下屬，礙於清廷命令被迫滯留於科布多。因此阿睦爾撒納可謂將計就計，佯稱奉命前往承德面聖，實際上是為了從新疆半途潛往蒙古西部的科布多，以此與其主力部隊匯合，增強其反清武力；然因即時為駐喀爾喀的清軍所識破而未果，阿睦爾撒納本人因此調轉西歸。與此同時，阿睦爾撒納遺留在準噶爾的下屬發動政變，成功控制伊犁；然而，隨後阿睦爾撒納方不僅面對糧食短缺的問題，同時遭遇到天花疫情的爆發，加上清軍後續增援的壓迫，使得其內部迅速分裂。在形勢所逼下，阿睦爾撒納在短暫稱汗後，不得不放棄他作為準噶爾首府的伊犁。在被清軍追擊的過程中，阿睦爾撒納及其部眾損失大批財物。如乾隆二十年十二月，清軍在攻打阿睦爾撒納的過程中，剿獲一做工精美的銀經匣，對於篤信佛教的準噶爾人而言，此無疑係十分珍貴之物。在清軍勢力的威脅下，阿睦爾撒納於乾隆二十一年（1756）年初向西出逃哈薩克。

清軍與阿睦爾撒納之間的軍事衝突，無疑使得原本飽受內憂外患以及天花疫情之苦的準噶爾社會，更加雪上加霜。長年的天災人禍，使準噶爾爆發嚴重的饑荒，饑民們為了求生甚至出現啃食人肉的情況。原本投降的當地準噶爾難民紛紛向清軍請求糧食資助，但並未獲得妥善安置。不僅如此，為進一步追擊逃亡哈薩克的阿睦爾撒納，清軍更是向準噶爾降人以及西部喀爾喀人攤派差役，以遂軍事運補之需，造成當地頭人的不滿，最終導致乾隆二十一年天山東部額林哈畢爾噶路的準噶爾降人叛亂，在喀爾喀蒙古西部，亦爆發青袞雜卜所領導的撤驛之變。趁著蒙古西部動蕩，阿睦爾撒納旋復由哈薩克重返故土，並重新聚集當地反抗清軍的準噶爾勢力。

乾隆二十二年（1757）二月，阿睦爾撒納集合準噶爾殘存勢力，於博爾塔拉進行會盟，正式被推舉為準噶爾總台吉。至此阿睦爾撒納再度得償夙願，在名義上獲得準噶爾的最高權位。然而不到兩個月後，由成袞扎布為主帥的大批清軍，再度進兵準噶爾，勢如破竹，阿睦爾撒納被迫再度向西逃亡。有鑑於過去阿睦爾撒納的逃亡路線，此時乾隆帝已與哈薩克阿布賚汗達成協議，阻截阿睦爾撒納之後路。在情急之下，阿睦爾撒納帶著八名隨從，經由位於哈薩克邊境的塞米巴拉金斯克，輾轉前往西伯利亞境內的托博爾斯克，接受沙俄帝國的政治庇護。但並非所有人都像阿睦爾撒納本人得以脫逃。由於其屢屢降而復叛，惱怒的乾隆帝最終決定大肆屠戮準噶爾人，以絕後患，對此清代宗室昭槤在《嘯亭雜錄》中載道：

時厄魯特慴我兵威，雖一部有數十百戶，莫敢抗者。呼其壯丁出，以次斬戮，寂無一聲，駢首就死，婦孺悉驅入內地賞軍，多死於途，於是厄魯特之種類盡矣。

成書於十八世紀下半葉以後的《卡爾梅克諸汗簡史》（*Qalmik qaġan-u tuġuji-yi qoyiraju bicigsen tobci orosibai*）亦稱：「漢人（qitad，此處實指滿洲人）打敗了準噶爾汗阿睦爾撒納，不僅把他趕到俄羅斯，而且對衛拉特人進行了殘酷的屠殺」。此後再也無緣重回故土的阿睦爾撒納，也成為衛拉特歷史記憶中最後的準噶爾汗。

阿睦爾撒納屍首與清俄外交爭議

阿睦爾撒納之所以逃亡俄羅斯，並非偶然間的臨時起意。早在乾隆十六年（1751），阿睦爾撒納因與達瓦齊聯合對抗喇嘛達爾扎而流亡哈薩克的途中，就已經引起沙俄的關注。根據一七五二年的俄文檔案，當時沙俄帝國已將阿睦爾撒納視為奇貨可居的外交籌碼，而試圖邀請他前往奧倫堡。一七五五年阿睦爾撒納叛清首度稱汗後被擊敗，於一七五六年初流亡哈薩克，此時沙俄再度遣使邀請阿睦爾撒納前往奧倫堡，並傳達沙俄女皇伊麗莎白願意提供其政治庇護的旨意。阿睦爾撒納未應俄羅斯之邀前往奧倫堡，而是在一七五六年底趁額林哈畢爾噶叛亂時，再度重回準噶爾，同時派遣使團前往聖彼得堡與伊麗莎白進行外交協商，希望藉助俄羅斯的力量，使他獲得衛拉特人的承認登基為汗；作為交換，阿睦爾撒納答應願意臣服俄羅斯。但沙俄方面因不願與清朝為敵，並未答應此要求。另一方面，阿睦爾撒納的使團還未及返還準噶爾，一七五七年七月阿睦爾撒納便已被清軍擊潰，逃亡到俄羅斯境內，同年九月二十一日，阿睦爾撒納因天花而在托博爾斯克病逝，得年三十五歲。

阿睦爾撒納在中央歐亞所激起的地緣政治動蕩，並未隨著他的過世而終止，反而在清朝與沙俄兩大帝國間掀起外交波瀾。自一七五五年清軍在追剿阿睦爾撒納的過程中，搜獲四封沙俄與其交通之信件，表示願意收容準噶爾逃人，引起清廷極大的不滿。爾後清廷於一七五六年致書沙俄樞密院，要求若阿睦爾撒納逃亡俄羅斯，應立即將其遣返。在一七五七年阿睦爾撒納流亡俄羅斯後，清朝方面更是多次與沙俄展開外交談判，試圖釐清阿睦爾撒納之下落並索要其人。乾隆二十二年下半，清廷方面曾多次派員前往俄羅斯邊界，調查阿睦爾撒納蹤跡。起初俄方回覆無其人消息，推測他已溺水身亡。乾隆帝一面認為此係俄方托詞並未採信，清軍仍一面組織搜查隊，試圖在額爾齊斯河流域打撈阿睦爾撒納屍首。

此後在清朝方面持續抗議下，沙俄政府因不願與之交惡，便在一七五七年底將阿睦爾撒納之遺體運往色楞格斯克。乾隆二十三年（1758）年初，清廷接獲俄方傳來阿睦爾撒納已身患天花病逝的消息，因此雙方協議派員前往恰克圖查驗阿睦爾撒納屍首。在確認阿睦爾撒納身亡後，清朝要求交付其屍首帶回中國，遭到俄方拒絕。此後乾隆二十四年（1759），雙方再次於恰克圖談判此事，清廷提出以俄羅斯俘虜交換阿睦爾撒納屍首，然終究未果。阿睦爾撒納之屍首在經由清朝兩度驗屍後，並未送往中國，而由俄羅斯方面埋葬於色楞格斯克一帶。

清俄雙方就阿睦爾撒納屍首衍生出之一系列的外交糾紛，體現出二者在價值觀上的文化差異。依據清朝的帝國話語，乾隆帝堅持要取得阿睦爾撒納的屍首「驗明戮示」，昭告天下準噶爾已定；然而對當時受到歐洲啟蒙思想影響的俄羅斯政府而言，清朝試圖公開屠戮阿睦爾撒納遺體的作法不僅凶殘野蠻，且帶有羞辱俄方的意味。雙方對此案的認知差異，成為清俄外交上的一大障礙，這也具體體現在乾隆二十二至二十四年間聖彼得堡與北京政府間的外交通信檔案，幾乎全部圍繞在阿睦爾撒納遺體爭論上打轉。

阿睦爾撒納身後的爭議，一方面致使乾隆帝對於俄羅斯的不信任，另一方面也造成後來沙俄女皇凱薩琳二世對中國皇帝驕傲自大的消極印象，並且深刻影響後續清俄在恰克圖貿易上的外交以及經貿關係，進而為後來十八世紀後期清乾隆朝數度對俄羅斯所施行的大黃禁運政策，形成特殊的歷史脈絡。而阿睦爾撒納遺體爭議，不僅形塑乾隆年間對俄實行經濟制裁的外交背景，更為十九世紀晚清試圖仿效前例，對英國施行大黃禁運的經濟制裁種下遠因。

結語

阿睦爾撒納在不長的人生歲月中，對準噶爾、清朝以及俄羅斯這三個十八世紀歐亞大陸上關鍵的政治勢力，留下深遠的影響。阿睦爾撒納謀求四衛拉特共主權位的政治野心，使其突破出身限制，躋身準噶爾權臣乃至攫取汗位。但另一方面他與達瓦齊的內訌，直接導致準噶爾汗國的衰敗，使得清朝趁機大舉西進，進而造成天山南北的準噶爾與回部故土，自此成為中國的新疆。

不僅如此，阿睦爾撒納對歷史的影響，並未隨著其陽壽消亡而終止，反而持續為中央歐亞乃至清俄關係，留下影響關鍵且深遠之歷史遺產。在經歷十八世紀末殘酷的大屠殺之後，清朝官方史家以帝國史觀重新書寫準噶爾史；至於十八世紀末以降的衛拉特史家，卻根據戰敗者的歷史記憶，將阿睦爾撒納描述為對抗清帝國的不死勇士，並賦予其大黑天轉世的佛教色彩，並在充滿傳奇色彩的歷史書寫中，預示其終將歸來故土，恢復準噶爾往昔的榮光。關於阿睦爾撒納的歷史記憶，持續在衛拉特遊牧社會流傳，因此當二十世紀初俄羅斯蒙古學者進入蒙古高原西部時，當地牧民仍認為阿睦爾撒納並未逝去，終有一日將從俄羅斯歸來。與此同時，一七五七年後清朝與沙俄就阿睦爾撒納遺體歸屬問題產生的爭議，深刻地奠定十八世紀後期以降清俄雙方的外交基調，雙方關於阿睦爾撒納屍首的外交攻防，更直接影響後來恰克圖貿易的走向；乃至為十九世紀清朝對外禁運大黃、茶葉等物產的經濟制裁政策，形成特殊的帝國話語。

本圖僅作為人物行徑路線之參考，依照現今疆界繪製，非十八世紀實際疆界劃分。

參考書目

史料

- 《清實錄．聖祖仁皇帝實錄》，北京：中華書局，1986。
- 《清實錄．高宗純皇帝實錄》，北京：中華書局，1986。
- 昭槤，《嘯亭雜錄》，北京：中華書局，1980。
- 祁韻士，《皇朝藩部要略》，太原：三晉出版社，2015。
- 愛新覺羅．弘曆，〈準噶爾全部紀略〉，收入《御製詩文十全集》，北京：乾隆武英殿聚珍版，卷十一。
- 郎世寧，〈馬術圖〉，北京：故宮博物院藏，絹本設色圖。
- 班特什．卡緬斯基（Nikola Nikolaevich Bantysh-Kamenski），中國人民大學俄語教研室譯，《俄中兩國外交文獻彙編（1619-1792）》，北京：商務印書館，1982。
- 丹碧、格．李杰編，《蒙漢對照托忒文字衛拉特蒙古歷史文獻譯編》，烏魯木齊：新疆人民出版社，2008。

．中國第一歷史檔案館、中國邊疆史地研究中心編，《清代新疆滿文檔案彙編》，桂林：廣西師範大學出版社，2012。

研究著作

．I. Ya. 茲拉特金，馬曼麗譯，《準噶爾汗國史》，北京：商務印書館，1980。
．準噶爾史略編寫組，《準噶爾史略》，北京：人民出版社，1985。
．I. Ya. 茲拉特金，李琪譯、王嘉琳校，〈有關阿睦爾撒納的俄國資料檔案〉，收入《民族史譯文集》第十一集，北京：中國社會科學院民族研究所，1984，頁108-129。
．馬汝珩，〈阿睦爾撒納的反動一生〉，收入《準噶爾史論文集》第二集，北京：中國社會科學院民族學研究所，1981，頁265-273。
．郭蘊華，〈阿睦爾撒納叛亂及清政府的平叛鬥爭〉，收入《準噶爾史論文集》第二集，北京：中國社會科學院民族學研究所，1981，頁274-281。
．白翠琴、杜榮坤，〈簡論阿睦爾撒納〉，收入《準噶爾史論文集》第二集，北京：中國社會科學院民族學研究所，1981，頁282-289。

•張哲嘉，〈「大黃迷思」——清代制裁西洋禁運大黃的策略思維與文化意涵〉，《中央研究院近代史研究所集刊》，第四十七期，2005，頁43-100。
•M．烏蘭，〈準噶爾汗國滅亡後的佚名史籍與衛拉特人的歷史記憶〉，《民族研究》，二〇〇七年第三期，頁81-86。
•烏蘭，〈關於成吉思汗「手握凝血」出生說〉，《中央民族大學學報（哲學社會科學版）》，二〇〇七年第六期，頁56-59。
•閻國棟，〈葉卡捷琳娜二世的中國觀〉，《俄羅斯研究》，二〇一〇年第五期，頁9-21。
•吳阿木古冷，〈準噶爾覆亡時期若干史實考證〉，北京：中央民族大學碩士論文，2015。
•王幼敏，〈德國柏林藏清代準噶爾蒙古族部落首領油畫像研究〉，《故宮學刊》，第二十輯，2019，頁293-310。
•吳阿木古冷，〈從清朝親王到逃亡異鄉：阿睦爾撒納叛亂及其相關問題研究〉，《赤峰學院學報（漢文哲學社會科學版）》，第四十卷第一期，2019，頁45-51。

- 孔令偉，〈察哈爾格西《厄魯特王統世系》譯注〉，《衛拉特研究》，第六輯，2020，頁25-34。
- 李中路，〈一件特殊的乾隆朝「銀經匣」〉，《紫禁城》，二〇二一年一月號，頁144-153。
- 曲強，〈疫病與秩序：準噶爾汗國覆滅前後西北地區的天花疫情〉，《中央民族大學學報（哲學社會科學版）》，二〇二三年第一期，頁159-169。
- Fang Chao-ying, "Amursana," in *Eminent Chinese of the Ch'ing Period*, Washington D.C.: United States Government Printing Office, 1943, ed. by Arthur W. Hummel, vol. 1, pp. 9-11.
- V. V. Barthold, "History of the Semirechyé," in *Four Studies on the History of Central Asia* vol. 1, trans. by V. and T. Minorsky, Leiden: E. J. Brill, 1956, pp. 73-165.
- Charles R. Bawden, "The Mongol Rebellion of 1756-1757," *Journal of Asian History* 2.1(1968): 1-31.
- Muriel Atkin, *Russia and Iran, 1780-1828*, Minneapolis: University of Minnesota Press, 1980.

- Peter Perdue, *China Marches West: The Qing Conquest of Central Eurasia*, Cambridge: Harvard University Press, 2010.
- 野田仁，《露清帝国とカザフ=ハン国》，東京：東京大学出版会，2011。
- 森川哲雄，〈アムルサナをめぐる露清交渉始末〉，《歴史学・地理学年報》，第七號，1983，頁75-105。
- 柳澤明，〈中国第一歴史档案館所蔵のロシア関係満文档案について〉，《満族史研究通信》，第十號，2001，頁38-57。
- 柳澤明，〈1768年の「キャフタ條約追加條項」をめぐる清とロシアの交渉について〉，《東洋史研究》，第六十二巻第三號，2003，頁568-600。
- 承志，〈阿睦爾撒納「叛乱」始末考（上）〉，《追手門学院大学国際教養学部紀要》，第八號，2014，頁41-73。

《四庫全書》與清代官方意識型態

中央研究院院士
王汎森

前言

《四庫全書》是與法國《百科全書》約略同一時代（稍遲）的，這兩部大書確實可以產生比較豐富的對照性。《四庫全書》的館臣之一梁國治出生於一七二三年，編纂的核心人物紀昀、戴震則都出生於一七二四年，大概符合本書選題的標準。

有關《四庫全書》的書籍、文章已經浩如煙海，有興趣的讀者可以非常方便地得到足夠的參考資料，所以本文主要是集中在有對照性的兩點，第一、《百科全書》是知識人憑藉自己的力量而成，其特色之一是批評政府，那麼《四庫全書》呢？第二、百科全書印刷一紙風行，成為歷經數百年不衰的知識傳統，直到網路時代來臨才逐漸式微。《四庫全書》因為卷帙浩繁，所以只抄了七部分貯各處，那麼這七部抄本發生了什麼實際的影響？

《四庫全書》與官方的意識型態

討論《四庫全書》的著作真的已經到了汗牛充棟的地步，所以本文除了在一開始對相關史實做幾點一般史實的介紹之外，主要是想討論兩個問題。一是在將古往今來的文化遺產放置於《四庫全書》之下時，如何創造了一個官方認可的「中國文化」應有的內容與格局。尤其是著重討論乾隆皇帝在這一齣大戲中的關鍵性角色。第二，因為一般有關《四庫全書》的研究大多集中在《四庫全書》的編纂本身，故我想從各種零星材料中勾勒出它對士人社會的影響。

編纂《四庫全書》的原因甚多，譬如周永年重提「儒藏」的構想，他認為佛教有「佛藏」、道教有「道藏」，儒家也應有將古今要籍彙整在一起的「儒藏」。朱筠等奏請校辦《永樂大典》，主張從中輯出散佚各書，也是一個重要的契機。而乾隆廣大教化的野心及個人的好勝心，則欲藉重集遺書成古今最大的官書。除此之外，寓禁於徵，藉這個大規模的徵書運動將明清時期易代的歷史、種族意識方面酌意之書搜繳禁毀。

《四庫全書》從乾隆三十八年（1773）開始編修，到乾隆四十七年（1782）抄成第一套，歷時十年。自第一部書成，歷任館長職者三百六十人，前面提到一七二三年出生的梁國治曾任副總裁，至於一七二四年出生的紀昀是總纂官，戴震則是校勘《永樂大典》的纂修官。其中紀昀任館職十三年，全書體例皆其所定，而實際負責編纂全書的是陸錫熊、陸費墀。所以以下我引用于敏中手札討論修纂《四庫全書》的經過，這批信主要便是寫給陸錫熊的。《四庫全書》的書有幾種來源，政府固有的藏書（敕撰本、內府本），分為各省採進本、私人進獻本、通行本，以及由《永樂大典》中輯成之書。《永樂大典》本，周永年貢獻最多。

四庫館將古今圖書分成四等處理：「刊刻、著錄、存目、禁燬」，等於是對古今典籍進行等第之分。《四庫全書》所著錄之書，共收書三千五百零三種、七萬九千三百三十七卷，近十億字。《總目》中僅存書名，而未收其書者，凡六千七百九十三種，九萬三千五百五十一卷，即「存目」之數。此外，尚有「禁燬」書約三千一百種，據統計在禁書過程中有四十多起文字獄。《四庫全書》每份裝訂三萬六千冊，共六千七百五十二函。

《四庫全書》的編纂工作從一開始便是君王與官員們聯手譜成的一部大戲，君王的政治政策及思想、文化品味在其中揮發了很重要的角色。編纂《四庫全書》表面上只是將古往今來的典籍加以「重置」，但在編纂、「重置」的過程中，卻形成了皇帝及大臣所刻意建構的一種新的文化格局，是乾隆廣大教化政策中的一環，它試圖回答「中國文化」應該是什麼，或中國的「正統文化」應該是什麼這個重大的問題。

本文的前半部便是在勾勒皇帝作為這一大齣戲的導演，如何重置、編修這些典籍，使它們成為君臣同意的官方意識型態。如果我們披覽《纂修四庫全書檔案》，便可以發現當時君臣是依若干原則在編訂古今圖書，重新品評它們的等第與高下。同時，藉由《四庫全書總目提要》、《四庫簡明目錄》中的種種處理與評論，重置之後的文本可以構築一個新的價值層級。這個新的價值層級指導原則，是辦理四庫時各種文書中所經常出現的「要於世道人心有益」、「要有裨實用」或「為萬世臣子植綱常」。但是，乾隆君臣認為「於世道人心有益」的東西，與古往今來所認定的有極大不同，而且涵蓋的領域極大，牽涉到知識、道德、價值、品味等無不包含在裡面。此外，還有許許多多的細部要求——譬如要在編纂中突顯君親的獨斷性地位，要在歷史中突顯一套忠烈的系譜等，不一而足。

除上述之外，於世道人心無益、無裨實用或不能植萬古綱常的，包括的範圍也相當廣，有些涉及皇家（皇帝本身、宮闈、宗室），有的涉及政治黨派，有的涉及種族（胡虜夷狄），或宣傳明朝政治的過惡、貶斥明代思潮，對於所謂「明季惡習」、「晚明人書」，無所不用其極地打擊，或為了高揚清朝，「欲表揚清朝之盛大，使無關輕重之文字，亦得與古人並存而不朽」（任松如，《四庫全書答問》）。或是重點打擊歷史上文字「誕妄」、文章「媟狎」之風，甚至要求將古今文籍中「美人八詠」之類的文字一律撤出。總之四庫館臣抽換、刪改的內容各色各樣，沒辦法在這裡盡述。經過「突出」表揚，及形形色色的「貶抑」兩方面的處理之後，「中國正統文化」的格局擁有了一個特定的輪廓。

尤有甚者，乾隆君臣還擔任古今文人的總考官，他們參與到古今文人的著作世界中判斷其對錯，對於錯的部分，往往試著要加以改正。譬如在辦理《四庫全書》的檔案中有一件討論明代楊倫的《琴譜》，館臣評論說：「所載琴譜指法尚無錯誤」（《四庫全書總目提要．子部．小說家類二》卷一四一）。《四庫全書總目提要》中，也經常出現考官批改卷子的口吻。這一類的評論是滿布在整部《四庫全書總目提要》中。既然名為「欽定」，便在相當程度上與聞其事，只要我們詳讀相關的上諭、檔案（早已經編成《纂修四庫全書檔案》），便也可以看到許多皇帝的身影。而且許多後來納入禁燬目錄的書名上，往往有皇帝的硃批，表示皇帝親身參與其事，這方面的例證尚多，此處不一一列舉。

包括皇帝也對《千百年眼》、《焚書》等敏感書籍感到好奇，並有要求索閱的紀錄。在本文中，我並不從告諭、檔案來看《四庫全書》編纂過程中君王的角色，而是以于文敏手札，或王濟華日記這種「私人性文件」（private document）來看時人記錄中皇帝在《四庫全書》編纂過程中的積極角色。

于敏中在《四庫全書》編纂工作中的地位獨特，戴震有一篇歌頌他的文章，特別提到他對《四庫全書》的卓越貢獻，而《于文襄公手札》則是早期編纂《四庫全書》過程中對乾隆實際角色、行為的一流實況報導。乾隆皇帝醉心於詩文，且乾隆所喜歡的詩文有一些偏向，于敏中書信中有一些這方面的材料，譬如他說為皇帝準備詩料時以《杜詩》中與農事有關的優先，可見乾隆日常關心之所在。為了找詩料或解決皇帝不時提出的學問上的問題，于敏中經常要從皇帝駐在的承德避暑山莊馳函京師請教有學問的人。

于敏中侍乾隆於熱河的時間甚長，故每每要替在北京的四庫館臣趁皇帝有空或心情較好時，請示某些書的內容應該如何處理，特定違礙書籍的定奪也每每要送請皇帝過目。乾隆本人對四庫編輯的某些書也特別表示關注，如《五代史輯本》即甚受乾隆重視。乾隆對於種族問題相當敏感。他曾經慎重地問于敏中，金章宗何以用薛居正的《五代史》而不用歐陽修的《五代史》，是不是因為歐史講華夷之辨不便於金的皇帝？

皇帝的心理感受、文化品味對《四庫全書》的編纂帶有指導性。首先《四庫全書》要辦得堂皇、辦得漂亮，于敏中云：「此時所重在抄本足充四庫及書名列目足滿萬種方妥也。」《四庫全書》中所選的書也要以皇帝喜聞樂見為主，如《文選》究竟採六臣注還是汲古閣本，端看皇帝讀的是哪一個版本，而不敢以內容之優劣作決定。由於于敏中注意到皇帝日常讀的是汲古閣本，所以四庫中將汲古閣本與六臣注本並列，由於辦理四庫要處處考量這些非專業的問題，故于敏中每每私下告訴朋友某書與其官辦不如私辦。

在君王的指導下，四庫館臣扮演起古今「大判官」的角色。除了表現在選書之外，也特別表現在《四庫全書總目提要》內容的定奪。在《提要》中不只要描述某書的內容，而且也要能指出該書內容是否有錯誤不妥之處，如于敏中有信指責陸錫熊對《金君卿集》及《北湖集》稱譽過度。而且對於某書是要定為「應刻」、「應抄」、「著錄」、「存目」、「不收」、「禁燬」都有詳細而審慎的區分。一般來說，凡有益世道人心者刊刻，凡有裨實用者錄存，其書雖關係世道人心、有裨實用，但其中有俚淺詭謬之言，則只存目。但是上述標準也只是一個大概，其內情很複雜，往往隨不同館臣及纂修進程而有所變化。此外，道德評判要施及於古今的書籍，如金氏文集中的忠義堂記列入揚雄，于敏中便說：「其是非尤未能得當」，大概是說像揚雄這樣「劇秦美新」的貳臣與忠義是沾不上邊的。

對明末清初之書，作為總裁的于敏中在信中明白表示要館臣「寧嚴勿寬」，而且還在這四字下加註「最好要領」。于敏中再三告誡館臣，對於晚明的文集不能因其文筆稍好而有所姑容、輕輕放過，這也多少說明了《四庫禁燬書目》中，對於明末清初的文集禁得如此無情的緣故了。

大體而言，乾隆晚年對文字忌諱的處理比早年嚴格，「禁燬」、「抽毀」的工作分量很重，由於這方面的論著甚多，此處不擬細述。但是只要注意到《纂修四庫全書檔案》中有一份文件，要求「各省將抽挖紙片送京」，便可以防止「有害」思想擴散，到了「滴水不漏」的地步。

四庫館臣的心、態度與帝王是一樣的，四庫館臣在選書，簽、提要上皆有一套禮教的標準。但從纂修官開始，一關又一關，中間曲折甚多，「或付鈔刻，或改存目，撤出增入，變動情況十分複雜，所以水很深，很難一概而論。」各纂修官意思亦不一，如翁方綱定為「擬抄者」，總裁李友棠每改為「存目」；有的翁方綱認為應「存目」的，卻被註為「毀」（吳格，〈前言〉，《翁方綱纂四庫提要稿》〔上海：上海科學技術文獻出版社，2005〕）。

雍正、乾隆均禁止在刊寫書籍時將胡虜夷狄字作空白或改易形聲，違者照大不敬律治罪，而輯前史館臣大改，「欲以一手掩蓋天下目者，其視清朝之心實與明季諸人無異也。不過一則陽斥之，一則陰指之而已。嗚呼！四庫館之開，清之據中國百三十年矣！士大夫之心理仍若此，此其故亦耐人尋思哉！」（劉乃和，《陳垣年譜配圖長編》〔瀋陽：遼海出版社，2000〕）陳垣之所以說館臣在輯《五代史》時，刻意掩去夷狄字樣，即表示其心中仍在乎、仍有自我檢查機制，否則不必冒犯法律刻意迴避。愈刻意迴避，表示其心中愈在乎，表示其自我防禦機制更深。

從以上討論可以看出在《四庫全書》編纂的過程中皇帝扮演角色的重要性，不只是檢討、挑錯而已。所以《四庫全書》在相當程度上，反映了君臣協作所建構的官方意識型態，這與法國《百科全書》的形成非常的不同。

《四庫全書》纂成之後，並未全數刊刻，而是抄了七份存貯在幾個重要的地方。如果他們只是被存放，而未曾以各種方式使用、傳布，則它們參與塑造時代思想、學術走向的可能性便很小。所以如果要談《四庫全書》與官方意識型態的形塑，不但要考慮在它修纂的過程中，君王與臣下的意識型態影響之實況，同時也要試著了解它修成之後，如何被閱讀、如何被依樣刊刻，如何成為學術文化界的標竿、指導。因為只有稍稍梳理上述諸點，才能了解官方意識型態如何發揮實際影響。然而，處理這個問題有一定的難度，一方面是之前極少有人入手梳理；另方面是因為這是一個史料極為零散的問題。以下是我以多年搜集的材料，試圖拼湊成的圖像。

《四庫全書》影響力的擴散

一般討論《四庫全書》時，通常止於全書編成，分抄七份，以及各種總目提要，很少對《四庫全書》纂成之後在廣大士大夫間造成何種影響作一估量。在這裡，我則準備討論如下幾點：第一，乾隆所確立下來的一套褒貶取捨歷史文化的標準並非只是口頭說說而已，它發揮了實際的作用。譬如，乾隆上諭中的各種評論，事實上成為此後知識界嚴守的標準。我們可以隨處發現清代中期以後有名的讀書人，其實都相當注意乾隆上諭中對曾靜案中被牽入的呂留良案中相關各人的評判態度與口氣，以曾靜案中的呂留良為例，乾隆一旦作出對呂留良的重譴，連後來的全謝山也順著乾隆的口氣說：「石門（呂留良）之學一敗塗地」，其他各處的零星評論，便不再此詳舉。

第二，《四庫全書》修成之後，乾隆下詔准許士子登閣閱讀四庫，而四庫中有許多此前不易見的唐宋文籍，現在既集中又方便閱讀，對鼓勵學風產生莫大的影響。道光十二年（1832），在中國的燕行使金景善在《燕轅直指》，卷三〈留館錄上〉中講到，乾隆四十七年編輯既訖，特建文淵、文溯、文津、文瀾四閣以資藏庋，准許力學好古之士讀書其間，使得江浙士子得之以就近觀摩使用時說：

「觀此則非但經籍之富遠邁前代，分貯各處，以資士子就觀，規模之廣亦可見。」

當時人的歡欣滿意，認為文瀾閣等處的書使用甚為便利，而且是一大寶庫，可以下述諸例為證。如嘉慶五年（1800）間李調元〈答趙雲崧觀察書〉中所言：「家有萬卷樓，皆在通永道任所抄四庫全書副本」。又如曾國藩在《聖哲畫像記》中所說：「及為文瀾閣直閣校理，每歲二月，侍從宣宗皇帝入閣，得觀四庫全書，其富過於前代所藏遠甚。」

不過依照另一位乾隆年間的燕行使柳得恭（1749-?）在《燕臺再遊錄》中的實際觀察，除非是有功名的士人，一般人是不可以登閣閱讀的，他說：「問諸生，此處文溯閣可登否？答：禁地，非有功名人不能也。」因為文宗閣等「江浙三閣」的建成，使東南士人得以就近赴閣閱讀、校抄祕籍，所以社會上出現了一種「傳抄閣本」。

「傳抄閣本」往往被當作珍貴的文籍收藏，如江蘇著名藏書家、常熟鐵琴銅劍樓主瞿紹基、瞿鏞父子，和長洲（今吳縣）顧氏的藝海樓。謝國楨《明清筆記談叢》中形容《涇川叢書》時說，「此書所收皆四庫祕錄……每書之後，皆附四庫提要，其無提要者，並撰跋尾。」晚清著名藏書樓嘉業堂等，在當時都以收藏傳抄閣本聞名於世。這些書不只被藏書家收藏，而且還有的被照樣刊發。如趙紹祖編的《涇川叢書》，所收多四庫祕錄，《守山閣叢書》亦從文瀾閣抄出（謝國楨，《明清筆記談叢》，上海：上海書店，2004）。四庫本或「抄閣本」成為權威的版本，當時常見「覆四庫全書原本」之類的字眼，尤其是宋人著作（如《墨海金壺》）。而這些傳抄閣本便延續了四庫館臣對書本內容的整理或刪改。

乾隆本人的知識好奇，也穿插在《四庫全書》編纂的工作中，譬如他藉機會詢問《通志堂經解》真正的編者究竟是納蘭容若還是徐乾學？譬如他想知道黃河的源頭究竟在何處？

此外，乾隆也決定將《四庫全書》中一些特別有價值的，刊為「武英殿聚珍版叢書」，書成之後只印三百部，在北京銷售一空，因人們欲再購，而活字版已撤，不能再印。後因江南士人之請，遂將聚珍版排印各書發給江南等五省翻刻通行（黃愛平，《四庫全書纂修研究》，北京：中國人民大學出版社，1989，第八章）。「武英殿聚珍版」便因著翻刻出版而化身千百，成為許多讀書人的讀本。

發賣與翻刻的影響不能小看，其中也有若干武英殿刪節過的本子，因為翻刻之故，影響後來的讀者。如殿本頒行東南五省，准其仿照翻印，此影響是不可小看的。陳垣在《通鑑胡注表微》〈邊事篇第十五〉中說：「唐武宗會昌二年，安西、北庭韃靼等五部落」條，胡注曰：「李心傳曰：『達靼之先，與女真同種，靺鞨之後也。其居陰山者，字號為達靼。達靼之人，皆勇悍善戰，近漢地者謂之熟韃靼，尚能種秫穄，以平底瓦釜煮而食之；遠者謂之生韃靼，以射獵為生，無器甲，矢貫骨鏃而已』」，陳垣云：在這一條，胡三省似不滿意於李心傳，但事實上是故意貶之以避時忌。李心傳的話見於《建炎以來朝野雜記》。陳垣說，胡三省所引的李心傳，仍是宋本，而「今武英殿本於此條及多所刪節」。由於清代武英殿聚珍本的《雜記》對於種族敏感之處，作了刪節，以致後人讀了一頭霧水。

《四庫全書總目提要》對書本的評論有相當的影響力，如陸心源及此後不少人以《四庫全書》為去取的依據，即使阮元致力於編纂《四庫未收書提要》，事實上仍是以《四庫全書》為其標竿。《四庫全書》所確立的去取標準，何者收入，何者不收，在《四庫全書總目》中是屬於何種範疇，每每代表著官方對書本價值的評價。即如清代後期影響非常大的一部書《經解入門》（舊題江藩撰），全書中凡提到與《四庫全書》相關者一定空格以示尊崇，在〈科場解經程式第五十二〉所說：「國朝人所著各書收入　四庫者，可以引用……其未入　四庫，而已現行者，但稱或說可也。」

《四庫全書總目》即是一種新的權力與知識配置。李兆洛一生為許多人整集書稿或刊書，而其中有幾部禁書。最早的一部刊於一八一三年，那是因為李氏在纂輯地方藝文志時。在李兆洛刊印遺獻的過程中，我們可以看到《四庫全書》及《四庫總目》之威力。當時一般士人幾乎是以見之於其中者為一切，如謀刻瞿式耜之遺集時：「瞿忠宣公式耜集十卷，以事涉本朝，國初未敢行世，故四庫書中不著其目。秋八月，常熟許伯緘延詰來暨陽言及之。先生曰，聖朝寬大，如熊襄愍之集，乾隆中奉旨進御，命其子孫刊行之，則是集安可以不傳世，許乃悉所藏送暨陽。」又如刊胡承諾《繹志》，先是四川龍燮堂觀察過訪，龍氏有活字版，喜刻書，向李兆洛索未見書之值得刊行者。李氏告以莫若刊胡氏《繹志》，「龍意以不見四庫書目疑之，予謂此書出較後，收四庫者不及收耳」，龍氏顯然不相信，所以後來一再遷延未刻。（蔣彤編，《李申耆年譜》，臺北：廣文書局，1971）這些書雖然最終都因道光年間政治控制力逐漸鬆弛而刊出（有的暗中仍有刪節），但從一再猶豫考量的過程中也可以看出四庫的威力了。

如前所述，不入四庫的清朝經學著述，科考不應直接引用，或四庫未著錄的書不敢逕信其內容。此後看到的個別書籍，有時也依《四庫全書總目》的記載判斷版本的真偽與優劣。（見《黃丕烈藏書題跋集》，上海：上海古籍出版社，2013）遭《四庫全書》摒棄者，往往從此湮沒，校刻家每每不敢過問，以《天學初函》「理編」為例，《陳垣年譜配圖長編》中記陳垣的話說：「《天學初函》在明季流傳極廣，翻版者數本，故守山閣諸家均獲見之。惟『理編』自遭四庫屏黜以來，校刻家不敢過問。然吾人今之所以能知有事書者，實賴《四庫》此一斥，《四庫》明謂『特存其目以著之藻左袒異端之罪也』，今反以是喚起吾人之注意，豈紀昀等所及料哉！」

從另一面看，進入《四庫全書》者也成為最常被傳續的文本，鞏固了收入《四庫全書》書本的「再生產」條件，此後許多書在刊刻時，往往將《四庫總目提要》冠於書首，表示自己的權威，也作為保護。一直到清末，編纂《大清國史藝文志》（五卷，內府朱絲欄寫本，臺北故宮）時，也仍口口聲聲表示自己是承續《四庫全書》說：「欽定四庫全書告成，炳炳麟麟，輝映冊府，今將書目內已入文淵閣著錄者，悉皆登載，其見於存目者，亦均酌採增入」。而且編輯去取，也宣稱一依「四庫全書總目」。

《勝朝殉節諸臣錄》猶如官方提供的保護傘。一本書是否被收入四庫，會影響清代士人對這本書的評價，若是未收入，則接著看是否載入《明史》與《勝朝殉節諸臣錄》。《陳子龍文集》是一個很好的例子，所以在王昶《春融堂集》中，為《陳子龍文集》所寫的序文先說明《陳子龍文集》為何未入四庫，然後再以《明史》與《勝朝殉節諸臣錄》增加時人的信心，加上朝廷有賜謚、立祠的動作，所以陳子龍的詩文遂應時而出。另一個例子同樣是王昶為夏完淳的文集作序，據序文可知在陳子龍的文集刻成後，接著又著手刻夏完淳的文集。陳、夏二人是幾社中最以忠節著稱的兩位，他們的書原先或入禁書目錄，或是久伏不出。但因為《明史》、《勝朝殉節諸臣錄》中表揚他們的忠節，所以清代中期的王昶認為應該去掉忌諱，出版他們的書。

結語

本文分為兩部分，第一部分是四庫全書的編纂與知識創造，從種種跡象可以看到皇帝及臣下合力塑造一種正統文化的努力。一種在乾隆看來更符合儒家仁民愛物、嚴明整肅、忠孝節義的正統規範知識，在《四庫全書》中得到集中、強力的呈現，並且將逸離這個正統的東西盡可能地加以刪抑。如果可能的話，希望對整個帝國的言語文化產生淨化、指導的作用，使得整個帝國可以變得更合乎他們君臣心目中所謂的儒家理想。

《四庫全書》是古今文獻少有的一次大彙整，其中許多文本（尤其宋元）是世所稀見或不便獲得的，此時彙整在一起，且抄成七部，分貯南北，對讀書人造成了極大的便利，所以歡呼讚嘆的人非常之多，而且有許多人因為入閣抄寫，因而積攢一大筆藏書，或是得以入閣校對自己有的書。而廣泛刊行的《四庫全書總目》也帶來了許多方便。王重民在〈論四庫全書總目〉中，曾對此有過討論，不過他重視的是《四庫全書總目》對此後目錄學實踐的深刻影響，或是此後士人們藉《四庫全書總目》作為進入學問世界的門徑（如龔自珍、周中孚、張之洞），以上觀察當然都是正確的。

從另一方面看，由於《四庫全書》對任何牽涉種族意識的內容給予最嚴格的處理，即使是皇帝信誓旦旦表示並不一定要將「夷」「狄」等字眼全部刪去，但是人們仍然小心翼翼地加以刪除了。乾隆四十三年（1779）頒下的〈查辦違礙書籍條款〉中一再強調，違礙之處只需簽出、抽毀，不必全毀。但是一旦發現有違礙之處，人們往往自動擴大辦理，就像一顆石頭丟入湖心，它的漣漪瞬即在湖面擴散開來，有時連累整部書，有時甚至連累同一作者的其他著作。加上《四庫全書》中對於略涉異端或相比於儒家正統有些出格的言論，或不忠不孝的行跡，一概加以查禁、刪削或作各種奇特的處理，所以當這些淨化過的版本被大量抄寫、刊刻之後，對後來一百三、四十年間的士人是有相當影響的。

從另一方面看，由於《四庫全書》審查的力度很大，給士人們隱隱帶來一種錯誤的安全感，認為沒有被查禁、沒有刪節的部分是安全的。而這種不再追問的，認為安全的感覺，使得知識與意識有一種不同的意味，發展出一種知識的保守性傾向、信仰性、不可變易性。

此外，另一個影響重大的，是作為是對古今圖書作出「刊刻」、「著錄」、「存目」、「不收」、「禁燬」的評斷，等於是重新配置「中國文化」的知識格局，而它們像官方發布的一套文化指標，在此後一百多年內，某種程度上引導著知識世界的走向，使得「中國文化」是什麼、正統「中國文化」所看重的、所排斥的是一些什麼，有了一個輪廓。它們形成了幾條不同的溝渠，某種程度上左右著知識界的流行，形成一個相對穩固的文化格局。

當然這個「文化格局」的配置，也隨著整個時代氛圍的改變而有不同的看法。譬如到了後來，人們往往是由《四庫全書總目》內容中注意到某些書中有「異端性」的內容，進而對該書感到興趣（如前述《天學初函》），或是正因某書列入「禁燬」或「存目」，反而大發利市。

本文第二部分便是討論《四庫全書》修成之後，《四庫全書》及《四庫全書總目提要》所確定下來的文化格局，如何發揮社會影響力，即人們如何閱讀、再製。

陳垣在〈《舊五代史》輯本發覆〉中有一段話說得很好，他說由於四庫館臣不斷刪改《舊五代史》，被刪去的胡虜夷狄之類的敏感字眼不計其數，以至「一百五十年來，學者承誦引據，以為薛史真本如此，信奉不疑」。在一百五十年之間，人們往往必須要比較各種版本之後才恍然大悟，原來自己「日用而不自知」的不是原來的版本。近人在比較《菽園雜記》的各種版本後，才發現覆刻四庫本的「守山閣本」為「最下」，因它暗中刪去書中忌諱的夷狄胡虜字眼。上述種種必須對《四庫全書》修成之後的後續傳布有所觀察才能把握。

不過我們也不應過度誇大這種「文化格局」的壟斷性。從我個人正在進行的一些研究：嘉、道、咸以降的地下書寫，仍然可以見到許多相對於《四庫全書》，屬於「異質性」的文本在傳抄、刻印、流通著。因此，我們可以說此後的文化世界，大略可以分成「顯」（visible web）與「隱」（invisible web）兩層。本文所述，是那一個「顯」的世界，而我目前仍在進行的工作，便是要揭顯「隱」的那個書寫世界。

參考書目

• （清）于敏中，《于文襄公手札》，北京：國家圖書館出版社，2012。
• （清）王昶，《春融堂集》，清嘉慶十二年塾南書社刻本。
• （清）永瑢等撰，《四庫全書總目提要》，臺北：臺灣商務印書館，1965。
• （清）翁方綱，《翁方綱纂四庫提要稿》，上海：上海科學技術文獻出版社，2005。
• （清）黃丕烈，《黃丕烈藏書題跋集》，上海：上海古籍出版社，2013。
• 任松如，《四庫全書答問》，上海：上海書店，1992。
• 成均館大學校大東文化研究院編，《燕行錄選輯》，首爾：成均館大學校，1962。
• 陳垣，《通鑒胡注表微》，瀋陽：遼寧教育出版社，1997。
• 黃愛平，《四庫全書纂修研究》，北京：中國人民大學出版社，1989。
• 劉乃和，《陳垣年譜配圖長編》，瀋陽：遼海出版社，2000。
• 蔣彤編，《李申耆年譜》，臺北：廣文書局，1971。
• 謝國楨，《明清筆記談叢》，上海：上海書店，2004。

甘薯與經世：陸燿與盛清時期的治理知識

中央研究院歷史語言研究所副研究員
李仁淵

前言

十八世紀的中國本土可說是在「盛清」（High Qing）或「滿洲和平」（Pax Manjurica）的統治之下，而這篇文章選取的人物是此統治體制中的一名文官。選擇文官的原因是中華帝國晚期的選官制度讓文職官員及其候選者成為社會中具有文字能力的主要成員，因此留下較多的文字資料。其次是經由文職官員留下的文字線索，我們可以觀察到帝國統治的一面，或許可以彰顯這個時代的特色。

這位官員是祖籍在蘇州，但長期在北方活動的陸燿（1723-1785）。在眾多的盛清官員中陸燿的官位不是最高、著作不是最多、聲名也非最顯赫。選擇他的原因除了他與本書其他主人翁一樣在一七二三年出生之外，另一個原因是他所編纂的《切問齋文鈔》讓他被後人視為是「經世傳統」的代表。這篇文章嘗試從陸燿留下的有限文字中，分別從事功與學術出發，觀察一名地方官員眼中的世界。究竟他反映了哪些地方治理的常態，可以讓我們看到盛清帝國統治的情狀，以及反映了哪些非常之處，讓後人可在他身上看到所謂的經世精神。

盛世下的甘薯

乾隆四十一年（1776），久在山東任官的陸燿（1723-1785）於按察使任內編了一本小書叫《甘薯錄》。這本十頁的冊子可說是甘薯的實用小百科。這本小冊子的開頭是「辨類」，敘述甘薯是什麼樣的植物，長成怎麼樣子。接著是「勸功」，說明甘薯入地即活，高地沙地皆宜，最適合種來救荒。接著「取種」、「藏實」關於甘薯的種植與儲存，而「製用」則是甘薯各種食用方式，可煨煮、蒸食，亦可生食。可切片煮粥、磨粉作丸，葉可作蔬、根可造酒。最後結尾是「衛生」，列舉甘薯的藥效。他編這本書是為了在山東推廣甘薯，主要對象是中下層的官僚，「冀僚屬中留意民瘼者廣為勸導。」

甘薯是來自美洲的植物。已經有許多學者討論十五世紀以來新舊大陸的物種交換對其後人類文明的發展有很大的影響，包括舊大陸的病毒細菌進入美洲造成人口絕滅，以及美洲的植物，如玉米、番薯、花生、菸草、辣椒、南瓜等進入舊大陸，改變人類飲食的樣態。這些植物在十六、十七世紀輾轉進入中國本土，成為餐桌上的食用作物，不僅是中國農業史，也是人口史、社會史與文化史的重要課題。

不過在十八世紀下半葉陸燿出版《甘薯錄》前，甘薯，或者寫作甘藷或番薯，就已經進入中國本土。一般認為萬曆十年（1582）廣東東莞的陳益從安南、以及萬曆二十一年（1593）福建長樂陳振龍從呂宋引進番薯，是番薯進入中國的最早紀錄。《閩書》的編纂者葉向高（1559-1627）曾寫了一首〈番薯頌〉讚頌這個新作物。在〈番薯頌〉的前言中，葉向高追溯十多年前到呂宋做生意的福建商人截取幾許番薯的莖蔓，從夷人手中把番薯帶到中國。這個作物「不與五穀爭地，凡瘠鹵沙崗皆可以長」。由於便宜好種，所以不管老人小孩、「行道鬻乞之人」都可以吃，甚至「下至雞犬皆食之」。葉向高因此寫了這首頌，以歡快的語氣盛讚番薯的德性。而即使當時如他們這種有錢人家因為番薯低賤而不敢吃，葉向高也要為這拯救世人的作物辯護。

然而這個時候番薯主要在福建廣東流行，這也是為何約兩百年後陸燿還要從頭說起，向山東人介紹這個作物。其實陸燿也不是唯一這麼作的人，在十八世紀中晚期，有不少官員都在當地推廣種番薯。如活躍年代比陸燿更早的名宦陳宏謀（1696-1771），他在乾隆十年（1745）任陝西巡撫時，就曾在陝西推廣種甘薯。他刷印了兩千張〈勸種甘薯示〉，整理栽種甘薯的方法，向底下的府廳州縣與士人民眾等分發，並要官員向外省購覓薯種，教導省民栽種。根據學者收集，乾隆年間最少有二十餘次各級地方官員勸種甘薯的紀錄。連陸燿的《甘薯錄》開頭也說在他之前的山東布政使李渭（1685-1754）也曾在山東推廣甘薯。著名的《金薯傳習錄》便收錄了李渭在乾隆十七年（1752）所刊行的〈種植紅薯法則十二條〉。

甚至《甘薯錄》這本冊子，也不是出自陸燿本人的親身經驗。這本書擷取了《群芳譜》、《金薯傳習錄》等書的文字，分類重組。唯一來自陸燿的意見是他認為甘薯從呂宋來的說法是「考證之疏」，在《異物志》、《南方草木狀》等漢宋時期的文字中即有甘薯的記載。

不過陸燿的《甘薯錄》之所以值得一提，並不在它的時代或內容，而是在這本書是經過乾隆皇帝認可，諭令刊行的書。乾隆五十年（1785），山東巡撫明興向皇帝上奏，說他們省刊刻了陸燿的《甘薯錄》，頒行各府州縣，成效不錯。乾隆皇帝看了這本書，也覺得此書「頗為詳晰」。這個時候的河南因為連年收成不佳鬧饑荒，之前皇帝就已經諭令推廣甘薯。讀了此書後，皇帝遂令立刻抄錄此書，寄交直隸總督劉峨（1723-1795）與河南巡撫畢沅（1730-1797），讓他們廣為散布傳鈔。有了皇帝的加持，《甘薯錄》成為官方推行種植甘薯的首選，如乾隆五十二年（1787），江西巡撫何裕城（1726-1790）便在江西重刊《甘薯錄》。道光二十四年（1844），沈楙悳續編重刊的《昭代叢書》中，又將《甘薯錄》收入新增的壬集當中，讓《昭代叢書》本的《甘薯錄》成為現在最廣為通行的版本。

如果我們回到陸燿所在的時代，《甘薯錄》這本小書觸發的問題是，番薯這樣好種的美洲作物早在十六世紀末就已經傳入中國，為什麼在十八世紀出現這麼多次的宣導引介？或許其中一個方向是回到本書作者，作為一個帝國官員，他的處境以及需要思考的問題。

雖然晚明甘藷的引進與推廣也有官員的身影，但乾隆時期的這一系列活動更強烈的特色是官員在其中扮演的角色。在十八世紀的盛清時代，清帝國的處境是中國本土在長期大抵和平之下人口的增長，同時政府體制也日趨成熟完備。自從明清易代以來，在南方尚有如三藩之亂等大型亂事，然而在華北陸燿開始當官的時候，可以說已經維持了超過一百年的和平。在秩序穩定與人口增長之下，接著所遭遇的便是環境利用與資源分配的問題。

在官員的眼中，容易種植的甘藷是救荒最佳的作物，而研究者也指出，甘藷在山東等地的推廣，也與災荒息息相關。《金薯傳習錄》的作者，福建商人陳世元在山東膠州經商。他在乾隆十四年（1749）將甘藷引種山東，便是因為「東省旱澇，蝗蝻三載為災」。陳世元的活動尚屬民間，更多甘藷的推廣活動是來自地方官員，特別是南方出生的官員（如陳宏謀、陸燿），面臨北方的災荒問題，解決方法之一就是將南方普及的甘藷引進轄地。災荒可能有很多原因，而人口增長引起的生產與分配失衡或許是其中之一。氣候等固然是直接的因素，然而產能不足與環境的高度負載，也減低了災難來臨時應對的彈性。在亂世時政府亦無力解決，然而在盛世，政府官員有更多的餘力介入災荒的處理。而對陸燿與其他官員來說，推廣甘薯、增加替代糧食的生產，是解決資源危機的方式之一。

陸燿的《甘薯錄》與其他諸書不同是因為被乾隆皇帝看到，也就是說地方官推動甘薯的行動，這一次上升到國家層級。乾隆五十年（1785）前後，華北正經歷的嚴重的旱災，特別是河南一帶，因此受到皇帝的關注。即使陸燿在這一年過世，這本幾年前出版的小冊子正好傳到皇帝的眼下，因此傳播的層級從山東一省的僚屬到全國各地，並且收錄在叢書當中流傳後世。儘管由地方官員編寫刊印的宣傳小冊並不少見，但只有陸燿的《甘薯錄》得到如此注目。

因此《甘薯錄》這本小書的意義並不僅在它摘抄自其他書籍的重複內容，而是要考慮它生產與流傳的背景。刊行《甘薯錄》是盛清一名地方官員為了解決資源問題所採取的方法，這個方法是耕地與產能不足之下，推廣可突破這些限制的新作物。這個問題的由來是因為長期政治穩定、人口增加，致使環境的失衡。儘管本書引用《本草綱目》與《群芳譜》，並在如《叢書集成》等叢書中與其他譜錄並列，這本小書並不是博物學般的觀察與展現，也不是如葉向高〈番薯頌〉般的文學表達，而是一名帝國底下的官員，想傳播一種特定的知識來解決施政所遭遇的問題。

定位：從事功到學術

在帝國的眾多官僚中，陸燿的仕途可謂順遂。陸燿雖然祖籍是蘇州，但他的父親陸瓚一直在北京討生活，以書法見長。到了五十多歲他父親才以謄錄三禮館議敘授山西保德州吏目，接著又在山西北部各縣任吏目，八年後以老疾辭後不久便過世。陸燿則是乾隆十七年（1752）近三十歲時中舉、十九年（1754）考授內閣中書，後入直軍機處，隨後擢戶部郎中等職。乾隆三十五年（1770）先後任山東登州知府、濟南知府，乾隆三十七年（1772）任山東運河道。接著他一路升上山東按察使、山東布政使。乾隆四十三年（1778）因母病辭職，乾隆四十八年（1783）又因為河工專長，先後署、任山東布政使。隔年升任湖南巡撫，然任職一年便去世，年六十三歲。雖然他任官時年紀較大、生涯有時因事被降調，但大抵很快就升回來。從乾隆三十五年（1770）後，他主要的官職是在山東任地方官員，從知府一路到布政使。因此從陸燿的著述與生涯，我們可以看到的是一個盛清時期地方官員的所思所見。

對陸燿這樣層級的官員，我們可以從別人對他的描寫（如墓誌銘、傳記、文章與書信中對他的評價等）、他自己的著述，以及與他相關的文件來了解他。其中著述或許最能展現他的想法，但對於著述的範圍必須稍微討論。我們通常會把著述當成是個人創作的文字，然而在許多歷史人物的生涯當中，編纂與出版也是展現思想的重要部分。對陸燿來說，除了前面提到的《甘薯錄》是他編纂的小冊子之外，他生前為人所知的幾乎都是編纂與出版的產品，如《山東運河備覽》與收集清初至今經世文章的《切問齋文鈔》。而他創作的文字，一如許多人物，是在過世後才由後人集結出版，即《切問齋集》。這些集結當然也會有所選擇，混合作者傳世的作品，以及後世編者選擇呈現他的樣貌。

墓誌銘、神道碑等個人傳記中，傳達的是傳主當下要流傳後世的理想形象，這些敘述通常會有套路，但也各自有強調的地方。一如多數的傳記，陸燿留下孝親的形象，的確他的仕途也曾因奉養母疾而有所轉折，包括辭去山東布政使的位置。不過最值得提的還是在任地方官的諸多成就，像是在山東運河道任上遭遇壽張王倫民變，沉著應對守住濟寧城，或是任湖南巡撫時拒絕鹽務陋規，抑制高騰的鹽價等等。儘管這些諛美的傳記強調他的政績，但對他的學術或思想就不太有著墨。金學詩為他寫的行狀說他：「生平不立講學之名，不設同異之見。」袁枚

（1716-1797）為他寫的神道碑雖然也列出他的著作，但並沒有進一步的評價，僅在最後附的銘文說他：「從來巨儒，行不迂拘。真嗜詩書，體用必俱。」他來往的許多著名學者官宦，如紀昀（1724-1805）、趙翼（1729-1814）等，日後回憶他的時候，可能稱讚他的人品，但鮮少提及他的學問。在時人的眼中，陸燿讓人記住的形象是嚴謹實在的地方官員。

然而到了十九世紀，陸燿的定位有了不小的轉變，而被視為經世思想的前驅。這當然是因為他所編纂的《切問齋文鈔》，以及道光以來思想的轉變。道光五年（1825）時任江蘇布政使的賀長齡（1785-1848）與魏源（1794-1857）編成《皇朝經世文編》一百二十卷，分門別類收錄了清初至道光初年有關國家治理的經世文章。晚明有編纂經世文集的風潮，其中又以陳子龍（1608-1647）的《皇明經世文編》聲名最著。《皇朝經世文編》書名便仿效《皇明經世文編》，但不同於《皇明經世文編》以文章作者次序編排，《皇朝經世文編》將以文章性質相收錄的文章分成各個類目，涵蓋經世的各個方面。同樣收錄經世性質的文章，又同樣分門別類編排，因此時人認為陸燿《切問齋文鈔》是《皇朝經世文編》的先聲，後者在體例上仿自《切問齋文鈔》。如方東樹（1772-1851）在〈《切問齋文鈔》書後〉說此書「輯近代諸賢之作，建類相比，以備經世之略」，而之後「賀方伯耦耕（即賀長齡）為經世文編，則搜采益富，體例益備，要陸氏實為之嚆始云」。

《皇朝經世文編》的風行開啟了晚清連串「經世文編」的出版活動，反映且增強了十九世紀以來所謂「經世之學」的流風。論者認為這是在道光以來清朝局勢內外交逼之下，士人轉向實學救世的思想轉折，從空言論道或文字考據轉向更實際、更入世的治術討論。在這樣的風氣底下，《切問齋文鈔》被追為開啟經世之學的重要著作，而陸燿也與顧炎武（1613-1682）等人並列。如陳文述（1771?-1843?）在道光年間為一個在華亭縣服務的能幹胥吏作傳，說他在舉業之外，特別喜歡讀真德秀（1178-1235）、丘濬（1421-1495）、陸世儀（1611-1672）、顧炎武等人的書，而對《切問齋文鈔》「尤所究心」，因此對水利、救災等「經世之務」特別擅長，「持論皆有本末」。而在道光、同治年間，《切問齋文鈔》被重新刊刻，甚至其中一個版本改名為《皇朝經世文鈔》。也就是說到了十九世紀中葉，陸燿的《切問齋文鈔》已成為對經世之務有志向者的必讀書目之一。

與經世之學風行的同時是對經世思想譜系的重建，這樣的行動從十九世紀以來便已展開。如在晚清被是為治學門徑的《書目答問》（一八七六年初刻），其後附的「國朝著述諸家姓名略」，便把陸燿歸為「經濟家」內。這個「經濟家」的列表以黃宗羲（1610-1695）、顧炎武開始，而以魏源作結。並且說明這裡列出的是「著述者」，然而國朝許多名臣的奏議公牘即是其著述。這些名臣的著述除了個人文集之外，也可在《切問齋文鈔》與《經世文編》找到。而在思想史的研究中，中國「經世思想」也一直是吸引研究者探索的題目。特別是一九八〇年代以來，隱含著「從中國傳統思想內部找到變革根源」的目標，學者再次展開對「經世思想傳統」的討論。在探討經世思想傳統的流衍中，十八世紀的陸燿便成為連結晚明清初之顧炎武等人與晚清魏源等改革維新者的重要關鍵，在乾嘉考證之學與清廷高壓統治之下承先啟後、延續了儒家經世思想的傳統。

治國與資訊

確實我們從陸燿留下的著述中看到這位盛清時的官僚最在意的事情、遭遇的各種情況，以及解決方式。除了編纂他人著作的三十卷《切問齋文鈔》以外，他死後由兒子收集、後輩張玉樹所校刊的十六卷《切問齋集》，集合他留下的各種文字，此外他還編輯與刊印包括《甘薯錄》在內的數本書籍。

從這些文字中來看，他的官僚生涯中著力最多的是治水的問題。乾隆三十七年（1772），已經擔任過山東登州知府與濟南知府的陸燿升任甘肅西寧道，但因為路途遙遠、母親老邁，陸燿懇請給假一個月，待送母親到北京後再赴任。這時的山東巡撫徐績（1726-1811）認為陸燿久在山東任官，地方事務熟練，因此上奏，特准他留在山東補用，而最後補上了山東通省運河兵備道。山東運河道治所在濟寧，是乾隆五年（1740）才新設的職位。在此之前是在雍正十二年（1734）設立，從山東曹東道改來的山東管河道，專管山東省運河與黃河的相關事務。但由於運河加上黃河事務繁多，因此在乾隆五年（1740）將山東管河道改為山東運河道，而黃河事務改由山東兗沂曹道兼任。專管山東運河新職位的設立，或許顯示的是乾隆以來運河事務更為重要與繁重。這個工作不僅專管運河一切蓄洩疏濬閘壩事宜與河庫事務，也要負責東省沿河二十六州縣衛所、有泉之十二州縣中與運河泉源修濬相關的工程。

陸燿在山東運河道這個職位四年，顯然表現得很傑出。他上任沒多久便向他的上級，山東按察使兼河東河道總督姚立德（?-1783）奏請清濬兗泰兩府的泉渠，並且平安度過王倫亂事。隨後他又請修河渠志，主導了《山東運河備覽》的纂修。十二卷的《山東運河備覽》在乾隆四十一年（1776）修成，雖不如《切問齋文鈔》出名，但其實是陸燿主纂的書中最複雜的：有圖、有表、有河道各部的地理描述、有河工事宜、有治河名臣的傳記，還有過去關於治河、河防、漕運等各種河政的討論。

陸燿對治河的用心展現在他的官途與留下來的文字當中。除了從山東運河道隨後升任至山東按察使外，在他因與巡撫不合辭職與母喪丁憂之後，乾隆四十八年（1783）因為山東修築河堤的需求，重新請有治河經驗的他回任山東布政使。在他的《切問齋集》中有許多關於河政的文章，如卷八的幾篇運河圖說、卷十數則治河名臣小傳，卷十二與十三數則關於疏濬、堤工等稟議。這些都是他纂修《山東運河備覽》與從事河政的副產品。而他修纂的《切問齋文鈔》，更是不合比例地在三十卷中收錄了六卷的「河防」，其中包含了四卷的汪份（1655-1721）〈黃河考〉。河防在陸燿生涯中如此重要，當然是因為他任職山東，溝通南北的大運河可說是清帝國的命脈。隨著經濟發達、人口增加，運河事務勢必更加複雜。人工在自然界開鑿的運河面對的不僅是人事的問題，更有如何與自然對抗協調的長期工作。

陸燿的工作當然不僅是河防，他所留下來的文字反映了清代地方官員所需要處理的各項工作，從倉儲、詞訟、書院到地方治安。如果要從這些看似尋常又千頭萬緒的工作理出一些線索的話，其中一個觀察的點是陸燿對資訊的管理與運用特別留意。

如同文章最一開始所說的，陸燿留下的著述之一是《甘薯錄》。這是一本他整理自各種資料的甘薯小百科，發散給全省僚屬推廣種植想像中可解決資源問題的新作物，並且又流傳到皇帝手中而向全國推送。值得注意的是，這本書推行的乾隆四十一年（1776）陸燿是山東按察使，並不管民政，推廣種薯並不是他的工作範圍。也就是說相較於陝西巡撫陳宏謀刷印〈勸種甘薯示〉或山東布政使李渭的〈種植紅薯法則十二條〉是以官方的力量推行勸種資訊，陸燿刻印《甘薯錄》是身為官員但在職權之外的個人行為。

《甘薯錄》只是陸燿刊行推廣的書籍之一。乾隆四十年（1775）甫上任山東按察使的陸燿便重刊了《急救方》。這本書原由胡季堂（1729-1800）所輯，收集了數種輕生急救的方法，是民間友人寄給他的。他在當濟南知府時便知道山東民情多以口角事故輕生，旁人坐視其死不知如何救，因此他刊刻此書以讓民命獲全。另外他在山東與湖南任官時，都重刊了《洗冤錄節要》這本方便了解仵作驗屍技術的小冊子。他的目的是把這本書「刊發各屬，使於下鄉相驗之時，輿中覆覽一二遍，到場即如法施行，人人稱便」。如果想到陸燿到湖南任巡撫僅只一年，便馬上開雕分發此書，可見得他對讓官吏與民眾都可以掌握相關知識這件事非常重視。刊印善書或藥方固然是紳官會做的事情，然而陸燿至少在《甘薯錄》與《洗冤錄節要》的刊行中，尚有讓中下層官吏簡捷快速地獲得相關知識、讓政事運作更順暢的目的。

在傳播知識之外，陸燿也注重資訊的累積與更新。他將他在濟南知府任內處理的案件選輯為《濟南讞牘》。這些讞牘「事過即已，往往散軼」，但其「引律比例」不無參考價值。他讀了張伯行（1615-1725）任職山東濟寧道時的治水心得《居濟一得》後頗有收穫，但「今昔情形不同，前後設施互異。或彼時未便而今享其利，或往日所重賴而茲轉為梗。其不可直陳方而求實效也」。舊法雖然可參考，但現實情況千變萬化，需要隨時應變。因此他也把自己施政的心得隨時記錄，彙為一本《任城漫錄》。

陸燿並不是自戀地以為自己的施政痕跡如此重要，他對於施政知識需要記錄與隨時更新的傾向，表現在任山東運河道不久即提出的龐大計畫。在說服上級重修河渠志時，他說：「黃、運兩河有每歲經營之跡，無百年不變之形。昔人所編河渠諸書，止就彼時事勢而言，歷年歲遂多歧異。不及今釐為一書，則後人考鏡無資。」特別是黃河遷徙多變，形勢差異甚多，而案卷又分散各處，難以參考。最近的《全河備考》、《治河方略》、《行水金鑑》等書，記載只到康熙年間，故亟需有一本全盤而即時的參考書，以幫助當下的施政。而他最後花費三年編成的《山東運河備覽》確實是花了許多文書的功夫，整理出最新的治河全覽。卷前的引用書目有八頁之多，綱舉目張，圖表兼備，可為當時河政的參考。

陸燿編輯《切問齋文鈔》，也是出於類似的目的：從治水擴大到經世，蒐集國朝論政的精華文章，讓有為者可以參考。與許多重視古人的論說不同，《切問齋文鈔》不避時人，甚至不怕互相標榜之嫌，一切以有用為標準，也收入時人（如戴震〔1723-1777〕論曆法、劉大櫆〔1698-1779〕論婚俗）的文章。陸燿以自己熟悉的治河來解釋：「況事固有與古相違而於道適合者，譬諸河焉。碣石入其入海之路也，自屢徙而南，今在懷衛徐邳以下矣。言道而必執古人之說，不猶入海而必循碣石之蹤乎？」無論是以治河為譬或是治河經驗的體會，作為實際做事的官僚，陸燿主張從近人的經驗學習。

陸燿的《切問齋文鈔》「撰積十餘年」在乾隆四十一年（1776）刊印（與《甘薯錄》、《山東運河備覽》同一年！）。書尚在刻印時他便與朋友通信討論書中內容，並曾送已是大學者的戴震指教。陸燿確實認為此書可作施政的參考。當同事山東濟東泰武道章棠（1734?-1777）問他關於保甲的事情，回答之外陸燿還送給他黃六鴻《福惠全書》、于成龍（1617-1684）《于清端政書》與自己的《切問齋文鈔》「以備採擇」。他認為這樣的選集需要持續擴充，甚至接受讀者反饋。即使已經刊印出版，他仍在例言中說「成書不免掛漏之譏。除現在尋訪增訂外，仍希四方同志陸續郵寄，補所不逮」。

從需要補充更新的施政參考，可看出地方官員在盛世中仍然遇到許多挑戰。從陸燿碰到的諸多問題中，其中一項是如何在膨大的人口與治理體系中獲得真確的資訊。如在前述保甲的討論中，重要的問題是要掌握人口資訊，讓奸宄無從藏身。清楚知道轄區各種資訊是官員的責任：「令一州一縣之山川險易、民風土俗，如指掌紋者，有司之責也。一道之官吏賢否，民情向背，如燭照數計，絲毫不得道隱者，監司之責也」。讓被統治者可以清晰被看見、管理是現代國家的目標。而對一個長久繁榮但治理技術有限的前現代國家來說，愈趨複雜的社會與人口流動讓其子民更難掌握，特別是政府規模較小的清帝國。

在〈論回民稟〉中，陸燿遭遇的問題是在運河沿線、水陸交通要道的商業城鎮中，聚集了回民等外來人口。而回民「多寡向無案卷可稽，近年編查保甲，亦未將回民分別造報」，因此這些編外之人成為想像中的治安隱憂。〈嚴禁私鑄攙用小錢示〉則是湖南山區巡邏未周的礦區與錢局退役工匠勾結私鑄小錢，而此問題的來源是人口空間與經濟規模擴大，然國家難以管制。〈嚴禁在配軍流違例私押示〉則是清朝對犯人有軍流，即流刑充軍。這些被流配到他地的犯人本來應該交由地方單位管束，但人數多且地方單位管照不及，竟有人帶錢來流放的地方做生意，乃至經營獲利而開始放高利貸，甚至要人抵押物品。這些問題起因於社會愈來愈擴大、愈來愈複雜，而政府掌握不及。解決方式除了嚴禁犯行外，便是加強資訊掌握，以控制這些新問題。

將整理過的資訊傳達給下屬與民眾、結集更新的資訊以備施政參考、掌握正確的統治資訊，陸燿的這些活動可說都涉及在日益龐大的統治系統中有效管理資訊，以應對更複雜的國家與社會。

切問：最重要的問題是什麼？

陸燿以事功見長，若從學術思想上來說，他最常稱引的是顧炎武，並且尊崇張伯行、陸隴其（1630-1692）等理學名家。在任濟南知府的時候，陸燿立蒿庵書院，崇祀出身濟南的張爾岐（1612-1678），亦是因為他「獨守程朱說不少變」。陸燿欲提升張爾岐的地位，讓他上承山東漢宋儒者、又接續國朝的理學傳統，甚至在《切問齋文鈔》收錄的第一篇文章即是張爾岐的〈辨志〉。

儘管繼承理學，陸燿認為朱陸、朱王的論辯沒有意義，「近世尤多聚訟，其訟者皆在毫釐影響之間」。在回復戴震的信中，他認為「理懸於虛，事徵於實。虛者易冒，實者難欺」，因此談理必須有事證。就算是朱熹、陸九淵、王陽明等「理學之真儒」，陸燿重視的是他們在家國社會中的實績，如「朱子之行社倉、復水利、蠲稅銀；與象山之孝友於家、惠愛於民；陽明之經濟事功彪炳」，而不是文字間的爭執。

在《切問齋文鈔》的序中，他更是直接批評了考證、心學與詞章這三種為學的方式。他認為承載道理的經典經過歷來的討論已經清楚明白，現在的文字考證淪為挑剔細節，只是為了滿足個人的嗜好，捨本逐末：

> 夫經者常也。道之常者，詎待解釋？既有漢之箋故、唐之義疏、宋之章句，微言大義，已可無憾，而復撏撦細瑣、抉剔幽隱，人各一編，家著一集。承學之士，意在博觀，玩其枝葉，忘其本文，紛如聚訟，無益毫毛，此何為者也？

而心學更是空虛的論辯，最後彼此爭執不休，背離真道：

> 道猶路也。路有實徑，適越者必南轅之，燕者必北轍……今舍而不由。閉戶而談天道，高座而說明心。學案語錄之書，日出而不窮；異同宗旨之辨，相攻而不已。高明者墮入禪宗，篤實者窘於應務。此又何為者也？

至於文學詞章則只是讓人了解事理，不需要專研。那些專研詞章的人目的並不在求道：「馳騖詞章，揣摩應舉，因循卑陋，又不待言。方將由文以見道，而乃耗費精神。」不僅如此，他在例言七條中的前三條都在強調收錄不注重文辭字句：「有文者瑰詞麗句，縱極功巧，蓋以無用不錄」、「重本不在文」、「有為淺人說法，不必求功於字句」。陸燿如此不重文的態度，即如方東樹也不能贊成。

然而對於經學，他認為「道備於經，詳於史」、「讀經而知鵠知所在，讀史而知射者之得失」。讀經可以知道道理，但讀史才可知道如何實踐這個道理。然而「鵠有定也，所以置鵠之地無定也」，因此雖然有正道，但由於古今時勢不同，通往正道的方法不一。因此在他的文鈔中，他重視的是過去的人們實踐的方法。即使是研究經典，目的也是為了要致用。如他的凡例說：「說經之文，惟切於婚喪諸禮，可即遵行者，始為採錄。若於經似有發明，而於事不免迂遠，既有專集行事，此可從略。」除非對經的討論是在決定日常禮儀如何實行，否則也不是他覺得至要的資訊。

在這樣實用的原則底下，《切問齋文鈔》可說是在理學的框架底下構建社會治理的指南。三十卷中最首三卷仍是「學術」，提倡讀書為學。其次的「風俗」

有五卷之多，講究婚喪葬祭等各種禮儀。陸燿本身亦非常重視家庭禮儀，他留下來的書信中有數封與人討論禮儀細節。「風俗」後是兩卷「教家」，主要是教育子弟與治理家庭。「教家」之後為一卷「服官」，為進入仕途後的教導。以上十一卷，即前三分之一，可說是跟隨著修身、齊家到治國的路徑。接下來三分之二，是關於國家治理的政策。首先是三卷「選舉」，涉及取士與用人。接著四卷「財賦」、兩卷「荒政」、一卷「保甲」、一卷「兵制」、一卷「刑法」、一卷「時憲」與六卷「河防」，則是任官時需要處理的各種問題。

如同《甘薯錄》或《洗冤錄節要》，《切問齋文鈔》可以說是一本整理最新資料，供官員施政參考的冊子。如果我們仔細看它的選文，可以發現在實用不泥古的原則底下，其所選取的文章參差不齊。如前所述其選取作者不避時人，有些甚至是與陸燿有所往來的熟人。這些文章是前人對各種政事的討論，但沒有一致的觀點。陸燿收集他覺得切於實用的文章，但對國家治理並沒有要構築什麼樣的理論。

一般我們討論陸燿與他的《切問齋文鈔》時，較常站在中國思想史的角度，討論他做為中國經世傳統承先啟後的角色。然而如果我們從全球史或比較史的角度思考的話，是不是可以把陸燿與他的嘗試看成是「國家建設」（state-building）中官員或學者對治理技術與知識的追求？無論是盛清或是同時期的歐洲，學者與官員似乎都需要面對政府如何統治、政治如何運作，乃至於資源如何分配等政治經濟（political economy）的問題。這樣的問題會引起亞當．史密斯（Adam Smith, 1723-1790）的關注，同樣也會引起清朝知識菁英的關注，然而在不同的政治與社會環境、不一樣的知識生產體制之下，他們對這問題有不一樣的解答，或者更關鍵的是，有不一樣的解答方式。

羅威廉（William T. Rowe）二十餘年前的*Saving the World: Chen Hongmou and Elite Consciousness in Eighteenth-Century China*從陳宏謀的著作討論他作為一個清朝官員，認為國家如何治理、世界如何運作的看法。比起陸燿，陳宏謀的生涯更長、官途更成功，而且留下遠比陸燿更豐富的著述，光是收集他當官時的公牘、檄文之《培遠堂偶存稿》便有四十八卷之多。陳宏謀與陸燿遭遇類似的治理問題，而且他也與陸燿一樣熱心於編纂對士民有益的書籍，如他《養正遺規》、《教女遺規》等各種教育小冊。陳宏謀與陸燿一樣注意留下施政紀錄，範圍比陸燿更廣，然而他並沒有跟陸燿一樣留下一本編輯他人施政紀錄的《切問齋文鈔》，因此即使他是更有名，可能也更幹練的官員，但很少被放在「經世思想傳統」的譜系。

陳宏謀、陸燿與其他許多盛清時的官員，他們都面對在一個人口更多、流動性更大的社會，政府要如何保持秩序、分配資源的問題。或許是敏感或責任感讓陸燿認識到這些新問題無法靠舊方法解決，而儒家經典帶來的助益也有限。然而跟歐洲不同的一點，或許是清帝國經由科舉的任用制度讓其官員同時具有學者的身分，這些「官員—學者」（official-scholar）是以儒家經典為標準挑選出來。在這樣的前提之下，陸燿與陳宏謀都必須在儒家的框架底下尋找解決現實統治問題的方針。陸燿的特別之處是他具有稱得上實證的精神，並不認為古代經典可以解決現實問題，而轉向近人的經驗。這樣的傾向或許可說是承繼自顧炎武等人的「思想」，但也可說是他身為實務官僚，經歷施政上的挑戰後的認識，而這樣的認識可以在晚明清初的這些思想家當中找到資源。更進一步的說，或許所有官員都會碰到國家行政管理的問題，然而在不同時代政治體制遇到的問題不同，而不同時代也有不同的思想資源。廣義的來說，這些「官員—學者」對於國家治理知識的思考與著述都可以放在所謂「經世」的範圍底下。

若與同時期歐洲的政治或經濟學者比較，陸燿對國家治理的回應是跳過古制與經典，從國朝前賢中的文字中尋找經驗，儘管比起許多同僚務實許多，但這樣的知識生產體制並沒有讓他產生更新穎的「理論」來經世濟民。陸燿是官僚與理學學者，而不是經濟或政治學家。然而他尊崇抽象的道與理但擱置不論，專注以實際經驗解決當下問題的趨向，在某種程度上是以實證為基礎討論國家社會的問題，已經在治理問題中更接近現代的技術官僚。雖然陸燿所處的體制之下尚不足以讓他如啟蒙思想家般挑戰思想與政治上的權威，但這種針對當下治理問題的務實傾向，已經讓他與以往言必稱三代孔孟的路徑大有不同。

結語

以上從陸燿留下來的著述看一名盛清官員的知識世界，在「滿洲和平」體制之下的所見所思。不過這裡也同時要提出的是陸燿是其中一種類型的知識人，而在他的時期知識人有不同的偏好、知識有不同的運作方式。如晚陸燿一年出生的戴震在科舉路途上不比陸燿順遂，沒有像陸燿一樣成為清帝國的地方官員。然而身為難得的「博學者」（polymath），戴震百科全書式的知識探索遠遠超過國家治理的範圍。同樣晚陸燿一年出生的紀昀又是另外一種典型，他同時有好的官途與好的學問，並且在清廷四庫全書計畫中扮演重要的角色。紀昀的生涯碰觸到知識與帝國的另一面：帝國統整知識的野心。他們沒有成為這篇文章的主角，只是因為他們比陸燿晚出生了幾個月。然而陸燿、戴震與紀昀，這三位出生在雍正皇帝即位及後一年的人物，似乎可代表當時三種不同典型的知識人。

這些不同命運、不同秉賦的知識人在同一個時代生存，並且彼此來往，且或許互相影響。如前所述，陸燿曾與戴震通信討論學問，雖然他們未必有同樣的焦點，也未必同意彼此。而紀昀與陸燿不僅認識，還曾在同在董邦達（1699-1769）處讀書。在陸燿死後，紀昀看到陸燿兒子輯來的陸燿家書，回憶起年輕時一起讀書的時光。在這篇頗具真情的文章中紀昀說當時在一起的讀書的青年才俊大家意氣飛揚、不可一世，只有陸燿落落穆穆，不與人較長短。當時紀昀比較頑皮，常常戲侮陸燿。陸燿不生氣，而跟別人說：「曉嵐易喜易怒，其淺處在此，其真處亦在此也」，讓紀昀更引陸燿為知己。後來大家陸續中舉，仕宦顯達，唯有陸燿是以「清操勁節」為世人稱重。這則軼事或者不能說明兩人思想或學術的走向，但想要提醒的是這些人不僅只是「思想」，也是在同個世界中生活著的人。

另外一方面，從「經世」討論陸燿也只是一個層面。舉例來說，甘薯並不是陸燿唯一記錄過的美洲作物。在《菸譜》這本小冊中，陸燿分「生產」、「製造」、「器具」、「好尚」、「宜忌」等五個方面敘述這個同樣從呂宋傳入的作物，接著還附了兩首〈菸草歌〉。相較於《甘薯錄》的內容從其他諸書輯纂，《菸譜》的部分內容可能來自陸燿本身的觀察，包括煙筒長什麼樣子、什麼時候適合吃煙。而相較於《甘薯錄》目的在推廣甘薯種植，《菸譜》似乎意不在推廣，也跟施政沒有關聯。陸燿在什麼情況下寫下這本《菸譜》呢？是出自於個人的嗜好，還是他也有博物的興趣？

陸燿對於國計民生之外的知識也不是漠不關心，甚至也引用各種不同的知識來源。如他討論十二生肖時也提到寶瓶、魔羯等十二宮的說法，討論測量天地時引用來自朝鮮的《東醫寶鑑》、討論氣的時候引用了傳教士熊三拔（Sabatino de Ursis, 1575-1620）的說法、提到記性與腦的功能時，他也是以「天方書」來討論。儘管這些知識在他整體的著述來說較單薄也較分散，但也顯現出陸燿對天地自然的興趣，而不僅限於官僚知識。只是從這些片斷的記述，我們較難回溯陸燿的知識來源。然而我們不能忘記陸燿與戴震、紀昀等生活在同一個時代，他們分享相似的資源，也會思考類似的問題。身為研究者往往急於尋找歷史人物的定位，為他們貼上諸如經世、革命或啟蒙的標誌，而忽略他們也是各有際遇、有複雜思考的人。

除了個人、微觀的層次之外，另外一種可能的視角是從世界史、比較史來看陸燿與其同時代的人。歐洲從十七到十八世紀經歷了專制主義（absolutism）的體制演變，權力更加集中的國家亦要面對諸如財政等治理問題。然而相較於專制王權的歷史更加長久、統治範圍更加廣大的清帝國，兩者治理知識生產的方式又很不同。歐洲的官僚與學者要對抗的是宗教權威而將權力歸於世俗君主，乃至於更抽象的公民；清帝國的官僚與學者面對的是異族君主要運用儒家傳統鞏固統治的正當性。歐洲的官僚與學者面對的是相對多樣且彼此爭競的世俗政權；清帝國的官僚與學者則是在龐大而相對集中、穩定，由「天子」領導的帝國中生活。歐洲的官僚與學者來自具有文化基礎的貴族以及新興中產階級；清帝國的官僚與學者則多數不是可以經由血統繼承的貴族、多數經由科舉制度進入官僚系統。兩邊的知識階層面對不同政治與社會的條件，在不同的基礎上解決各自遭遇的問題。

而如同本論文集所嘗試的，將兩邊的知識階層並列，或許可以帶來一些啟示。他們可能思考著類似的問題，諸如世界如何構成、國家如何治理、社會秩序如何維持、人性的本質是什麼，個人與集體之間應該有怎樣的關係等等。可以進一步討論的是，讓陸燿、戴震與紀昀，與同時期的亞當·史密斯、霍爾巴赫男爵（Baron d'Holbach, 1723-1789）或威廉·布萊克史東（William Blackstone, 1723-1780），對這些問題有不同回答方式的原因是什麼。承繼的不同思想資源，以及政治與社會條件下不同的知識生產體制都為他們搭建了思考的框架，如同務實的陸燿仍從儒家開始思考、自然地扮演帝國管理者的角色。而這些個別的人物之所以突出，則是因為他們從不同的層面超越這些框架，將歷史向前推進了一步。

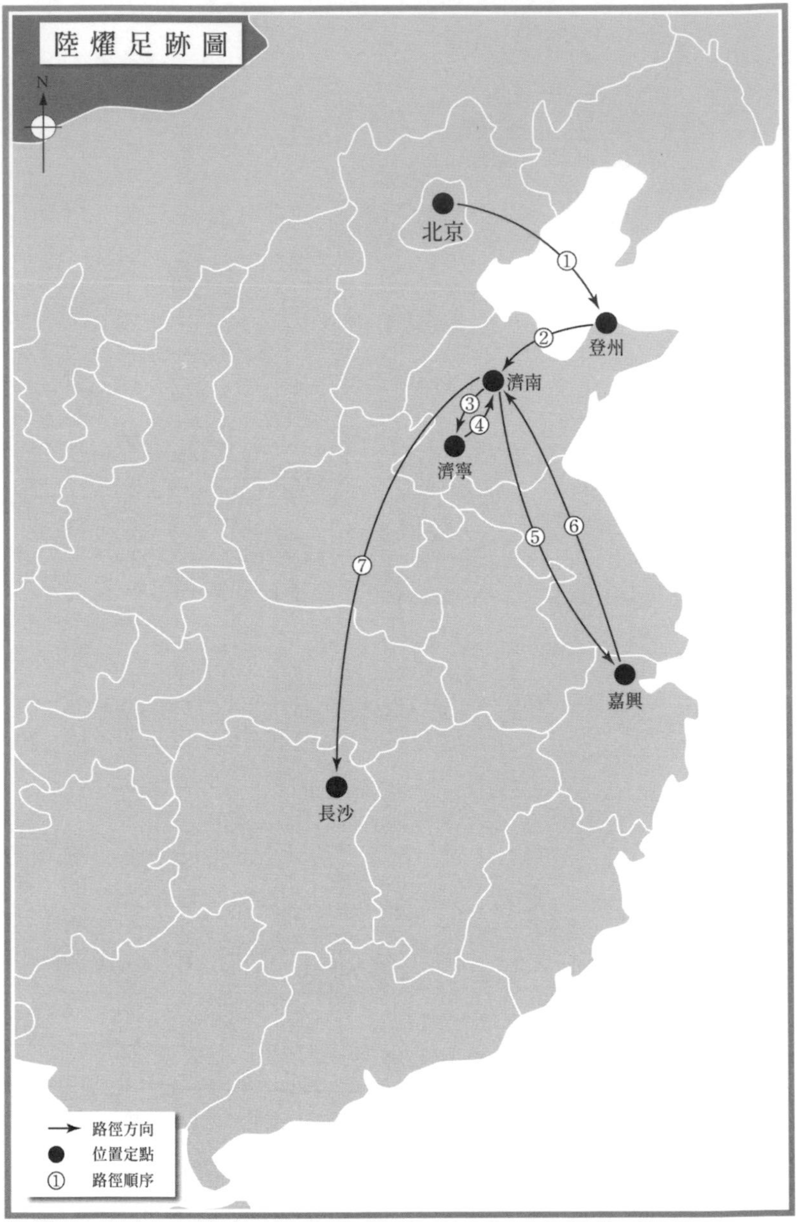

本圖僅作為人物行徑路線之參考，依照現今疆界繪製，非十八世紀實際疆界劃分。

參考書目

- 《世宗憲皇帝實錄》。
- 《高宗純皇帝實錄》。
- Rowe, William T., *Saving the World: Chen Hongmou and Elite Consciousness in Eighteenth-Century China* (Stanford: Stanford University Press, 2001).
- 方東樹，《考槃集文錄》清光緒二十年刻本。
- 王保寧，〈乾隆年間山東的災荒與番薯引種：對番薯種植的再討論〉，《中國農史》，第三期，2013，頁9-26。
- 丘為君、張運宗，〈戰後臺灣學界對經世問題的探討與反省〉，《新史學》第七卷第二期，1996，頁181-231。
- 李桓輯，《國朝耆獻類徵初編》，臺北：明文書局，1985。
- 金學詩，《播琴堂文集》清乾隆五十五年刻本。
- 紀昀，《紀文達公遺集》清嘉慶十七年刻本。

• 范希增編，《書目答問補正》，上海：上海古籍，1983。
• 張文述，《頤道堂文鈔》清嘉慶十二年刻道光增修本。
• 曹樹基，〈玉米和番薯傳入中國路線新探〉，《中國社會經濟史研究》，第四期1988，頁62-66、74。
• 郭松義，〈玉米、番薯在中國傳播中的一些問題〉，《清史論叢》第七輯，北京：中華書局，1986。
• 陳世元，《金薯傳習錄》，收入於《續修四庫全書》，上海：上海古籍，1997。
• 陳宏謀，《培遠堂偶存稿》，上海：上海古籍出版社，2010。
• 陸燿，《菸譜》，收入於《昭代叢書》丁集。
• 陸燿，《切問齋文鈔》清乾隆四十年（1775）吳門劉萬傳局刊本。
• 陸燿，《切問齋集》清乾隆五十七年（1792）暉吉堂刊本。
• 陸燿，《甘薯錄》，收入於《叢書集成續編》應用科學類第八十六冊，臺北：新文豐，1989。
• 陸燿編，《山東運河備覽》，臺北：文海出版社，1969。

- 黄克武，〈理學與經世：清初「切問齋文鈔」學術立場之分析〉，《中央研究院近代史研究所集刊》，第十六期，1987，頁37-65。
- 葉向高，《閩書》，福州：福建人民出版社，1995。
- 解揚，〈近三十年來有關中國近世「經世思想」研究述評〉，《新史學》第十九卷第四期，2008，頁121-151。
- 劉廣京、周啟榮，〈《皇朝經世文編》關於經世之學的理論〉，《中央研究院近代史研究所集刊》，第十五期，1986，頁33-99。
- 韓承樺，〈評介兩岸學界近十年有關《經世文編》的研究〉，《史原》，第二十三期，2011，頁205-238。

從隱士到帝師：十八世紀越南理學家阮浹與西山阮惠之關係

國立成功大學歷史系兼任教授
鄭永常

前言

越南理學家阮浹（Nguyen Thiep）生活的年代正是越南經歷動盪不安的十八世紀下旬，當時南北中不同勢力相互爭戰，又借助外國兵力介入內部戰爭中。這位出生於一七二三年醉心儒學的讀書人阮浹，因個人因素辭官隱居乂安笠峯山上，耕讀自足，飽讀儒家性理四書大全諸書，人稱「羅山夫子」。阮浹從青年時代開始，便有著與眾不同的思想，對儒家理學的理解側重於實踐上，體驗於隱居生活中。在南北混戰的世代裡，他隱居乂安山野未受政治干擾，在山林中過著「滅人慾」的生活。六十三歲之後，在西山統治者阮惠（光中帝）的誠意邀約及脅迫下，出山相助其建功立業，在國家改朝換代之際，二人的因緣邂逅，譜寫一段君臣之情，共同為越南儒學本土化貢獻一己之力，也為越南南北大一統埋下伏筆。本文主要是分析及檢視這位理學家的思想淵源及與山西光中帝的君臣關係。

十六至十八世紀越南政權的時代背景

黎朝發展至十六世紀中為權臣莫登庸篡位，史稱莫朝（1527-1592）。莫氏五傳至莫茂洽，被黎朝舊臣鄭氏和阮氏打敗，恢復「黎朝」。阮、鄭兩家結為姻親，共謀國家大計，一五四八年黎莊宗駕崩，軍事大權落入鄭檢手中，他借故殺害阮氏長子，阮氏二子阮潢畏懼，自請出鎮順化、廣南地區。從此南北對峙，其時廣南以南，還是占婆人和柬埔寨人的領地。一五七〇年鄭檢死，其弟鄭松大權在手，迎黎世宗回東都昇龍（今河內），國政趨於安定，鄭松自稱「都元帥總國政尚父平安王」，史稱「鄭主」。西方人稱此地為東京（Tonkin），明清中國稱安南，視同藩屬。而阮潢以順化為中心，以「阮主」自居，對外則以「安南國天下統兵都元帥瑞國公」之名與日本交往。華商和日本人稱為廣南國，西方人稱之為交趾支那（Cochin-china）。南北政權經歷七次戰爭，最終以灧江為界，南北分治之局大定，阮主勢力擴張至湄公河下游的河仙。一七三八年順化阮福闊在位稱武王，制定「朝儀典章」，築宮殿，稱順化為富春城。一七六五年武王薨，權臣張福巒擅改遺詔立年幼的十六子阮福淳繼位，專擅朝政，引致歸仁西山兄弟阮岳（阮文岳）、阮侶（阮文侶）和阮惠（阮文惠）聚眾起事。一七七一年攻占歸仁，企圖攻打廣南、順化，黎朝鄭森見南方動亂，有機可乘，派黃五福率兵南下攻占順化，阮主逃往南方。

從一七七一年至一七八二年越南南方處於混戰中，阮福淳與侄兒阮福映從海路逃往嘉定（今胡志明市），又遭受西山軍攻擊向海外逃亡。一七七八年阮岳在歸仁稱帝，建元泰德，封阮侶為節制、阮惠為龍驤將軍。其後阮福淳戰死，阮福映十七歲時收復嘉定，尊稱「大元帥攝國政」並與暹羅結盟，造戰船、練兵馬，進行復國之戰。二年後又被西山阮惠戰敗，逃往海上，最後避居暹羅，向法國求援。這場在越南南方世紀之戰，對深居乂安山野的理學家阮浹完全不受影響，過著他的隱居生活。

一七七五年鎮守順化的黎朝大將黃福五病死，鄭森任命裴世達代，不久又命范吳俅代。一七八六年五月，范吳俅聽術士之言，為自己祈福七日七夜，軍士疲倦不堪，西山阮惠忽然攻城，范吳俅開城投降，順化、廣南為西山阮惠控制。阮惠決定北上昇龍，途中駐紮在乂安，聽聞隱士阮浹大名，從而展開一段君臣邂逅之因緣。（附圖5-1）

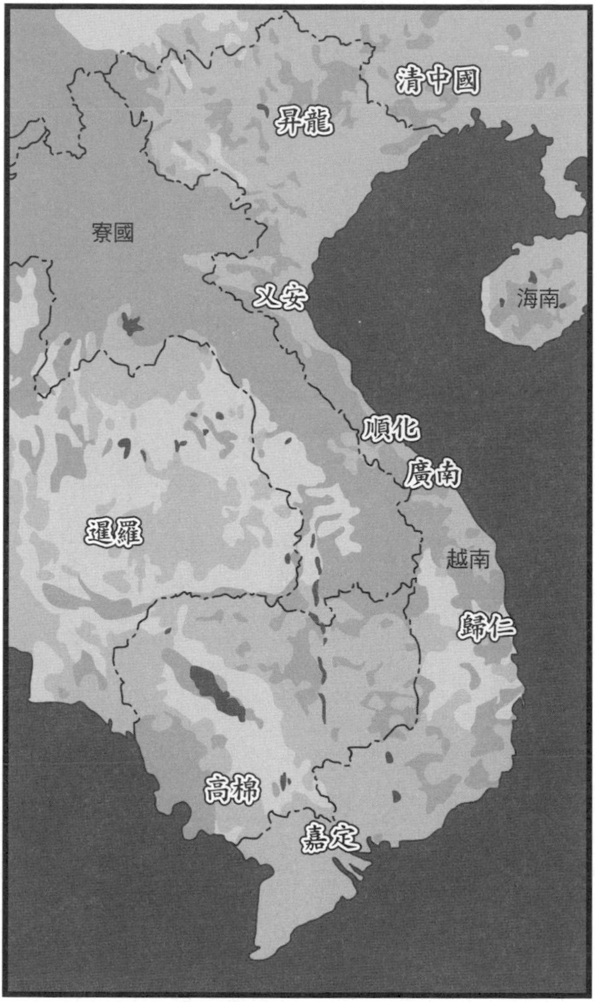

圖5-1　十八世紀越南主要地名

阮浹大半生的經歷與思潮

阮浹，名明，字啟顯，黎保泰四年（1723）生於乂安省羅山縣月澳社，人稱「羅山夫子」或「六年隱者」，當代學者甚少關注這位特立獨行人物。一七八二年阮浹五十九歲寫下〈幸庵記〉，敘述他隱居的理由，以及對宋代儒學的體會。他自認稟性樸陋，自少學習科舉之學，越南史家認為他隨叔父好友嚴儼「學舉業……因學文而遇道焉」。其實，阮浹對嚴儼並沒有好感，反之他對叔父阮行卻非常尊敬，叔父阮行是黎朝進士，一七四一年阮浹十八歲便隨叔父阮行赴太原出任憲政使。他稱叔父為「月溪先生」從之遊學。可是，阮行上任不久病逝，阮浹大受刺激，初得「狂易疾」（躁鬱症），流落異鄉一個月才被家人尋回。

叔父去世對阮浹打擊很大，他的詩集《幸庵詩稿》第一首詩就是紀念叔父〈憶月溪先生〉，有句云：「曾對先生語夜闌」，這是多麼親密的師生情懷。這首詩寫於一七四二年叔父去世後一年，當時阮浹十九歲。他曾跟叔父討論過有關佛學與儒學的問題，其後醉心儒學亦緣自月溪先生的引導，而不是老師嚴儼。他病情好轉後仍然隨嚴儼學習科舉，一七四三年阮浹年考取鄉解（鄉貢），可惜每次會試往往「對不竟」，老師嚴儼反覆曉諭，阮浹卻說本無心科舉。阮浹認為老師只教他考試技巧並非學問，因此「學文而遇道」是來自叔父的指引，這裡的「道」是指儒家對「仁」的體會。自鄉解後阮浹的生活稍有改善，身體也得到調理，但是病根仍在，遇到憤怒的事情便發作。阮浹自知這是家族遺傳病，必須隱居山林才能康復。

自此以後他決心盡棄科舉之學，專心閱讀「性理四書傳、五經大全書」。他十分喜歡郊野生活，足跡遍及乂安山區。一七四四年他寫了一首〈讀性理四書大全〉詩，詩云：

此理從來具此身，吾儒憂學不憂貧。義存鼎鑊如無物，道屈林泉也可人。
鑽李機關千古病，浴沂風味四時春。區區阻達何須計，君子成名只在仁。
口召人憎焉用佞，心為形役尚可言。少年盡被因循誤，平日誰知義理存。
一部直穿先聖肚，七篇如炙大賢門。超然覺悟回頭早，方寸心田萬善根。
經殘聖遠學蒙蒙，千古程朱得正宗。愚宋朋邪偏下石，衰明習釋更彎弓。
歷元自半為陰始，地氣何時極午中。人欲糾紛天理在，物窮斯變變斯通。

寫這首詩時阮泱只有二十一歲，卻說明他對程朱理學的理解。在詩中，他指出「此理」就在身上，只是憂「學」而已，若果有「義」在，什麼富貴、權力都沒有意義。人若懂得此道理，就是生活在「林泉」也有自己的一片天。他批評千古以來讀書人只懂得鑽營，而不知「君子」者在「仁」而已，或者是善於辯駁，卻不知「義理」所在。如果真的讀懂《論語》，便知聖人之心，如能了解「七篇」（《論語》、《孟子》、《中庸》、《大學》、《易經》、《詩經》、《春秋》）便可進入聖賢之門。可是現時的學界墜入「經殘聖遠」的年代裡，只有「程朱」之學是正宗，其他學派（朋邪）和佛學（習釋）都是旁門左道。而人世間紛紛擾擾，但是天理仍在，只要能夠變通以應，事情總會得到解決。年輕的阮泱對生命存在的意義和價值瞭然於胸。同年他又寫了一首〈子朱子像贊〉，句中有「博文約禮，學者指南。」可見，他對朱熹十分尊崇。二十九歲時阮泱寫了一首〈讀四書備旨〉，他發現要想成為聖人除了讀書之外，還要「自書」來提升自己，這套學問工夫必須不忘初心和心無雜念才能實踐出來，且一刻都不能鬆動，隨時覺醒才能達到為聖的目標。可惜他沒有做到「自書」的境界。

阮泱在《幸庵詩稿》中，只有這三首詩是對儒學的闡釋與體會，其他詩多是唱酬、山居、懷友人作品。他在家鄉乂安尋找修行之處，終於在千仞山笠頂六年城發現有一小山「裴峯」，認為是隱居的好地方。然而家中大小事，他仍未有決心離家隱居。一七五六年他已三十三歲，按例被任命為英都縣儒學訓導，一年後補清江知縣，由於轉徙勞累使他的狂易疾時常復發。一七六八年他四十五歲終於放棄官場中營營役役，歸隱山林。

在當官這段時間他參加過二次會試，一次是三十六歲寫下「虛名役此身」的感慨。另一次是四十三歲留下〈初期遇風雨不入場〉，有句「朝夕營營做甚麼？虛名從古累人多。」「不如茶果自康濟，歲月優游安樂窩。」這次「不入場」是他對人生大徹大悟，決定辭官歸隱山林，之後他的狂易症痊癒得八九成，然而生活食用不足，經常面對饑荒等事，等待幾位兒子長大成年，命他們上山共同墾殖，生活才稍有改善。

隱居後的阮浹「神思飄然」，生活隨意，顯得有點頹廢。他以邵雍為榜樣，有詩句「至今安樂塢，歲歲有春風。」阮浹沒有放棄儒家「仁」的義理之學，他對儒學的理解不在議論上，而是如何實踐在生活上。他在〈幸庵記〉說：「人生禍福如反覆手，君子知命而不專委於命，術家論氣論形均是一偏之見。學者亦盡其在我而已矣！」當時五十九歲的他對世事早已看透，自視為北宋五子濂溪（周敦頤）、二程（程顥、程頤）、橫渠（張載）、康節（邵雍）之後的繼承者「我」，可見他的「狂」與「傲」。他也提到朱熹（朱文公）的「博文約禮，殆無餘蘊。」並說：「生乎諸先生之後，道患不行，不患不明。」有志者「默識」而實踐就可以了，不必「多言為」，因此他著重日常生活中「行」的實踐，而沒有討論義理之學。

在《幸庵遺文》中有一篇〈祭程國公文〉是其他史料沒有記載的，這篇文章約九百多字，結尾部分佚失了。這篇〈祭程國公文〉是阮浹五十四歲尋訪阮秉謙（1491-1585）故居時寫下，其實在《幸庵詩稿》有〈過程穆寺〉詩二首，有句「遺庵只白雲」、「庵空碑亦滅」，這是他探訪阮秉謙故居時的感觸，這時距離阮秉謙仙逝已一百九十年。他想起白雲居士（阮秉謙）的神機妙算，以及對功名利祿、王公貴胄的藐視，肅然起敬說「先生東海鐘靈，南山孕秀。」藉以抒發內心深處敬仰之情，文中說阮秉謙「學力冠歐蘇，七步子之津涯，理明太乙一經，燃藜炤楊雄之肺腑，經天緯地，周宰心思，因往知來，邵堯夫門戶。」，他進一步說「理學之原，兩國英雄無對手……聖人之學自先生而傳，用之則行，舍之則藏。」可見阮秉謙在他心中有極崇高的形象和影響，據學者研究阮秉謙深受邵雍影響，認為世事沉浮乃是必然之事，誰也無法改變。阮浹認為阮秉謙的學問與宋儒同一境界，阮秉謙的詩作「寓春秋之花斧」中，生活實踐在「優游」二字，這是「聖人之域，惟先生能做」的理想境界，而他自己正仿傚著。

換言之，阮浹的思想源自對宋代理學的了解和生活態度上，他對阮秉謙多了一份同胞情。他感慨地說：「感先生者江河皆變色，水含血淚……千古有懷，倍切悠悠百載，而今滿懷渪渪已矣哉！」眼前的鬱結，忽然筆鋒一轉回到人間世：「寺中遺像端嚴，雅先生之容儀如所覩，石碑乃先生所製也。慕先生而欲求其跡，則字痕深淺，苔鏝石面一殘碑，芙蓉乃先生所植也。」他在祭文最後說：「先生之學，周程張朱，先生徑是先生之路，先生之行也不立異以為高，先生之藏也不銜玉而求售。」事實上，阮秉謙對朱熹十分敬仰，他曾抄錄《朱子家訓》收在他的詩集中。同樣阮浹對朱熹一樣敬重，在幸庵奉考亭文公（朱熹）像，每旦焚香致敬。朱熹集理學大成，提倡「存天理，滅人慾」成為阮浹日常生活的態度。

不過，阮浹也並非不爭之人，從他六十三歲寫了一篇〈適軒記〉可知，從文中看見當年阮浹的批判文風。一七八〇年阮浹被鄭主召入京問事，阮浹曾登門拜訪權府官阮僐，阮僐向他請教，「再四不肯」。阮浹雖然拒絕阮僐「就正」的要求，但對阮僐將家居名曰「仙仙亭」，書室曰「適軒」卻耿耿於懷，終於寫了這篇〈適軒記〉來討論。

阮浹批評阮僐名其書室曰「適軒」是不適宜的，因為阮僐仍在官場中營營役役地生活著，他引晉人之說：「所謂人生遺（貴）適，志也。」他又批評阮僐名其居所曰「仙仙亭」為「莊生之逍遙乎」？阮浹認為阮僐用語，名不副實，就因為沒有「敬」在生活中。阮浹認為「適」有公私之別，重在對生活的態度上，如心中有「私」就如同「舜跖」之差異。他說：「格物是夢覺關，誠意是人鬼關，過得此兩關，便是聖賢境界。」阮浹留下文章札記不多，從這篇三百字的〈適軒記〉中，可見他旁徵博引，肆意發揮，議論縱橫。

然而這位隱士的精彩人生是在六十三歲之後，就在這一年，執政的西山當權者阮惠寫了一封信給阮浹，遊說他出山助其建功立業，往後兩人的交往從敵我走向相知相識的關係。一七八八年，阮惠派官員護送阮浹下山相見，自後阮浹的下半生與西山阮惠脫不離關係。阮浹在下山經過壘山時，無奈地留下一首南音（字喃）詩：

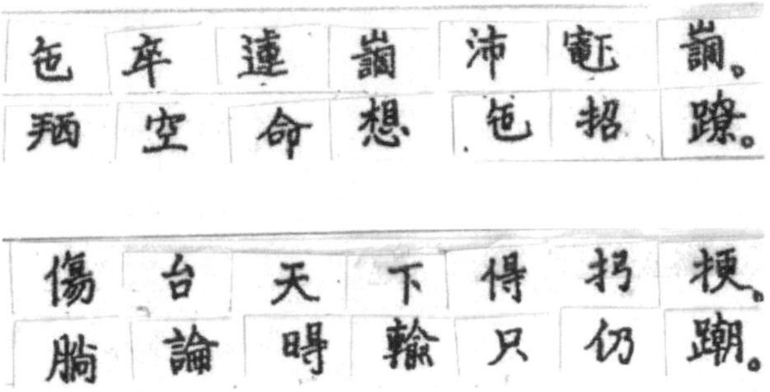

字喃

我已登山必下山，
自知徒手亦危×。

可憐抬擔勞勞者，
亘日窮年在陟攀。

漢譯

這一首詩收錄在阮朝初《雲囊小史》一書，編者評說「真我越有數文字」。如果說人生在世，功名利祿是現世生活中比較能夠看得見的，那麼阮浹在六十三歲之前是一遍空白，他人生最珍貴的幾十年是隱居於山林中，不聞天下事，幾乎與人世間隔絕，他認為自己正在實踐儒學「行」的哲學。當時阮浹贏得越南朝廷與士大夫的讚譽，稱之為「羅山夫子」、「六年隱者」，聲望之高，一時無人企及。

阮浹與西山阮惠的邂逅與轇轕

阮惠原是歸仁西山朝阮岳（泰德帝）三弟，於一七八六年中占領富春城後，便以「滅鄭尊黎」為名出兵河內。其時鄭主內鬨，諸將推舉靖王季子棕為王，黎顯宗封棕為端南王。當西山軍進犯京師，端南王逃之夭夭，至七月阮惠謁黎顯宗於萬壽殿，黎帝封他為元帥國公，並以九公主玉昕嫁給他。同月七十歲的黎顯宗駕崩，皇嗣孫黎愍帝繼位，改元昭統。八月歸仁泰德帝阮岳率兵匆匆入河內，阮岳沒有兼併黎朝之意，是不欲其弟坐大才有此舉。其後西山兄弟共商撤兵南返，這一年是景興四十七年／泰德九年（1786）下旬之事。

阮惠南回路經乂安，因久聞阮浹大名，第一次寫信給阮浹，遊說他效法古人伊尹、姜子牙故事，出山效力於他，助他建功立業。阮惠稱阮浹為「羅山夫子」，自己則以「安南國大元帥」自稱，這頭銜是黎昭統冊封的，那麼他自認為黎臣嗎？卻又不是。他在信末押日期是西山年號「泰德九年」，當年阮浹六十三歲。明年（1787）正月，阮浹回信拒絕阮惠要求，認為自己資質愚陋，只學習《四書》，其他韜略、武藝等一概不懂。他稱讚阮惠「樂善好士」之誠，非尋常所及。他表示不出來應聘有三大理由，一是「臨事便手忙腳亂」、二是「自古宗子不出仕」、三是「本朝優老六十五已援例乞骸骨，當歸而出，負罪寔深」。阮浹認為犯此三韙，於國家無益，故將聘書、黃金、綵色等一切不敢受，如數奉還。他在信末押日期為「景興四十八年正月初九日」，當時黎朝已改為昭統元年，阮浹不知也。不過，從信末兩人押上的不同紀年，可知兩人國家認同不一樣，兩人理念當然不同，兩人的敵我關係十分明白。

由於阮岳南回歸仁後自稱中央皇帝，封阮侶為東定王居嘉定，封阮惠為北平王居順化。阮惠心有不甘，出兵圍攻歸仁。阮岳登城慟哭：「皮鍋煮肉，弟心何忍？」阮惠才撤兵回富春。自此兄弟鬩牆，阮惠控制順化、廣南，專心經營北方。一七八八年三月，阮惠再次率兵入昇龍殺阮岳女婿武文任，懷疑其心有異。至此，黎朝國土全為西山阮惠控制，阮惠命吳文楚鎮守昇龍，便凱旋回富春。這也為往後阮朝大一統越南南北埋下契機。

在此兵馬倥傯之祭，阮惠沒有忘記阮浹，他北上昇龍之前以「大元帥總國政平王」之名，寫第二封信遊說阮浹出山，並回應阮浹不出山之說，責怪阮浹在天下大亂，生靈塗炭之際，竟然「高臥不起，其如天下生民何？」最後又推心致腹說：「願夫子以天下生民為念，惕然而起，使寡德有所師事。」阮惠以「師」來尊稱阮浹，激勵他「不負篤生之學」。同年九月初二日，阮浹以「昭統元年」回信說自己「淺拙、衰頽，既無諸葛之才略，又無太公之膂力。」在盛名之下，難負重責，並以「貴國二臣」來區分與阮惠的關係，再次拒絕阮惠的聘書，並說：「遑遑然自救之不暇，焉能暇及於蒼生。」但是阮惠的盛情，阮浹感受到了，他留有餘地說「他日以事外備顧問可也。」但送來禮物，一切不敢受。面對國家瀕臨滅亡，新興政權掘起，阮浹要如何自處？

阮惠收信後十一天，隨即發了第三封信給阮浹，質問阮浹不出有三不屑之意，一是看不起他的出身；二是起兵之際有「行一不義，殺一不辜」之事；三是沒有親臨拜訪。阮惠坦承及自責「行師之際不能無侵掠殘暴」之事，就因為「佐命未得其人」，故以邀請阮浹出山相助。阮惠指出在十五年兵馬間，已久聞「六年夫子」大名，未敢頃刻遺忘，是上天「以夫子留與寡德也」。阮惠抱怨說天下大亂，究竟「如蒼生何之思？夫子寧忍恝然無情耶？」阮惠遣刑部尚書胡晊賫書匍匐候迎，期待阮浹「以堯舜君民為念，出而教詔、輔拂。」阮浹收信後沒有再回應阮惠，事實是阮浹被迫下山見阮惠。

阮惠稱帝賜號阮浹為「羅山先生」執行儒學經典國音化政策

原來阮惠在一七八八年三月十八日帶兵北上討伐武文任之時，途經乂安便派官員邀請阮浹會面，他在第四封信中說：「今天下倒懸，非夫子其誰與解？寡德親過其境，特遣文臣、兵番副知番謹信侯阮光代來問安，且請夫子來，庶得聞教。寡德幸甚！天下幸甚！」這是阮浹第一次被護送（脅迫）到乂安行宮見阮惠。《黎末節義籙》記載了他們會面的場景：

> 後惠兵過乂安，逼至之。責曰：「久聞大名，故欲相見，先生偃蹇（傲慢）不就，意以寡德非英雄耶？」徐答曰：「鄭氏強僭二百餘年，今將軍伏義滅之，夫誰曰非英雄，若假此為名，則奸雄矣！」惠瞿然起曰：「人言先生天下名士，名不虛矣。」遂改容謝之。

阮洝以「假此為名」來應對阮惠用兵北方，間接表示自己是黎朝舊臣，然而這次相見後，阮洝更擺脫不了阮惠的糾纏。

此時從河內至廣南都是阮惠的勢力範圍，阮岳在歸仁及以南地區。黎昭統和皇太后逃亡至中越邊界高平，遣使中國求援，清朝決定派軍入越，揭開了西山阮惠與乾隆皇帝的交往史。一七八八年六月初一日，阮惠第一次用「詔」書格式寫了一封敕令（第五封信）給阮洝，是用漢喃字書寫的。信中敕諭阮洝早日前往乂安跟鎮守「相地作都」之事，限定三月內完成鑑定宮殿位置。阮惠深知阮洝為人慵倦，特別說「唯夫子勿閒忽視」。再過十多天，阮惠再下詔（第六封信）阮洝，透露阮洝確實有去「相地作都」，且有文呈報說乂安不適合建都，這證明阮洝已承認阮惠是新統治者。阮惠也認同阮洝不在乂安建都的意見，不過「御幸之所」還是要建，規模稍為收斂而已。原因是乂安剛好是在順化與河內的中途，是掌控南北要衝之地。

這時的阮洝再不能以遁世者或以「自救之不暇」來推搪統治者的糾纏，也許他記起在〈祭程國公文〉中說，聖人之學「用之則行，舍之則藏」的道理。阮洝在阮惠的壓力下被說服了，他從一名遁世隱士化身為經世致用的御用學者。阮惠在稱帝前二個月，再次下詔（第七封信）阮浹，說明白他並不是不想保存黎統，只是黎氏子孫孱弱，不得人心，而「黎曆告終」，這也是天命。十一月阮惠稱帝自立，改元光中元年（1788）。他在信中第一次稱阮浹為「羅山先生」，換言之，阮浹已正式成為光中帝的「帝師」了。

原來一七八八年下旬，清乾隆皇帝聞知黎朝被阮惠推翻，便以「復黎為名」派孫士毅率四路大兵出關，十月孫士毅引清兵至諒山。十一月阮惠乘機在富春即帝位，隨即出師迎戰以繫人心。西山阮分裂為兩個王朝，一是在歸仁的阮岳，一是在順化的阮惠。

由於河內動盪不安，阮惠在這封信說明必須在乂安建都，因在富春遙控河內事實上頗為困難，從前認為浮石哈囉兜處不適合，現改在真祿縣安場社建都。這封信確實賦予阮浹規劃建都及繪圖遞呈的重任，當時光中帝「再三聘召」，且稱阮浹為「先生」，以「師」之名作召喚，有類「顧問」性質。他相信阮浹不好拒絕，這也不違背阮浹不出任官職的承諾。光中帝考量如果這位受在北方讀書人尊敬的隱士出來服務新政權，便會產生一呼百應的效果。表面上光中帝對阮浹客客氣氣的，實際上無窮壓力壓在這位隱士身上，由於相地建都是一件重要差事，阮浹雖然沒有官職在身，光中帝仍然頒予俸給，有意照顧這位老先生。在光中二年（1789）九月初四日阮浹上奏說：「不事其事，而但食其祿，自古以為恥。」他將光中帝給他的養老俸祿退回朝廷，為國家公用。

光中帝統率大軍北上抗清，路經乂安時再次召見阮浹，這次兩人面對清軍入越，意見一致抗敵，阮浹認為「清兵遠來，深入我地，未知強弱之形，不識攻戰之勢，故旬日內可平也。」一七八九年正月正當清兵在營內慶祝農曆新年，光中帝忽然大軍殺至，孫士毅狼狽地退回鎮南關。光中帝大敗清軍後，願向清朝稱臣入貢，以穩住越中關係。

光中帝凱旋返回富春後，又寫了第八封信回應阮浹「養老之祿」說：「是朕出於至誠」。光中帝曉以大義說：「先生若欲翛然長往，其如蒼生何？」在皇帝威權下阮浹只得默然接受這「優老之俸」，至此阮浹完全墜入阮惠設定的框架中。自光中帝戰勝孫士毅後，清朝決定「棄黎扶阮」，阮惠亦允諾明年親自入華賀乾隆帝八十大壽。清朝隨即派遣使者到河內冊封光中帝阮惠為安南國王。究竟阮惠是否親自入華？在這裡不討論，不過光中三年（1790）確實找不到阮惠與阮浹的通信紀錄。假若阮惠親自入朝或以替身入華，也會在這段時間將自己藏匿起來，以避免清朝究責。

一七九一年七月初十日，光中帝給阮浹的詔書（第九封信）說：「先生幡然肯來……已頒下本鎮官照料行粧。」這是阮浹第一次南下富春覲見光中帝。同年八月十日阮浹抵達富春，奏上〈就化州陳三事〉，提醒為「君者」要注重三事：其一論「君德」、其二論「民心」、其三論「學法」。這次奏疏是阮浹將其所學貢獻給統治者的建言，也是唯一的一次將儒家中心思想運用於國家統治政策上。他認為統治者要注重「君德」。何謂「君德」？朝廷應開設經筵與儒臣討論經典，先從《四書》入手，以及《五經》、諸史等，循序漸進，熟讀而精思，統治者才擁有這套駕馭國家的思想體系。其次統治者要重視「民心」，何謂「民心」？「民惟國本，本固國寧」，他以乂安為例「一耕百食」，賦稅多如牛毛，人民怨聲載道，朝廷必須減稅，以化解民怨。三是「學法」，何為「學法」？即是為學之道。他指出「道也者人倫日用之理」，現在「正學失傳」，讀書人爭趨詞章之學，不知「三綱五常」倫理。所有讀書人必須「以朱子為法，先讀《小學》，培其根本，循序漸進以及於《四書》、《五經》、諸史」才能為國家培養人才，國家賴以安寧。

阮浹基本是以朱熹的理念作為治理國家的政策，這樣「師道立，則善人多。善人多，則朝廷正，而天下治矣！」阮浹的理念引起光中帝的反應，十日後，光中四年（1791）八月二十日頒下詔書（第十封信），認為阮浹「以學術邪正為辨」，使他十分高興，「將於永京南華山設崇正書院，頒公為崇正院院長，賜號『羅山先生』，專掌教事。一遵朱子學規，俾人才有所成就，風俗歸於粹美。」光中帝深知阮浹性格，特別為他量身訂製這個職銜，前朝並沒有「崇正書院」之設，且不是設在京師內的中央機構。這不是虛銜，而是有實權的，「嗣今郡國司業、督學，歲以有學行者貫址姓名，達諸書院，許公考校其德業行藝，奏聞于朝簡用。」換言之，所有國內有學行的讀書人，由相關官員推薦給崇正書院，經羅山先生考核、教導才為朝廷選拔簡任。

崇正書院表面上是考選人才機構，但是阮浹還有一項重要使命，這封詔書沒有說明，就是將宋儒理學經典譯釋為國音（字喃）的重大學術工程。這項工作負擔頗重，阮浹對這項工作似乎不感興趣，他的遺稿中沒有留下相關文書。雖然字喃在十四世紀出現，十五世紀初黎季犛的敕令和詔書多用字喃書寫，但朝廷仍未統一規範化字喃用法，由於各地發音有差異，字喃書寫差異很大。越南學者陳重金說：「當時有許多人尚不了解此舉的深遠意義」，同樣，阮浹對這項工作不太熱心，他呈交的第一本《小學國音演釋》便受到朝廷官員指責「淺鮮、粗略」，而《四書》國音化又未依期完成等，都未符合皇帝的聖旨。換言之，光中帝也抱怨阮浹沒有做好將儒學經典國音化這份工作。

阮浹也許認知大時代的來臨，面對新時代的壓力，唯有積極從事儒家經典國音化的工作，一年後的六月初一日，光中帝在詔書（第十一封信）中透露，阮浹已呈上《四書國音演釋》共三十二卷，且滿意地說：「先生訓詁、敷衍，諒亦勤矣！」從詔書中得知，朝廷派去崇正書院協助阮浹《四書》國音化工作的翰林官員有阮佖、阮僐、潘素定、裴揚瀝等人。但儒學經典國音化尚未完成，光中帝在詔書中說：「《詩》、《書》、《易》三經，據經文及集註字句，演為國音。」除翰林官員外，加派乂安鎮文吏二、三十名，「隸屬書院，隨行編錄，以便公務。」崇正書院是西山順化王朝有規模的國家學術機構，當時笠峯幸庵一定熱鬧異常，供養補給這三十多位朝廷官員的後勤人員又不知有多少。

光中帝特別在詔書中叮嚀《詩經》急用，先行呈上，其他如《書》、《易》二經「續奉遞進，慎無稽忽。」而朝堂官再傳聖旨「限叁箇月」內完成，並強調

「勿可潦草塞責」。阮浹雖然缺乏光中帝的高瞻遠矚，為民族文化本土化建立方向，但他仍然依期完成這項儒學經典國音化的學術工程。同年九月二十九日，光中帝駕崩，太子阮光纘繼位，改元景盛，當時景盛帝只有十歲，政權由太師裴得宣主導，其時西山歸仁政權已淪為順化的附庸。景盛八年（1800）十二月初十日，流亡暹羅的阮福映已回到嘉定，且攻入歸仁城，正在揮軍迫近廣南。此時，景盛帝已十八歲，親政後隨即下詔阮浹來富春輔弼。阮浹建議遷都昇龍，景盛帝猶豫未決，但不准阮浹歸山，以免動搖人心。不久，阮福映攻入富春城，景盛帝北走河內。阮福映厚禮召見阮浹，慰留他輔助新政，阮浹卻懇請回乂安老家。阮福映無奈「遣兵送歸至横山」，阮浹再度隱居於乂安笠峯山幸庵。越南阮朝開國者阮福映於一八〇二年五月改元嘉隆元年，同年十一月阮光纘等被捕，西山朝亡國，越南南北第一次大統一，至嘉隆二年（1803）冬季，阮浹在隱居處無疾而終，享年八十歲，他見證了越南從南北分裂到大統一的過程。

結語

中國宋、元後，程朱理學成為科舉考試的內容，越南也跟進，讀書人以掌握考試技巧，考取功名做官為職志，喪失讀書人以天下為己任的使命感。阮浹生活的年代，考取功名是讀書人唯一的目的，然而天性樸拙的他，雖然自幼學習科舉，但卻無心科舉考試，每次會試都落第，最終辭官歸隱山林。阮浹認為程朱理學「只是教人明天理、滅人慾」，有志者「默識」而實踐之，不必「多言為」。這種對程朱理學的理解和明代學者薛瑄之說法相同，這也意味著程朱理學走入死胡同中，因此程朱理學發展至明代中葉，便面對王守仁（王陽明）「心學」的挑戰，王守仁在《傳習錄》對門人說：「所謂汝心，卻是那能視、聽、言、動底這箇便是性，便是天理。有這箇性，才能生這性之生理，便謂之『仁』。」這便是「心即理也」說法，突破了朱熹「格物致知」方法，形成明代「心學」思潮。

王陽明在一五八四獲得從祀孔廟，他的學說也成了儒家正統之學。不過陽明學似乎對當時越南儒學影響甚少，阮浹及當時學者沒有提及陽明學。相反的陽明學對朝鮮和日本都有影響，朝鮮在十六世紀末壬辰之亂（1592）後，便出現江華陽明學派。一六五九年朱舜水流亡日本，得日人安東守約以師侍之，熟悉陽明學的朱舜水留日期間，進一步傳播陽明學，形成德川幕府時代的顯學。雖然朱舜水也曾落難越南，寫下〈安南供役紀事〉一文，但朱舜水對越南學界沒有影響。

阮浹一生以仰慕朱熹，然而他與朱熹不同的是，朱熹從事教學五十多年，致力於辦書院、講學，鑽研儒學，整理《四書》，集理學大成。而阮浹長時間在山野間閒蕩，沒有從事講學活動，也沒有與有學問的讀書人對話，無法展現他對理學的突破，沒法形成一個「學派」。不過，阮浹的學問與隱士名聲遠播，被當時越南士子與官僚稱譽，執政者聞知其名，都想借重他，但只有西山光中帝阮惠與阮浹是相知相識。

阮浹在為勢所迫下與西山光中帝交往，他的堅持與掘強性格，在光中帝心中過於高傲和食古不化，但是光中帝耐性地跟他周旋，摸透了阮浹性格，最終以帝王權力設立崇正書院，任命阮浹為院長，賜號「羅山先生」。光中帝下令在阮浹隱居處設立崇正書院，這其實違反朝廷建制，又派遣四位翰林官和二三十位文吏協助阮浹將儒家經典國音化的工作。這項世紀級學術工程在光中帝逝世前，基本上已完成。現時留下的史料不足以討論阮浹對理學究竟有多高深的理解？不過在光中帝的權力和欣賞壓力下，阮浹創造了一項偉大的學術奇蹟，那就是將程朱理學經典國音化。

這套字喃版的儒學經典，完全是在阮浹對程朱理學理解上進行詮釋，這套經典應該可以完全反映出阮浹的思想及學問取向。可惜這套字喃版的儒學經典沒有留傳下來，這不難理解，當阮福映收復富春城便進行大清算，「毀西山賊阮文惠墓，斲棺戮屍，梟其首於市。」及至阮光纘等被捕，除凌遲處死，五象分屍外，還取出「阮文岳、阮文惠骸骨搗碎拋棄。」可見，阮福映對西山阮的深仇大恨，筆者相信有關西山朝的所有公文書冊等，包括這套字喃版儒家經典都會全部被燒燬，而阮浹一生的學問也化為歷史灰燼。

在光中帝積極推動下，由阮浹主導的儒學經典國音演釋，可反映出越南民族文化認同及民族自信，用以擺脫千年來漢文字壟斷越南儒學經典詮釋地位。然而，阮福映統一越南，建立阮朝後，基本上仍以程朱理學為正宗，不受陽明心學和清代考據學的影響，漢字仍然是官方文字，而民間說唱文學卻多以字喃六八韻文體書寫，其中如《金雲翹傳》、《征婦吟曲》、《宮怨吟曲》和《花箋記》等同列為「安南四大奇書」。嗣德帝時越南國史館編輯一本漢越字典《嗣德聖製字學解義歌》，藉以普及字喃應用，然而漢字的官方地位至法國殖民統治才被改變，越南文開始拉丁化，稱為「本國語」。一九一九年阮朝廢除科舉考試，漢字開始式微，至一九三五年法殖民政府下令越南各級學校以拉丁化越南文教學，隔一年正式廢除漢字在政府公文中流通，至此漢字霸權地位結束，也結束了越南二千年來的漢字文化。

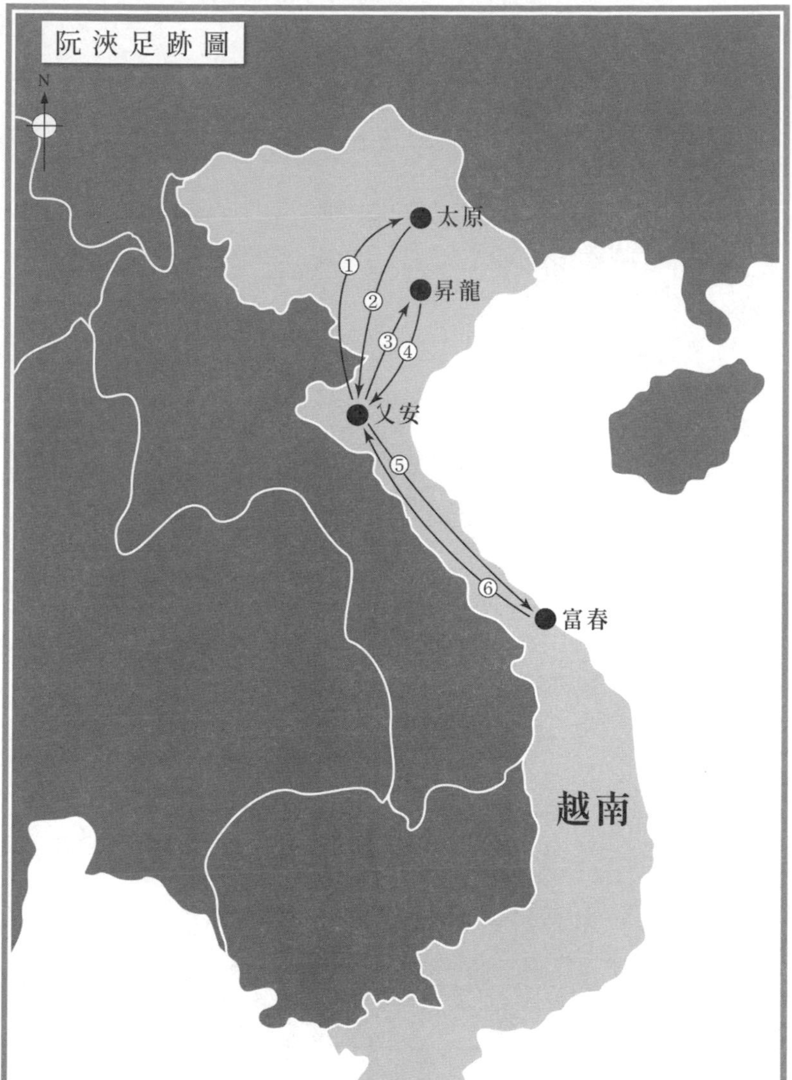

本圖僅作為人物行徑路線之參考，依照現今疆界繪製，非十八世紀實際疆界劃分。

參考書目

史料

- 佚名編，《野史日記》，黃春瀚手抄《幸庵詩稿：附文書札》，〈書引〉。引自Hoang Xuan Han, *Lo-son phu-tu*, Paris:Minh-tan, 1952, Bibliotheque nationale de France附錄。
- 佚名編，《雲囊小史》，黃春瀚手抄《幸庵詩稿：附文書札》，附〈國音詩〉。引自Hoang Xuan Han, *Lo-son phu-tu*, Paris:Minh-tan, 1952, Bibliotheque nationale de France附錄。
- 佚名編，《詩云篇、白云庵先生》，創造文詩，抄本，嗣德弍年，1849。
- 佚名編，《黎末節義籙》，黃春瀚手抄《幸庵詩稿：附文書札》，〈書引〉。引自Hoang Xuan Han, *Lo-son phu-tu*, Paris:Minh-tan, 1952, Bibliotheque nationale de France附錄。
- 阮元審定，盧宣旬校，《孟子注疏解經》，中研院漢籍電子文獻資料庫，卷第十三下。
- 阮浹手稿，《幸庵遺文》，越南漢喃研究院藏。

• 阮浹手稿，《笠峯文稿》，越南漢喃研究院藏。
• 孫曉主編，《大越史記全書（標點校勘本）》，第四冊本紀續編，北京：人民出版社，2015。
• 張廷玉主編，《明史》，卷二百八十二，列傳第一百七十。
• 張登桂主編，《大南寔錄》，正編第一紀，卷十六、十九。
• 陳建撰，《陳清瀾先生學蔀通辯》，中研院漢籍電子文獻資料庫，卷七。
• 黎靖德編，王星賢點校，《朱子語類》，中研院漢籍電子文獻資料庫，卷十二、卷第十五。
• 羅山夫子阮撰，《幸庵詩稿：附文書札》（黃春瀚手抄，1952年）引自Hoang Xuan Han, *Lo-son phu-tu*, Paris:Minh-tan, 1952, Bibliotheque nationale de France附錄。

專書及論文

• 朱鴻林，〈王陽明從祀孔廟的史料問題〉，《史學集刊》二〇〇八年第六期，頁35-44。
• 陳重金著，戴可來譯，《越南通史》，北京：商務印書館，2020。
• 鄭永常著，《漢文文學在安南的興替》，臺北：臺灣商務印書館，1987。

- 鄭永常著，《征戰與棄守：明代中越關係研究》，臺南：國立成功大學出版組，1998。
- 安積國同，〈舜水先生行實〉，收入《朱舜水全集》，北京：中國書店，1991。
- 張明富，〈乾隆末安南國王阮光平入華朝覲假冒說考〉，《歷史研究》，第三期，2010。
- 張崑將，〈十六世紀末中韓使節關於陽明學的討論：以許符與袁黃為中心〉，《臺大文史哲學報》，第七十期，2009。
- 葛兆光，〈朝貢、禮儀與衣冠：從乾隆五十五年安南國王熱河祝壽及請改易服色說起〉，《復旦學報（社會科學版）》，第2期，2012。
- 鄭永常，〈會安興起：廣南日本商埠形成過程〉，收入《瞬間千年：東亞海域周邊史論》，臺北：遠流出版社，2021。
- 鄭永常，〈道義與現實：清越之戰與黎倜抗清〉，收入《瞬間千年：東亞海域周邊史論》，臺北：遠流出版社，2021。
- Ta Ngoc Lien, "Nguyen Thiep"，收入*Lich Su*，第一六四期，1975。

網路資料

- 字典網：張翰。https://www.70thvictory.com.tw/lishi/diangu/0/37870ui.htm 瀏覽

日期20220915。

- 百度百科：阮秉謙。https://baike.baidu.hk/item/%E9%98%AE%E7%A7%89%E8%AC%99/6151311 瀏覽日期20221001。
- 維基百科：鄉貢。https://zh.wikipedia.org/zh-tw/%E4%B9%A1%E8%B4%A1 瀏覽日期：20230325。
- 維基百科：阮秉謙。https://zh.wikipedia.org/zh-tw/%E9%98%AE%E7%A7%89%E8%AC%99 瀏覽日期：20230516。
- 漢語網：丁辰。https://www.chinesewords.org/dict/1921-333.html 瀏覽日期：20220920。
- 維基百科：日本陽明學。https://zh.wikipedia.org/zh-tw/%E6%97%A5%E6%9C%AC%E9%98%B3%E6%98%8E%E5%AD%A6 瀏覽日期：20230325。
- 教育部國語辭典簡編本：敷衍。https://pedia.cloud.edu.tw/Entry/Detail/?title=%E6%95%B7%E8%A1%8D&search=%E6%95%B7%E8%A1%8D 瀏覽日期20230225
- 蕭美君，〈認識躁鬱症〉，林口長庚醫院精神科婦女身心醫學小組提供。https://www1.cgmh.org.tw/intr/intr2/c3360/%E8%BA%81%E9%AC%B1%E7%97%87.htm 瀏覽日期：20220908。

編纂世界：霍爾巴赫的《百科全書》自然史詞條

國立臺灣大學歷史學系碩士生
張存一

前言

一七七〇年，二十一歲的歌德（Johann Wolfgang von Goethe, 1749-1832）翻閱了霍爾巴赫（Paul Henry, Baron d'Holbach, 1723-1789）的《論自然之體系》（*Système de la Nature ou Des Loix du Monde Physique et du Monde Moral*），一八一二年他撰寫自傳《詩與真實》（*Aus meinem Leben: Dichtung und Wahrheit*）時，憶及這事。他出了門，走進威瑪圖書館，在乏人問津的層架間尋到此書，快速重溫後，歌德想起當時糟糕的閱讀經驗，

（《論自然之體系》）如此沉悶、陰暗、了無生氣，……作者像一

> 位蹣跚的老人，行將就木，仍想向未來的世代宣稱些什麼真理。……如果這本書真的對我們造成什麼傷害，那就是我們從此對一切哲學，特別是形上學，都感到厭惡。相對地，我們更加鮮明、熱情地投入切乎生活的知識，投入經驗，行動，創造。

歌德晚生霍爾巴赫二十六年，約略差距一個世代。當歌德寫作自傳時，霍爾巴赫與其同代多已作古。法國大革命掃清舊制度下的貴族社會，關於政治與社會理想的辯論席捲歐洲。新帝國主義與產業革新逐漸在各地萌芽，殖民地與海外擴張以新方式再度展開。同時，知識也邁向專業，獨立的文學市場與體制化的科學分野形成。歌德應明顯意識到自己並不屬於過去那個世代。他對霍爾巴赫的輕視，多少表達了他對十八世紀的不滿——浮濫的哲學書寫、空泛的知識連結、過度理想的政治與社會秩序想像。但是，歌德只讀過霍爾巴赫晚年的哲學著作，而忽略了霍爾巴赫盛年時最受重視的成就之一：他負責了《百科全書，或科學、藝術與技術的普遍字典》（*Encyclopédie, ou dictionnaire raisonné des sciences, des arts et des métiers*）幾乎所有礦物自然史的詞條。他是一位「百科全書作者」

（Encyclopédiste）。透過這個身分，我們將看到，霍爾巴赫不是過去世代枯燥幽昧的殘影，而是現代歐洲向外界溝通的起點之一。透過繁雜的編纂，一位啟蒙哲士（philosophe）尋求建立屬於全人類的理性知識，將歐洲織進了自然與人文雜相異彩的世界。

從沙龍主人到百科全書作者

一七二三年的冬日，霍爾巴赫生於埃德賽（Edesheim），一座法德邊境的小鎮。他的母親屬於法國胡格諾派，父親是德裔新教徒。他的舅舅法蘭茲・霍爾巴赫（Francois-Adam, Baron d'Holbach, 1675-1753）原是證券交易商，靠期貨生意與貸款大發利市，買官鬻爵，成為第一代「霍爾巴赫男爵」（Baron d'Holbach）。霍爾巴赫從小受他舅舅撫養，長居巴黎，衣食無憂。

二十一歲，霍爾巴赫赴荷蘭求學，在萊頓大學（Universiteit Leyden）讀法學，但他很快發現自己的興趣更在自然史與社團活動。經過四年的學習，霍爾巴赫回到巴黎成家。越數年，舅舅與父親相繼去世，霍爾巴赫繼承了貴族的頭銜，以及大筆財富，登記在案者包括一棟巴黎皇家路（rue Royale）的宅邸、一座阿爾臯斯山近郊岡瓦勒市（Grandval）的莊園、一座荷蘭海茲（Heeze）的小別墅、大批農地、股票與貸款生意。

如同巴黎大部分的新興貴族，富裕的家境讓霍爾巴赫即使遠離學院，仍擁有充分的時間吸收知識、培養品味。一七四九年開始，每週二與週四下午，他於皇家路自宅舉辦沙龍。美酒良饌的消息迅速傳遍巴黎上層社會，有頭有臉的文化人慕名而來，復被健談的男主人吸引，成為座上常客。最後，霍爾巴赫的沙龍匯集了巴黎一批明星思想家，包括狄德羅（Denis Diderot, 1713-1784）、達冷柏（Jean d'Alembert, 1717-1783）、盧梭（Jean-Jacque Rousseau, 1712-1778，在與狄德羅決裂後退出），享譽國際，成為外來哲人政客旅次巴黎時必訪「景點」之一。霍爾巴赫的財力讓這個沙龍幾乎不曾間斷地持續舉辦，直到一七八〇年他身體健康衰退為止。九年後，霍爾巴赫在孤獨中逝世，一生都貢獻給皇家路自宅的聚會。

當時的巴黎沙龍如林。沙龍主要由富裕的貴族女性主持，邀集文人哲士，論新知與異見。對女主人而言，沙龍是貴族品味與交遊的展現，成為家族在貴族圈中地位的保證；對與會哲士而言，沙龍則常常是一種博取贊助與庇蔭的手段。大大小小的沙龍日日在貴族的會客室舉行，私人的「友誼」帶動話題的形塑、流轉與合作，在王權政府之外，建立起一種新的人際關係與生活模式，乃至於一種超乎個別小沙龍的「社會」。但，絕大多數沙龍的社交或社會性質（sociability）乃基於政治上的妥協。透過談論非政治的新知，或者去政治化的異見，與王權政府達成妥協。而哲士與沙龍主人的關係也往往徘徊於賓主、僕主之際。哲士雖受禮遇，雖為貴族甚至王室之友，卻未必能在沙龍內部不顧階級身分、立場地暢所欲言。

相對於普通沙龍的繁文與刻意的去政治化，霍爾巴赫的沙龍自成一格。男主人不只唱和賓客的話題，更積極發起、參與爭執，亟欲入哲士之行列。另外，因為霍爾巴赫靈巧的社交手腕，即使座中常見政治敏感話題，賓客彼此交換激進主義作品，甚至鼓勵書寫、出版受查禁的主題，沙龍最後仍能逃過君權政府的監視與審查，獲得官僚的默許甚至支持。霍爾巴赫的沙龍討論主題之廣泛，亦常令來客一驚。英國音樂學者查理斯・伯尼（Dr. Charles Burney, 1726-1814）參觀霍爾巴赫的沙龍時，發現與會者從他有關音樂的論文談起，竟一路聊到「化學、礦物、化石與所有其他的自然史。」他回憶道：「他們的討論如此生動，令人心醉，即使接著還與譽滿天下的盧梭有約，我仍不忍中途離席。」這自由且開放的環境，是許多啟蒙哲士流連於霍爾巴赫沙龍的原因。當然，這種風氣也容易引致批評。同樣是來自英國的訪客，輝格黨政治家霍拉斯．瓦波爾（Horace Walpole, 1717-1797）便無法接受霍爾巴赫寓所的氣氛：「那裡並不接待（真正的）作家、哲學家，或學者，而僅是個鴿舍……簡而言之，胡說八道以外還是胡說八道，比起這些哲士我更喜歡耶穌會的人。」瓦爾波的負面評價，以及他將霍爾巴赫客座與耶穌會的對比，恰恰突顯了前者所開風氣，在當時體制、社會文化中的特殊性。

事實上，不假他人觀察，霍爾巴赫自己的作為，已足證明該沙龍的自由與開放。霍爾巴赫受座上賓的物質主義與宗教批判影響，在一七七〇年匿名出版了《論自然之體系》一書，主張所有神學世界觀都只是統治者與教士掌握權力的陰謀。人並不具有任何宗教所承諾的特質；超越的靈魂、萬物之靈，與救贖，都是人對自身的誤解。人是物質的匯聚，人的行為、意志、知識都受限於物理機制，乃至受普遍的因果律所決定。霍爾巴赫在書中倡導：理性思考應帶領世俗知識的啟蒙，革除宗教與傳統的威權，使我們認清自身在自然系統中的定位，以邁向真正且直接的幸福。《論自然之體系》甫出版，即遭全歐宗教、政治與知識領袖抨擊，斐特烈大帝（Frederick the Great, 1712-1786）稱此書「專斷且不道德」，伏爾泰（Voltaire, 1694-1778）則認為書中論證「毫不科學」。無論此書論述的品質，它仍證明霍爾巴赫積極地參與座上賓的言談，試圖有所迴響；它也證明霍爾巴赫的沙龍成功為啟蒙時代的激進言論提供了一張保護網。

但即使充滿特色的言談、激進主義的寫作，足以讓霍爾巴赫的沙龍成為十八世紀最獨特的一縷異音。真正促使霍爾巴赫本人探索世界的關鍵，卻非光鮮亮麗的社交談話，亦非哲學價值的宣稱，而是霍爾巴赫的好友兼座上賓：丹尼·狄德羅，以及他領銜編輯的《百科全書》。

狄德羅以機智與叛逆名世，現實中卻十分內向，對貴族階層繁瑣的社交場合避之唯恐不及，獨獨霍爾巴赫的晚宴他幾乎全勤。二人私交甚篤，常一同出遊，比肩長論，從哲學話題到編輯事務。狄德羅的《百科全書》第一卷甫出版即遭查禁，也是霍爾巴赫多方斡旋，勸官僚放鬆審查的界線，說服德語出版商私下印行，讓這份偉大的知識事業得以賡續。《百科全書》與書本審查的問題，或許值得在此略加著墨，以突顯舊制度社會、霍爾巴赫與《百科全書》的關係。

伴隨著絕對王權政府的建立，巴黎在十七與十八世紀開始綿長的書籍審查制度，由官方指定貴族、官僚、各方專家（通常為國家學會代表）組成審查小組，負責不同領域的出版物審查。政治與宗教內容敏感者，為查禁之重點。《百科全書》其名，貌似單純的知識搜羅與組織計畫，但蘊含著特定的社會、政治與宗教批判面向。正如狄德羅在詞條〈百科全書〉中所指出，一本好的《百科全書》不可透過王權政府與皇家學會之協助，而必須單純透過「文人」（homme de lettres）社會（monde）的溝通與聯絡來完成。因為知識日益發新，而官僚「從未能具備足夠的興趣，避免在其他大小要事造成的混亂與困惑之間，遺忘了這份事業。」換言之，官僚與學會龐雜的行政體系，無法靈活更上知識更新的速度，遑論賡續《百科全書》的編纂與修訂。而因為不受王權政府或任何世俗權力機構所控制，狄德羅進一步認為，《百科全書》的編纂標準乃是建立於「人類普遍的興趣，互善互助的情感，」或者建立在「對人類心靈真實且細緻的知識，事物的本質，以及正確的理性」之上。意思是說，《百科全書》是為了在文人社會中發掘的普世價值而編纂，是為了尋找與整合對人類生活與彼此聯繫而言有益的知識而編纂，也是為了尋找理性思考所產生的合理、真切知識而編纂。這種直接宣稱與王權脫離、另外創造社會以尋求理性知識與真理的表現，也伴隨各路文人在編纂詞條時融入個人對於詞條對象的批判。狄德羅在有關談話的詞條中嘲弄貴族制度，伏爾泰在文人相關詞條中再次強調降低王權政府影響力的重要性，在其他百科全書詞條中，自然法理論與共和主義意味的論調比比皆是，與建立在天授王權與貴族傳統基礎上的舊制度政治形成強烈對比。在自然知識方面，宗教與聖經的影響力更是被大大縮減，轉而尋求切實考察物體本身的方法與研究成果，跳出皇家學會綁手綁腳的宗教觀念，尋求如布豐（Georges-Louis Leclerc, Comte de Buffon, 1707-1788）等較非學院主流，但更加系統性、哲學化的自然研究為編纂資料與範本。而進一步使《百科全書》繞過基督宗教世界觀，在學門各派，乃至世界各地相關知識間創造意想不到的連結，如同我們將在本文後半部有關霍爾巴赫礦物史詞條的描述中所目睹。而種種文人社群自作主張產生的詞條編纂，都激起學會乃至王權政府的的疑竇，由是造成《百科全書》迅速名列禁書之首。

但是，審查也充斥縫隙、斡旋乃至規避的空間。作品的手稿透過沙龍與書信流傳，在貴族圈子之間，編者、作者與審查人常常具有另一種友誼關係，霍爾巴赫的沙龍在此扮演重要的角色，繞過審查的邊界，替《百科全書》作者與學院學者乃至官僚建立私人聯繫。於是，與審查人員斡旋、請求寬限，或至少只在名目上禁止等方式，都是存在的。而當法國出版商常常遭到滴水不漏的檢查，尼德蘭、德語地區的出版商則相對不受王權政府所控制。透過未經官方授權之私印與海盜本形式，禁書得以在法國境內流傳，在貴族的庇蔭之下，更可以被再次收藏與談論。霍爾巴赫作為富有的新興貴族，以及法德邊境出身的商賈背景，憑藉著他的社交手段讓審查與出版兩方面皆可以流通無礙。這讓霍爾巴赫不僅只是受歡迎的沙龍主人，更是哲士之友以及《百科全書》最忠誠的贊助人與戰友之一。狄德羅所識華胄甚眾，他所遺留的書信中，不乏這位或那位「男爵」，但只有霍爾巴赫永遠是「我們的男爵」（notre Baron）。

霍爾巴赫占據了狄德羅的個人生活，狄德羅也是霍爾巴赫不可或缺的好友。與這位才華洋溢的作家交好，讓霍爾巴赫得償所願，成為哲士的一份子。不只如此，霍爾巴赫除了協助《百科全書》的編輯外務，也親自參與了《百科全書》的編纂，成為一位「百科全書作家」。他至少為《百科全書》撰寫了一千零五十八份詞條，超過七百份被歸入自然史中的「礦物史」（minéralogie）。

編纂詞條的經驗，讓霍爾巴赫踏上一趟奇異的知識旅程。這趟旅程不僅僅有陌生枯燥的礦物知識，更充滿了對自然與人類社會的沉思，讓一個巴黎的新興貴族與世界多元知識的脈動接軌。

當霍爾巴赫於一七八九年過世，沙龍的另一位常客費德里希・梅樂西奧・格林（Friedrich Melchior, Baron von Grimm, 1723-1807），在供王公貴族傳覽的小道新聞《文學、哲學與批判通訊》（*Correspondance littéraire, , philosophique et critique*）中刊登了一篇訃聞，悼念老友。格林說，作為男爵，霍爾巴赫是一位熱情慷慨的沙龍主人，作為哲士，則是一位傑出的百科全書作家。他「廣博敦厚，……對新出自然知識總能最快掌握並流傳周知。」霍爾巴赫值得懷念，因為他對《百科全書》做出不可忽視的貢獻。格林的描述多少代表了當時的普遍觀點。霍爾巴赫實以「百科全書作者」名世。因為相關書信與文件闕如，我們不清楚霍爾巴赫為《百科全書》撰寫詞條的詳細動機與交稿過程，學者指出，《百科全書》第一卷中，未有任何署名霍爾巴赫的詞條收入，故推斷霍爾巴赫之參與《百科全書》，應在一七四九年落居皇家路寓所之後，與一七五一年《百科全書》第二卷出版之前。可能由於狄德羅的關係，打從霍爾巴赫搬入巴黎皇家路的住宅沒多久，這位好客的男主人就已和《百科全書》扯上關係。但霍爾巴赫的自然史詞條到底有何特殊之處？為何本文不斷宣稱作為一位百科全書作者的霍爾巴赫，超越了他在巴黎自宅的沙龍，真正與世界接軌？接下來，讓我們潛入霍爾巴赫的自然史詞條，辨析他如何編纂、揀選、詮釋來源複雜的資訊，重新思考自然史的方法論，從沉默的礦石中，看到因知識而相連的世界。

以知識相連的世界

霍爾巴赫的百科全書詞條如同一趟路途遙遠的旅遊，帶領讀者離開法國社交與學術界的知識小圈圈，看到整個歐洲礦物史方法的轉變。進一步，這些詞條又走出了歐洲，聯繫起世界各地未知的自然風景，乃至人群與自然多元的互動方式。讓我們一步步隨著霍爾巴赫走進世界。

走出法國

十八世紀法國的礦物史學術成果相當遲緩，特別是相對於蓬勃發展的動植物自然史而言。礦物史的書寫，仍深受十七世紀笛卡兒自然哲學宇宙論的影響。笛卡兒（René Descartes, 1596-1650）在他的《哲學原理》（*Principia Philosophiae*）一書中，用兩百多則連貫的論題，從宇宙間物質運動的原理開始，描述細小的物質分子如何依據特定物理原則逐漸匯聚、沉積，乃至形成地層與大氣，進而展現火山、海洋、氣候等宏觀地理／大氣現象。笛卡兒的思維依循於演繹法，相信物理原則足以解釋地球的結構，而地球的結構又可以解釋任何礦物的成因。

到了十八世紀，啟蒙時代最著名的自然史學者，布豐，在他的鴻篇巨構《自然史》（*Histoire Naturelle, générale et particulière, avec la description du Cabinet du Roi*）中，也從潮汐、水文與火山運動出發，理解重要礦物的形成。對布豐而言，礦物史的研究價值在於它跳脫了《聖經．創世紀》的敘事，帶領我們從物理原則的角度認識地球的歷史；為動植物所處之大環境，提供了基礎框架。從這個角度看，布豐的礦物史寫作仍然繼承了笛卡兒的論證風格，從宏觀現象推演微觀礦化，意在鋪陳地球環境的整體系統。諷刺的是，在動植物史上，布豐以及大部分的十八世紀自然史學者，都激烈主張應揚棄笛卡兒的演繹法，轉從經驗資料歸納出自然史研究的新方式。霍爾巴赫的詞條提及布豐時，曾再三以實際的礦物成分與生成方式，挑戰布豐的宏觀臆測。「知名的布豐先生在創建他這些龐大的理論時，若能多多參考這些實際研究，結果肯定能更完善吧！」他不無嘲諷地說。

一來，法文礦物史研究無法提供霍爾巴赫足夠的參考資料；二來，霍爾巴赫本身的學習經驗也讓他更加親近國外的自然史學術。在本文開頭提到過，霍爾巴赫就讀於萊頓大學。萊頓正是歐洲北部學術交流的重鎮之一；神聖羅馬帝國諸邦國以及北歐國家的研究匯流於此，成為霍爾巴赫自然史知識的基礎。

北歐與德語區礦物史學術最大的特色，是學者多半走出寧靜的學院，進入塵土飛揚的礦場尋找第一手資料。十六世紀學者阿格里柯拉（**Georgius Agricola, 1494-1555**）即任職於薩克森公國礦場。他憑職位之便，訪查礦工、記錄礦冶過程、閱讀古典礦物學著作，撰寫了兩本有關礦物史的書，分別是《論自然的石化》（*De natura fossilium*）與《論礦冶》（*De re metallica*，又名《坤輿格致》）。如兩本書的標題所示，礦物史既可以是礦物的自然特徵與分類，也可以是礦物作為一種資源的應用。後者看似與「自然史」無甚干涉，但對德語區學者而言，只有在礦脈被發掘、擷取、應用的礦場中，礦物自然形成的狀態、分布、產地與諸多環境因素才能被忠實記錄。自然史如果不考量這些因素，而單單關注標本的外貌，將失於膚淺。當地底的礦物不斷在經歷組成、消解與質變的過程，礦物史目的之一，便是找到觀察與描述這些動態的方法。

三十年戰爭以來，德語區各小國與北歐王國開始積極發展礦業，成立國家工會。屬於礦工的經驗知識，包括尋找礦脈、開採礦資、冶金術等等，在國家政策的推進下高度體系化，成為工會中公開教育、交流與研發的技術。在這種高度實用的背景中，十八世紀的學者得以開展更加系統性的礦物史，以化學分析的視角解釋礦場的挖掘與冶煉，進而發展礦物的分類與命名集。瑞典礦物史學者瓦萊里烏斯（Johan Gottschalk Wallerius, 1709-1785）將古典時代的礦物分類與礦工實際使用的分類互相比較，透過化學分析的方法重新歸納個別樣本的種系，最終修正、彌合兩種分類，提出新解。在十八世紀早期，德語區的亨克爾（Johann Friedrich Henckel, 1678-1744）也展現出類似的意圖。這兩位學者都是霍爾巴赫撰寫礦物史詞條時重要的引用來源。「化學分析讓我們得以重現礦物在地底形成的過程，而非停留在對蒐藏樣本表面的分析。」霍爾巴赫在詞條〈礦物學〉（Minéralogie）中說：「德意志與瑞典礦物學者們在這方面取得偉大的成就。當他們發現物理原則只會造成理解上的障礙，即棄之，轉取化學。……從實際的操作中接近礦物最真實的樣態。」我們看到，當採取化學分析做為礦物史觀察與描述的主要方法，霍爾巴赫以及他所引用的德語區、瑞典學者皆未將礦冶的經驗棄之不顧，相反地，化學分析協助他們直探地底，讓礦冶經驗與學術討論間具備更明確的連結。

然而，和這些遊走於礦場與學院間的學者不同，霍爾巴赫並非仰賴自己的親身見聞與實驗來書寫礦物史詞條。作為一位百科全書作者，他端坐資訊流通的中樞，翻譯、編纂來源多樣的見聞，將相關知識在當代被歐洲人創造、發現或接收的過程清楚整理出來。在這樣的位置上，霍爾巴赫不只關心礦物的狀態與本質，也同時著重人是在什麼樣的境況下對礦物進行觀察與描述，乃至礦物對於人類生活的意義又是什麼。如果說德語區與瑞典學者關注礦物的環境，霍爾巴赫則注意到這些環境之所以被記錄下來，本身就顯示出人文與自然更加複雜的互動軌跡。這些思考讓霍爾巴赫進一步跳出德語區與瑞典作者的地理與學院限制，轉而憑藉他們方法論的啟發，聯繫各方的礦物知識，勾勒出一個世界。

走出歐洲

當人為與自然的界線開始模糊，礦物知識便也蘊涵著人們跨界移動所留下的痕跡。霍爾巴赫的詞條反映了歐洲人如何走出歐洲，目睹未曾想像過的地貌與礦藏。

十六世紀以來，世界不同地區的自然物質透過跨海貿易網路，成為在歐洲內陸市場上流通的商品。在近代早期歐洲，船來自然物因珍稀奇特，引發蒐藏與展示的風潮，王公貴族耗費大量人脈與金錢，蒐集遠來「奇觀」，以為經濟與文化實力之展現。「珍奇櫃」——對奇特物質，特別是自然奇觀的展演——應運成為上層社會的風尚。蒐藏物數量的增加也促進了分類與命名的需求，成為文藝復興自然史發展的重要因素。然而，霍爾巴赫等十八世紀的自然史作家對於「珍奇櫃」及相關自然史方法滿懷質疑。在詞條〈自然的遊戲〉（Jeux de la Nature）中，霍爾巴赫批評珍奇櫃流於空想玄談。所謂「自然的遊戲」，是指礦石在形成過程中偶然出現、類似動植物特徵的紋路。「自然的遊戲」因為稀缺且具賞玩價值，是珍奇櫃很重要的展示項目，也是文藝復興自然史詮釋的重點。但對霍爾巴赫來說，「自然的遊戲」並不具備特別研究價值。「他們的成分與普通礦石並無不同」，那些肖似生命的紋樣不過是礦化的偶然結果。不只如此，它們還可能與真正包含動植物組織的礦物——化石——相混淆，故自然史書寫應積極排除之。

與其將寰宇奇珍納入櫥窗，空想大自然的秩序與機巧，霍爾巴赫更看重對自然事物的實際訪查，以及對環境與狀態的確切紀錄。航海與遊記充斥在霍爾巴赫的詞條中。杜賓根自然史學者格梅林（Johann Georg Gmelin, 1709-1755）的《堪察加西伯利亞遊記》（*Voyage au Kamtschatka par la Sibérie*）被霍爾巴赫譽為「旅行文學的典範」。該書呈現了種種瑰麗的極北地景。但格梅林之為典範，並不因為他描述奇觀，更在於他嘗試解釋、分類並評價眼前不可思議的現象。例如在詞條〈碧玉〉（Jaspe）中便引述了格梅林在奧古河畔「看到一座幾乎完全由碧玉構成的山。」這是在歐洲本土難以見到的現象，但更重要的是格梅林隨即指出：「這些玉石往往混雜大量其他礦石而成形，故稍經打磨，即剩下充滿缺陷的碎塊。……即使偶有三十三磅以上的大件，接觸到空氣後也迅速崩裂，很難用以製作柱、桌或其他大型物品。」再一次，人對自然環境的探勘、自然物質對人類的價值，構成自然史的核心。

航海可能修正歐洲人既有的自然史知識。詞條〈水晶石〉（Crystal de roche）提及古典學者相信水晶帶有冰晶的本質，只產於寒帶，但「旅行者的描述足以證實即使在最炎熱的地帶，例如馬達加斯加群島或蘇門答臘，也可以發現水晶。」但另一方面，許多海外搜集來的資訊也需要透過既有自然史知識修正，詞條〈亞洲之花〉（Fleurs d'Asie）指歐洲旅行者在亞洲見到的一種岩鹽結晶，但事實上，根據生長環境的描述與樣本化學分析的結果，「這與我們自古以來便紀錄的岩鹽（natron）沒有什麼差距。」透過編纂，霍爾巴赫將航海紀錄與既有自然史知識之間許多看似分散、無關的資訊聯繫在一起，納入礦物史統一的分類與描述系統中，反映出歐洲人走出自身天地、界定未知自然的軌跡。

中南美洲是歐洲人肆意探索自然資源的寶地。在詞條〈金〉（OR）中，霍爾巴赫花費不少筆墨討論西班牙人在智利與墨西哥的淘金歷程。墨西哥，一個「光是撥開土壤，就能發現黃金」的地區，卻因雨林河沼等多變地形，迫使西班牙人發展出各式各樣的淘金技術，霍爾巴赫詳細描述了這些技術與他們所考量的環境因素。詞條〈含銀金屬〉（Pignes）中，更記載西班牙殖民者如何剝削智利與秘魯的原住民勞力，從事致命的「汞齊化法」——在金屬團塊中加入水銀來析取白銀等貴重金屬。霍爾巴赫在該詞條末尾還特別留置一段，描述當地西班牙礦場主如何趁西印度公司管轄之隙，從事非法貿易謀取暴利，並告誡歐洲貿易商留心不法行動帶來的危害。「走出歐洲」既是對陌生大自然的探勘、提取與應用，也蘊藏更深層的人文軌跡，自然史同時反映了這兩個層面。

當一步步探勘未知，歐洲也將自己鑲入自然物質構成的流通網路中。在詞條

〈礦物〉（Mines）的末尾，霍爾巴赫留下了這樣一段話：

今日，新世界（美洲大陸）的礦物，雖豐沛不如過往，仍為西班牙提供大量的財富，並透過她流通到其他國家。但西班牙的懶散使得她不得不將所有生存所需寄託在其他國家身上。同樣的狀況也發生在葡萄牙。葡萄牙似乎從巴西與東印度汲取了大量黃金與白銀，但這些白銀最後卻讓英國富裕了起來；因為缺乏本地產業，葡萄牙僅能成為物質流通的代理商。這兩種民族的經驗，清楚證明了單憑黃金無法造就強大可畏的國家。一個積極且自由的民族，永遠能從除了錢以外什麼都沒有的民族手中，贏走所有的財富。

這樣一段有關白銀流通、產業與國家財富的描述，出現在有關自然史的詞條中，於今恐怕不會為任何百科全書編輯所接受。但是，這正顯示霍爾巴赫的詞條，或《百科全書》的特色——即使書寫自然史相關主題，也不僅只關注外在於人類的自然知識，更從各種角度思考自然與人類互動之下兩造發生的變化，意圖將礦物放入環繞於我們周遭、並逐步為我們所認識的世界。

歐洲的海外擴張當然不是礦物史詞條的主軸，霍爾巴赫更未對帝國主義做過任何具名描述。但，曾與狄德羅一同參與霍爾巴赫沙龍的常客雷諾雅（Guillaume Thomas Raynal, 1713-1796）編纂的《兩個印度的歷史》（*Histoire philosophique et politique des établissements et du commerce des Européens dans les deux Indes*，或稱 *Histoire des deux Indes*）。與霍爾巴赫的詞條一樣，這本書參考了大量海外遊記，百科全書式地描寫不同國家與地區的殖民系統如何建立，與歐洲本土的經濟關係又如何維繫。該書也聳動地揭露在歐洲各東印度／西印度公司管理之下，殖民地原住民遭受的奴役與剝削。《兩個印度的歷史》編寫時期約同於《百科全書》，霍爾巴赫自不會無知於歐洲帝國擴張的結構與結果。而一部分霍爾巴赫的自然史詞條，或也正用一種兼顧自然與人文的角度，觸及十八世紀歐洲向新大陸的擴張。

走進世界

設想你隨意從書架上抽出《百科全書》中的某一冊，從正中間翻開，在「T」開頭的眾多詞條間瀏覽，沒有特定要查詢的資料，只想看看能否碰到任何有趣的知識。突然你的眼光被某個怪異的名稱吸引住，這條詞條叫做〈Tsin〉，分入「自然史／礦物學」類別，作者是霍爾巴赫。你清楚意識到這個名稱並非法文，甚至不是任何歐洲的語言。你反覆唸誦，覺得發音似曾相識，驚覺這應是中文吧！但是什麼意思呢？詞條不長，你開始閱讀。

> TSIN，名詞（自然史／礦物學）。中國人用以稱呼某種深藍色的礦石質地，外觀稍近膽礬⋯⋯。中國人用 *Tsin* 替陶瓷上藍色，也用 *Tsin* 當作一種介質來為陶瓷繪製更多其他顏色。這種物質可在北京與南京的郊區發現。搪瓷、銀器也使用 *Tsin* 上色，雖易脫落。⋯⋯（加工過程上，）須先將 *Tsin* 搗碎，加水過篩、沉澱，變成餘燼般的灰粉⋯⋯要使用時，再和膠水混合，黏著在陶瓷或其他工藝品上，經過火燒，轉變為極度美麗的藍色。參考自《有關東亞風俗的考察》（*Le recueil des observations sur les coutumes de l'Asie*）。

於是你知道這個詞條直翻過來應該要是「青」。但這個答案隨即引起更多疑問：

為何屬於中國的物質文化會出現在十八世紀的歐洲《百科全書》？為什麼「青」也是一種自然史，且列席礦物之間？為什麼自然史的詞條要深入描寫中國人對自然物質的應用，甚至參考《有關東亞風俗的考察》？

畢竟，在中文裡提到「青」，大多聯想到一種成色。霍爾巴赫眼中的「青」，卻非成色本身，而是蘊藏著這種成色的「礦物質地」，以及人們為了從這種物質中去淬取出他們想要的成色，發明了怎麼樣的技術。這既與我們對「青」的尋常了解不同，也與一般認識中的自然史有很大差別。

你往前往後翻看，又發現許多關於陶瓷的詞條。〈Pétuntse〉直譯過來就是「白墩子」，占據篇幅不小。「白墩子」是明清時期江西工匠對瓷石的俗稱。在這一詞條中，霍爾巴赫花費大量筆墨描述歐洲人如何嘗試自己製造瓷器，特別是他們如何在歐洲大地上尋找類似瓷土的物質。霍爾巴赫認為，在這個過程中，歐洲人不斷追問「白墩子」到底是什麼？「著名 Réaumur 先生認為這是一種岩石……」，「瑞典皇家學院的 Henry Scheffé 認為這是一種石膏……」，「而世人常將之誤認為一種石灰岩……」。可以發現，尋找與提煉瓷土的過程，也是嘗試將瓷土放入自然史分類系統的過程，一如對「青」的思考，不只是呈現成色本身的概念，更欲透過成色燒製的技術，獲取有關礦物質地的知識。透過這樣的理念，霍爾巴赫的詞條不只探究礦物，也討論未知人群對礦物的應用與相處之道。自然史不只要帶領讀者走出歐洲，直面陌生的自然，更要帶領讀者走進不同人群與自然知識共存相生的世界。

中國的工藝——特別是瓷器——無疑是當時歐洲上層社會爭相競慕的文明結晶。在霍爾巴赫的《百科全書》編纂中，自然與人文的互動往往是他關注的一大焦點。稍微跳出自然史的範疇，在他數篇有關古今歷史的詞條中，中國的思想以深蘊自然哲學內涵的宗教形式一再體現。在詞條〈儒教〉（JU-KIAU）與〈文人〉（Lettrés, Litradas）中，霍爾巴赫將二程理學中的性理學說解釋為儒學思想的核心，並認為這是一種「精緻的無神論」。這種無神論並非單純否定了神的存在，而是將許多原本歸諸於神或超越性存在的特質轉歸入作為物質整體的「自然」（nature）。自然的核心是「太極」（Tai-Ki）。太極是一種自然系統運作法則的實體化，是物質世界的「第一因，具備無窮開展且互相矛盾的特質」。霍爾巴赫認為，中國的這種自然哲學是一種「高尚的觀念」。可惜的是，「在提出這個高尚的觀念後，他們隨即將太極與各式各樣的存在混淆在一起。」最後，這種精緻的無神論反而變成了一種以「天」為中心，遍及萬物的偶像崇拜。在中國禮儀之爭（Querelle des rites）的脈絡下，霍爾巴赫相信，相應於這樣的自然宗教，中國設立了廣泛且嚴密的宗教政治體系。「禮部」被翻譯為「宗教裁判所」（Le tribunal des rites），負責異端與新興宗教的審查和批准。霍爾巴赫記道，在傳教士的經驗中，文人與皇帝很有意識地強調基督教對他們祭天觀念的誤解，「康熙皇帝頒發了一份莊嚴的詔諭，指出一切犧牲與禱祀並非為了物質性的天，而是為了統領天地的『上帝』。」從「上帝」這個觀念出發，「他們也一樣是在崇拜天堂的無上領袖」。或許因為他本身自然哲學與無神論的影響，霍爾巴赫僅止於介紹中國在禮儀之爭中對自身自然宗教的觀點，並未對事件本身做出任何評價。

相對於儒教，老子所創立的哲學體系則蜿蜒轉換為民間宗教。在詞條〈老子〉（LAO-KIUN）與〈道德〉（TAUT-SE）中，霍爾巴赫將老子比做伊比鳩魯（Epicurius）學派，認為《道德經》闡述了「在靈魂的平靜與無憂中獲致快樂的原則」，並相信「靈魂的有限性、物質的宇宙，以及各種宇宙中的次等神明。」然而，老子的哲學被他的繼承人大大「低俗化」為繁雜的偶像崇拜。成為煉金術與各種地方傳說的複合體。無論是儒教或道教，在轉化為普通的偶像崇拜與迷信之前，都內涵更加基本的自然哲學，在霍爾巴赫的眼中，這都是一種自然與人文深相契合而開展的世界觀。接下來，讓我們回到他的自然史詞條。

但霍爾巴赫關注人類對自然物質的應用，不只聚焦在中國，更觸及世界的其他角落。例如詞條〈巴特納土〉（PATNA, terre de,）就描述了今日的北印大城巴特納（Patna）常民日用的陶土。這種陶土極度柔細，「用於製作美麗的陶罐，包括能承裝數品脫水的巨瓶。據稱瓶內的水會快速冷卻，產生甘美的水質。……或許裡頭具有某種石灰岩。」詞條〈雄黃〉（HING-WANG）介紹這種盛產於東印度與亞洲的礦物如何廣泛為當地藥師、畫家所用，但同時也對雄黃可能具有的毒性提出警告。

詞條〈玉〉（Jade）討論的主題在世界各地都廣受應用。霍爾巴赫描述人們如何使用玉石的篇幅，便遠遠超過了玉石本身特徵與分布的描述。霍爾巴赫記錄了土耳其人與波蘭人在劍與匕首上裝飾玉石，也提到近年來在南美洲發現眾多不同形狀的玉石。部分自然學者主張這些玉石應是雅馬遜雨林河床沖積的結果。但霍爾巴赫並不同意，指出玉石上頭「已有精緻的雕琢痕跡，應是出自遠古美洲人之手。」「在此也找到從中心掏空並做成各式花瓶形狀的玉石，還有一些似乎是護身符用、刻著動物形象的小玉牌。」一如往常，他十分想知道這些古玉器究竟是怎麼雕出來的，畢竟今日的美洲原住民看似「並不懂得使用車床（筆者按：雕琢寶石的加工機臺）與鐵器。」可惜當時資訊尚不足以回答他的疑問。

〈玉〉這份詞條更有趣的點，在於霍爾巴赫進一步描述了異地的礦物知識如何流入歐洲，並在法國社會中掀起流行風潮。霍爾巴赫說，玉在印度又被稱為「聖石」（pierre divine），因為印度人「相信這種礦石，當放置在腎臟上方，可以有效舒緩疼痛，並促進尿液、排泄塵土砂石。」另外，霍爾巴赫也稱印度人相信玉石可以治療癲癇，甚至嚇阻有毒生物的進犯。更甚者，

> 有一段時間，這種礦石因此在巴黎引發了流行。它們珍奇的性質受到女士們歡迎，甚至不惜出高價購買最細小的碎片。然而，這種大眾狂熱現似已經衰落，而玉，或「聖石」，也早失去了那輕易降臨於它的名聲。

如同前述，近代歐洲正是一個不斷迎接外來事物、將自己鑲入物質流通網路中的時代。霍爾巴赫對礦物史整體意義的掌握，不只在於歐洲人自身發掘並流通

的白銀等物質，也涉及社會文化層面而言，物質如何攜帶著外地的知識與文化意涵，影響歐洲內陸市場與文化習尚。在此我們看到霍爾巴赫描述有關玉石的「流行」（vogue）乃至「大眾狂熱」（enthousiasme populaire）。霍爾巴赫用玉石聯繫起了原本分散發展的物質文化，具體而微地反映出當時巴黎上層社會對於異國知識的想像、變動不居的消費風潮等嶄新現象。而這些現象，都暗示了一個這些物質賴以流通、意義賴以傳遞的世界。

結語

因為狄德羅而開始的百科全書作者生涯，讓霍爾巴赫為歐洲走進世界的歷程留下一道深刻且寬廣的見證。霍爾巴赫的自然史詞條借德語學術成果溝通世界各地的知識。面對跨國貿易帶來的大量自然史資料，霍爾巴赫並未眩目於奇觀之神祕，反而透過分類與命名的理性架構，探問不同礦物的來源與生成方式，以及在轉入歐洲前後，礦物在不同人群間產生的物質文化與技術工藝影響。換句話說，透過重視礦物生成、開採與應用的脈絡，霍爾巴赫嘗試將世界各地的知識釐清、排列進《百科全書》的秩序之中，當然也包括歐洲在商業時代中環繞著礦物發生的一切文化與技術變遷。

如同本文一再強調，霍爾巴赫的礦物史詞條不僅僅討論人類以外的自然世界。他深刻關注人類如何在與自然互動的過程中建構理性知識——特別是作為一位歐洲人，如何以百科全書的方式去整理和使用這些知識。他對礦物史的描述，反映了當時歐洲對世界的探索，這個探索有關不同的自然環境，也有關不同地區的人如何理解他們周遭的自然／人文世界。

當伏爾泰與斐特烈大帝惶恐憤慨地指責《論自然之體系》的無神論與物質主義過於專斷且大失德性，當歌德在回憶錄中語帶輕挑地批評那位過時的法國哲學家，當後世學者僅只關注於霍爾巴赫的沙龍，他們的視角都深深限縮了霍爾巴赫在後世的歷史形象。但若是我們翻開《百科全書》浩瀚的冊頁，在裡頭嘗試追索一位百科全書作者編葺、譯介、詮釋的行跡，我們將看到一個嶄新的霍爾巴赫。這位霍爾巴赫不再單純是一位想加入哲士行列的貴族，不再只是一位獨斷的無神論者。這些元素都成為背景，托襯出一位在巨量材料面前深思熟慮的編纂者，意圖穿針引線，蒐集分散的訊息，強調可能的連結與意指；在礦物史的欄目下，記錄歐洲如何逐漸走進一個自然現象與人類知識交織形成的「世界」。

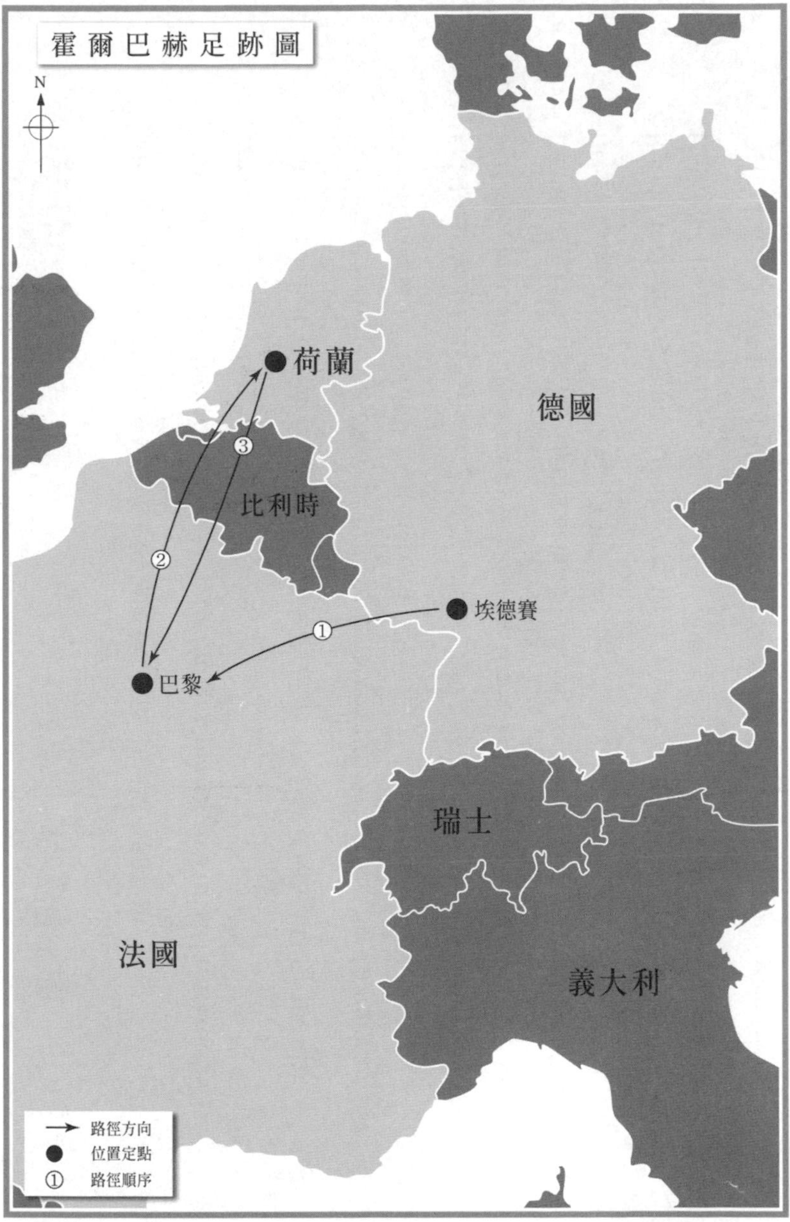

本圖僅作為人物行徑路線之參考，依照現今疆界繪製，非十八世紀實際疆界劃分。

參考書目

- Johann Wolfgang Goethe, *Goethes Werke*. Weimar: Böhlau, 1887-1919.
- Alan C. Kors, *D'Holbach's Coterie: An Enlightenment in Paris*. Princeton N.J..: Princeton U.P., 1976.
- Ernest Campbell Mossner, *The Life of David Hume*. Oxford: Oxford U.P., 2001.
- Robert Darnton, *The Business of Enlightenment: A Publishing History of the Encyclopédie, 1775-1880*. MA: Harvard, 1987.
- Friedrich Melchior Grimm, "Paris, Mars 1789," in *La Correspondance littéraire, philosophique et critique est un périodique* (Paris: Furne, 1829-1831).
- Jacques Roger, trans. by Sarah Lucille Bonnefoi, *Buffon: A Life in Natural History*. Ithaca: Cornell University Press, 1997.
- Rhoda Rappaport, *When Geologists were Historians, 1665-1750*. Ithaca: Cornell University Press, 1997.
- Denis Diderot and Jean d'Almbert edited, *Encyclopédie, ou dictionnaire raisonné des*

sciences, des arts et des métiers (1751-1772). All passage of *l'Encyclopédie* is from the database "ARTEF Encyclopédie" held by University of Chicago, see https://encyclopedie.uchicago.edu

- Chisholm, Hugh, ed. (1911). "Agricola, Georg," *Encyclopædia Britannica*. Vol. 1 (11th ed.). Cambridge University Press. p. 386.
- Nicholas Jardine et al (ed.), *Cultures of Natural History* (Cambridge: Cambridge University Press, 1996), pp. 211-229.

自由與革命年代：理查・普萊斯的寰宇視界

輔仁大學歷史學系副教授
汪采燁

前言

一七二三年二月二十三日，理查・普萊斯（Richard Price, 1723-1791. 圖7-1）誕生於英國威爾斯南部藍格諾（Llangeinor）村莊中的丁登（Tynton）農場，在殷實的中產階級家庭成長，接受非英格蘭國教會的喀爾文教派信仰和教育。直到一七四〇年父母接連過世後，普萊斯前往倫敦發展，此後

圖7-1　〈理查・普萊斯〉（Richard Price），Benjamin West所繪。圖片來源：Benjamin West, Public domain, via Wikimedia Commons.

倫敦成為他人生的主要舞臺。終其一生普萊斯都是不服從英格蘭國教會的新教徒，一直面對在公民權利、教育和宗教上的不公平對待。

英格蘭國教會是官方指定的教會，在十八世紀的政治、文化和社會上一直有強大的影響力和主導性，許多國教會神職人員是地方上的核心領袖，主導地方行政管理工作，而英格蘭和威爾斯百分之九十以上的人口都宣誓效忠國教會及其教條《三十九條信綱》（Thirty-nine articles of religion）。不過，由於信綱中第一條便聲明了三位一體說，這讓質疑三位一體的新教教派無法接受其內容，例如自然神論、單一神論或貴格會等教派都表示不滿。此外，十七世紀查理二世時期通過了《檢覈法》（Test Act）與《地方公職法》（Corporation Act），規定公職人員和牛津劍橋大學生必須到國教會領取聖餐，造成想要擔任公職卻無法服從國教會的新教徒不滿，他們主張宗教寬容，撤銷《檢覈法》、《地方公職法》和宣誓效忠《三十九條信綱》。綜觀此世紀，雖然十八世紀英格蘭國教會和不服從國教會的新教徒之間存在意見上的爭執，基本上這是宗教多元的時代，後者也大多效忠王室，而部分國教會神職人員也主張宗教寬容，因此十八世紀很少因為信仰不同而發生激烈衝突。

十八世紀的英國正值工商業和國際貿易發展的時代，新的財富滾滾而來，衝擊到舊的社會秩序和道德觀。國際上，歐洲國家間的競爭日益增強，各國部署空前龐大的海陸軍隊，擴張帝國版圖，所以有效的財政措施便格外重要，關係到國家是否有足夠資金應付龐大軍費。時至十八世紀中葉，英國堪稱是歐洲「財政—軍事國家」（fiscal-military state）的模範生。

十八世紀也是眾所皆知的啟蒙時代，一群又一群思想家、文人或業餘知識愛好者（如男女貴族）在公共領域中討論科學，和如何實踐理性於各領域，如宗教教條、政治運作和財政的改善，他們普遍支持人道主義和世界主義，追求新知和進步，厭惡迷信和宗教狂熱。

因此，生長在這個時代的普萊斯，他接受不服從國教會的新教學校教育，浸濡在啟蒙時代的理性、寬容和進步的價值觀中，造就出他以更自由寬廣的態度看待政治和社會議題，一七四四年之後，普萊斯以不服從國教會的新教牧師身分活躍於倫敦社會，一七六〇年代先以數學和國債研究成名，獲選皇家學院院士（Fellow of the Royal Society），陸續出版《養老金支付的觀察》（*Observations on Reversionary Payments*, 1771）和《關於國債問題向公眾提出的呼籲》（*An Appeal to the Public on the Subject of the National Debt*, 1772），而後更投身政治改革，從宗教寬容與道德自由為基礎談論人的權利，成為他此後布道和出版的重要主題，並向國會請願撤銷《地方公職法》和《檢覈法》（圖7-2），取消宣誓效忠《三十九條信綱》，爭取不服從國教會的新教徒權益，也透過社群網絡得到社會資源，例如尋求謝爾本伯爵（William Petty, the Earl of Shelburne, 1737-1805）、查塔姆伯爵（William Pit the Elder, Earl of Chatham, 1708-1778; 1766-1768擔任首相）和喬治・利提頓（George Lyttleton, 1709-1773）等重要議員的支持。

美國獨立運動期間，普萊斯支持美國爭取公民自由和宗教自由，其中一七七六出版的《對於公民自由本質，政府原則，和對美戰爭之正義和政策的觀察》（*Observations on the Nature of Civil Liberty, the Principles of Government, and the Justice and Policy of the War with America*）馬上成為國際暢銷書，以每份兩先令價格刷一千本，三天內售罄，至三月中已經刷了第五版，至五月刷第七版。在英國銷量更勝湯瑪斯・潘恩（Thomas Paine, 1737-1809）同年出版的《常識》（*Common Sense*）。《對於公民自由本質的觀察》也在愛丁堡、都柏林、波士頓、紐約、費城等地出版，並在報紙上連載，並且被翻譯文荷蘭文、法文、德文等版

圖7-2　〈廢除檢覈法的願景〉（The Repeal of the Test Act a Vision），James Sayers所繪。本畫是嘲笑不服從英格蘭國教會的新教徒為了撤銷限制宗教自由的《檢覈法》而奔走的場景。在講壇的人物由左而右分別是普里斯利（Joseph Priestley）、普萊斯和席奧菲勒斯（Theophilus Lindsey）。圖片來源：James Sayers, CC0, via Wikimedia Commons.

本，引發廣泛討論和爭議。

在一七八九年之後，普萊斯支持法國大革命，關懷全球無論任何身分的人的自由，主張民主的代議制度，認為美國和法國大革命是英國政治改革之路的典範。他在一七八九年十一月紀念光榮革命一百年暨支持法國大革命理想的布道文《論愛本國》（*A Discourse on the Love of Our Country*）再次引爆各家各派的政治論述，開啟一七九〇年代政治社團的激進改革路和出版熱潮，更激使國會議員艾德蒙．柏克（Edmund Burke, 1729-1797）撰寫《法國大革命的反思》（*Reflections on the Revolution in France*, 1790），批評法國革命思想和英國激進派人士，為英國憲政秩序辯護，闡述保守主義思想，開啟一七九〇年代英國的大革命辯論（圖7-3）。不僅如此，普萊斯主張的個人自由，政治體制中不應該存在任何形式的奴役與壓迫，啟發英國作家瑪麗．沃斯通克拉夫特（Mary Wollstonecraft, 1759-1797）關於人權和女權的論述，乃是近代女性權利思想的濫觴（圖7-4）。

自由的使徒：推動個人自由和政治實踐

我們大致上可以將十八世紀英國政治立場粗分為三類：一是支持既有體制的

保守派（the Conservatives）；二是在君主立憲的基礎上，批評政治腐敗，支持政治改革的自由派（the Liberals），他們多半時候也願意聆聽人民請願，和討論自由和權利議題；三是揭露社會不公義，主張擴大政治參與，選舉資格下放的激進派（the Radicals）。許多不服從英格蘭國教信仰的新教徒是激進派，如普萊斯就是著名代表，他們比自由派更強調中產階級權利和天賦人權，也包含人民的抵抗權。

圖7-3　〈聞出老鼠的味道；或是無神論革命者在半夜的「計算」受干擾〉（Smelling out a rat; or the atheistical-revolutionist disturbed in his midnight "calculations"），James Gillray所繪。圖中普萊斯坐在書桌前，轉頭看到巨大的柏克幻影。柏克一手持著皇冠，一手持著十字架，頭上放著他的著作《法國大革命的反思》。牆上掛著一幅英王查理一世被斬首的圖。圖片來源：Library of Congress, Prints and Photographs Division, Cartoon Prints, British.

圖7-4　〈瑪麗·沃斯通克拉夫特〉（Mary Wollstonecraft），John Opie所繪。圖片來源：John Opie, Public domain, via Wikimedia Commons.

普萊斯所屬的理性異議教派（Rational Dissent）反對英格蘭國教的主教制度（階級體制），和國教會與政府間的財政依存關係。此教派遵循喀爾文教義，訴諸《聖經》，批評階級權威，強調單一神論（unity）。他們相信所有人都是平等而具備理性潛能，為了達到與神相似的境界而主動追求進步，實踐德性。普萊斯的著作時常沿用十七世紀英格蘭共和主義者和洛克（John Locke, 1632-1704）的政治詞彙，強調個人主體性和個人自由，然而其論述內容偏向民主共和政府，可謂將洛克的《政府論次講》（*Second Treatise on Government*, 1689）做了民權式的曲解。

在《對於公民自由本質的觀察》中，普萊斯依自由的本質，將自由分為四類：人身自由，道德自由，良心自由（意即宗教信仰自由）和公民自由。人身自由是我們能夠自發、自行決定自己的行動，不受外在因素干涉。道德自由是能夠順應我們的理性，分辨對錯，隨心所欲而不踰矩。信仰自由是不受同僚干涉，人們能自行依著良心追尋宗教真理，從事宗教活動。公民自由則是公民社會或公民政府擁有自己制定法律，並依法管理社會的權力，無需臣服於另一個與己無關的人民群體（Price, 1991a, p. 21-22）。普萊斯也說明，貫穿這四種自由的是「自我指導或自治的觀念」（p. 22）。

一六八八年光榮革命以後，英國在惠格派主導下，理論上循《權利法案》（Bill of Rights）和洛克的政治論述，透過立憲體制制衡王權，避免專制政府，並規範國會的政治權力，確保人民的天賦權利不受踐踏。這是消極自由的概念，無關個人如何行使自由權。而普萊斯的公民自由以自治為原則，主張自由國家的條件是每個人都是自己的立法者，並且所有自由人都能夠持續監督政府，也就是能夠施展某種權力。此觀念在一七七〇年代極具革命性，將一六八八革命以來的惠格傳統和洛克政府論中的公民權利朝民主化詮釋。一七六〇年代開始英屬北美殖民地人民抗議英國政府的新稅法，引發英國和北美各種政治辯論，有的人著眼於大英帝國經濟利益與福祉，有的人捍衛國會主權，而普萊斯則是少數考量到殖民地人民的權利，並趁此機會重新去定義公民自由和自由政府原則的人。

對於研究十八世紀英國政治文化的歷史學者而言，普萊斯既占了重要位置，卻又很少學者單獨談他的思想。學者湯瑪斯．藍道夫．雅當斯（Thomas Randolph Adams, 1921-2008）整理了美國革命期間英國出版的論冊，指出普萊斯的《對於公民自由本質的觀察》是一七六四年至一七八三年間激起最多論冊爭論的作品（Vol. 2, pp. 909-934）。然而，相較於他在世時的活躍與高影響力，到了二十一世紀之後，普萊斯的政治思想及其在大西洋社會網絡中的角色已經被學界淡忘，成為十八世紀歷史研究者的背景人物。他最常被歷史學者提及的，應該就是一七八九年十一月的布道文《論愛吾國》，主張法國大革命的訴求不應侷限在法國境內，更應該去啟蒙全世界。柏克義憤填膺地提筆攻擊普萊斯，更進一步引起自由或激進改革者為法國大革命和普萊斯辯護，例如沃斯通克拉夫特、麥考莉（Catherine Macaulay, 1731-1791）、普里斯利（Joseph Priestley, 1733-1804）、潘恩、麥金塔許（James Mackintosh, 1765-1832）、高德溫（William Godwin, 1756-1836）等，各自闡述自由與改革理念，批評柏克擁護的英國憲政體制是死守封建與專制體制，無視新世代追求自由的潮流。

事實上，一七八九至一七九〇年或許是普萊斯和柏克最著名的一次交鋒，卻非第一次交鋒，兩人在一七七〇年代雖然都批評英國對北美殖民地的政策，支持英國政府與北美殖民地和解，但兩人的政治思想已不同調。普萊斯一再鼓吹的是民主共和體制，批評英國體制對於公民和宗教自由的破壞，敦促北美人民為自由而戰，建立人人都能有公民權和抵抗權的民主代議制度。柏克闡明的是大英帝國的國會主權如何良好運作，他在一七七〇年以前主張與北美殖民地和解，北美人民也享有英國憲政中所保障的自由，更重要的是，帝國主權完整才能夠維護帝國的最高利益。不過英美一旦開戰，軍事開銷有害於英帝國的財政，也威脅到英國的國會主權和自由，因此柏克轉而主張放棄北美洲。柏克也對於普萊斯的自治政府概念感到不安，認為此與英國憲政和自由傳統不合（Burke, 1777, pp. 55-58）。

因此，表面上兩人在美國獨立和革命的議題上立場似乎相近，仔細觀察下已經有關鍵差異，普萊斯所講的公民自由是個人有無權力參與公眾事務、自我實現，這是積極自由的論點；而柏克講的是從英國憲政制度立論，北美人民也應享有英國子民的自由權，英國政府不需要過多干涉，這屬於消極自由的範疇，並且，柏克國會演講中最在意的是國家主權和國家利益。

另一位一七二三年主角蘇格蘭啟蒙思想家亞當．佛格森（Adam Ferguson, 1723-1816），也曾提筆反對普萊斯的自由與民主思想，批評普萊斯所講的自由權是「每個人都可以不受約束，為所欲為的權利或權力」，甚至「每個小偷和扒手都有權為自己制定法律」。普萊斯在一七七七年的著作中加以反擊與說明，強調自己所講的公民自由，一直是以理性和德性為基礎，不是放縱，野蠻，失序（Price, 1991a, pp. 80-81）。

此外，普萊斯也批評帝國的征服行為和帝國體制對於其他民族的壓迫。在十八世紀中葉，大英帝國通過一次次國際戰爭的考驗，海上勢力和貿易蒸蒸日上。《統治吧，不列顛尼亞！》（Rule, Britannia!）歌詠著：

> 當不列顛首次奉天成命，
> 在蔚藍海洋中崛起；
> 這就是神賦與這塊土地的憲章，
> 護佑天使歌唱此詩篇；
> 統治吧，不列顛尼亞！不列顛尼亞，統御海洋：
> 不列顛尼亞將永不為奴。

這首地位近乎英國國歌《天佑吾王》（God Save the King）的愛國歌曲，既讚頌大英帝國捍衛子民的自由權與自由貿易，也以帝國海上至高治權為傲。以倫敦為政治核心，以英格蘭國教會、憲政、自由和商貿為特色的海洋帝國，是十八世紀中葉以降英國菁英分子普遍採取的政治論述，彷彿自由就是上帝賦予他們的印記。

然而，普萊斯從來不接受這套帝國政治論述，他看出這種論述的弔詭與衝突。這一方面與他個人宗教理念中堅信人人生而平等自由有關，普萊斯所講的天賦人權，內容上就是公民自由，有行使同意權和自我實踐的權力。二方面是一七六〇年代至一七七〇年代英國社會中對於國會改革的訴求正在轉變，愈發強調「個人」（individual）和個人的政治實踐，三方面他不斷與美國友人聯繫，包括富蘭克林（Benjamin Franklin, 1706-1790），華盛頓（George Washington, 1732-1799），傑佛遜（Thomas Jefferson, 1743-1826），斯泰爾（Ezra Stiles, 1727-1795），班哲明．羅斯（Benjamin Rush, 1745-1813），與諸位反對英國指派主教至英屬北美殖民地、反對主教制度的北美牧師，他們隨時提供普萊斯最新的北美衝突與戰爭新聞，拓展普萊斯的眼界。最後則是普萊斯作為公民自由時常受限的異議教派牧師，他一直受到《地方公職法》和《檢覈法》的不公平對待，故不以英國憲政為世界上最好的政治體制，不認為帝國與殖民地的從屬關係能夠與自由觀念並存。他抱持世界主義的態度，一直以多元視角去討論國際政治關係和矛盾，並指出其理想之路。

時至一七八九年法國大革命爆發後，歐洲各地反封建和君主制的勢力風起雲湧，普萊斯也透過布道和寫作強調，任何政府都可能朝專制主義發展，所以人民應該勇於捍衛自己的權利，抵抗腐敗政治和壓迫性政策。柏克對於普萊斯的民主政治觀點的恐懼更甚以往，唯恐印刷品的快速宣傳將進一步推動國內外的改革運動。柏克大力斥責普萊斯採取的是「最毫無根據、危險，非法和違憲的立場」，譴責普萊斯之輩忽略歷史經驗與基督教傳統，採取世俗且「最瘋狂的民主自由思想」（Burke, 1999, pp. 13, 14, 64）。柏克的著作開啟了一七九〇年代的政治辯論，派系間相互激烈批評，甚至抹黑和造謠。普萊斯於五個月後過世，普萊斯及其思想給世人的記憶就此被柏克扁平化為《法國大革命的反思》中的形象。普萊斯最重要的研究者大衛・奧斯沃・湯瑪斯（David Oswald Thomas, 1924-2005）曾在傳記《正直之心：理查・普萊斯的思想與著作》（*The Honest Mind: The Thought and Work of Richard Price*）說明到，柏克《法國大革命的反思》影響之大，「它不僅使人們認為普萊斯是被柏克全面摧毀的政治論冊作家，而且在很大程度上按照柏克為他塑造的模型，建立了普萊斯在政治思想史上的身分」（p. 309）。

普萊斯雖然主張個人自由，倒沒有如潘恩一樣提倡廢除英國的立憲體制和君主、上議院、下議院制度，因此二十世紀歷史研究者時常誤將普萊斯放在十七世紀以來的英格蘭共和主義傳統中，以溫和、復古、遵循憲政的方式倡導民眾自治。直到歷史學家波考克（J. G. A Pocock）提出批評，認為將普萊斯放在英格蘭共和主義傳統不恰當。大西洋兩岸的英美社會皆有類似共和主義的傳統，但是兩岸在啟蒙時代中發展出不同的特色，英國著重君主立憲，以及政治人物的獨立、德性、不腐敗等特質，而北美強調權力分立（pp. 46-47）。而普萊斯從宗教立論個人自由，並以之譴責英國國會的腐敗，不同於英美共和主義脈絡。克拉克（J. C. D. Clark）以後的學者則指出，一七六〇年代至一七七〇年代以來不服從英格蘭國教的新教徒成為社會中不可忽視的改革力量，普萊斯、普里斯利等異議教派人士更強調個人的獨立性和平等，個人可以直接和上帝溝通，不需要教士階級，故而孕育出民主理論的種子（pp. 374-422）。克拉克主張，北美人民在一七六〇至一七七〇年代的政治抗議仍然是復古思想，內容上強調他們也擁有英國人的歷史權利，反而尚未關注普選權和民主代議制等新議題，反觀英格蘭社會中的普萊斯等人已經在國會改革的政治請願活動中發展新的政治論述。

《對於公民自由本質的觀察》展現出普萊斯對於北美政治文化的理解，以及他以更激進的人民主權的方式去思考教會和政府的正當性，質問每個人到底有沒有思想自由、行動自由和政治實踐的權利。這也顯示出大西洋革命時代的政治觀念正在轉變，「革命」（revolution）不再是修正並恢復過去的體制，而是做出前所未有的政治實踐，而普萊斯也為大西洋世界的新政治觀念做出貢獻。

俱樂部的時代：酒、談話與書信的社交網絡

啟蒙時代的文人熱衷參加俱樂部和晚宴。十八世紀的英美社會充斥各種主題的俱樂部，歡迎不同群體參與。普萊斯時常參加倫敦斯托克紐因頓（Stoke Newington）的晚餐聚會，「皇家科學院」（the Royal Society）每週在艦隊街（Fleet Street）附近的科學聚會，每個隔週四參加聖保羅教堂附近的「誠實惠格派成員俱樂部」（the Club of Honest Whigs），禮拜五晚上參加「藍色長筒襪」（blue stockings）女才子主持的文學討論聚會，一七八〇年代開始參加「憲法促進會」（Society for Promoting Constitutional Information）和「英國革命紀念會」（Society for Commemorating the Revolution in Britain）活動。普萊斯的美國朋友富蘭克林也勤於跑俱樂部和主辦俱樂部，一七二七年富蘭克林就在費城自組「共讀社」（the Junto），一七五七年一來到倫敦後，馬上就打入當地的俱樂部社交，在「皇家科學院」和「誠實惠格派成員俱樂部」認識普萊斯。他們兩人都特別喜歡「誠實惠格派成員俱樂部」，在此結交的朋友異議教派牧師／化學家普里斯利，異議

教派牧師吉比斯（Andrew Kippis, 1725-1795），物理學家堪通（John Canton, 1718-1772），以及《月評》（*Monthly Review*）的編輯羅斯（William Rose, 1719-1786），他們彼此間一直往來通信，留下大量書信紀錄。

十八世紀著名的日記作家鮑斯維爾（James Boswell,1740-1795）也是「誠實惠格派成員俱樂部」常客，他寫道：

> 它〔誠實惠格派成員俱樂部〕每隔週的星期四在聖保羅咖啡館開會。它由牧師、醫師和其他職業的人組成。其中有富蘭克林博士、奇斯威克的羅斯、紐因頓格林的伯格、道德作家普萊斯先生、堅定支持權利法案的杰弗里斯博士，還有很多其他人。桌上有葡萄酒和潘趣酒。我們之中一些人抽著煙斗，談話進行得相當正式，時而理智，時而激烈。九點鐘會供應威爾斯兔肉和蘋果泡芙、黑啤酒和啤酒。我們估算每人大約十八便士。（pp. 318-319）

鮑斯維爾帶我們進入十八世紀英國俱樂部的氣氛、味道和聲音，席間煙霧繚繞，交錯觥籌，在一七七六年，想必不服從英格蘭國教的新教牧師會批評國會沒有支持威爾克斯（John Wilkes, 1725-1797）的國會改革法案，也會談論晚近出版的《國富論》（*An Inquiry into the Nature and Causes of the Wealth of Nations*, 1776）、普萊斯的公民自由概念、吉朋（Edward Gibbon, 1737-1794）的《羅馬帝國衰亡史》（*The History of the Decline and Fall of the Roman Empire*, 1776-1788）和基督教興起論點，或是潘恩的《常識》與美洲事務。十八世紀文人在各路人馬匯集的社交環境中，自視為世界公民，真誠地交談和辯論，從中激盪出更多新思想新觀念，也藉此機會讓明日之星的作品被傳閱、贊助和出版。例如普萊斯在紐因頓格林（Newington Green）聚會堂認識尚未出版任何作品的女教師沃斯通克拉夫特，並牽線介紹出版商約瑟夫·強森（Joseph Johnson, 1738-1809），日後強森成為這位才華洋溢卻顛沛流離作家的終生贊助者、出版商和摯友。這樣平起平坐討論文學、政治和科學是啟蒙社會產生的新社交禮儀方式，打破階級尊卑的封閉式宮廷晚宴，形成文人的共和國，有傳播知識、推動社會進步的高遠目的，參與成員不論政治背景、宗教信仰、性別和地域，每個人都具有主體性，能自由發言。

普萊斯特殊的宗教信仰和激進的民權觀，沒有侷限他的社交圈。他篤信單一神論，支持自治政府與個人自由，支持美國獨立與法國大革命，以上種種都是「非主流」。普萊斯從沒出過國門——雖然他在一七七八年獲頒美國公民身分，美國國會也幾次邀請普萊斯和他的家人移民至美國，他始終沒有如潘恩或普里斯利選擇移民。不過，從普萊斯的書信世界可以見其廣闊視野，他與「藍色長筒襪」社群、上下國會議員、海外牧師、蘇格蘭思想家（例如雷德〔Thomas Reid, 1710-1796〕）、英格蘭科學家（例如普里斯利）、法國財政改革者（例如特爾加〔Anne Robert Turgot, 1727-1781〕）、北美抵制英國國會政策的要角等通信。藍色長筒襪聚會的重要主持人蒙塔古夫人，國會議員謝爾本伯爵、喬治·利提頓拜訪普萊斯在倫敦的住所，他也時常和富蘭克林討論數學和財稅計算問題，與其他藍色長筒襪成員（例如莎蓬夫人〔Hester Chapone, 1727-1801〕）往來，所以普萊斯能夠隨時掌握倫敦國會的政策討論，閱讀文人尚未出版的手稿，北美輿論對於七年戰爭過後英國新稅制的不滿與愈發激烈的活動，北美大陸會議和制憲過程的討論，法國一七八〇年代的財政問題與財政改革方式，一七九〇年代荷蘭愛國者追隨法國大革命而起的革命，而普萊斯也總是第一時間給予意見。

普萊斯在倫敦地方上的社交生活和書信世界，恰恰展現出啟蒙時代世界主義式、眾聲喧嘩的社會樣貌和人文關懷。這些社交圈中的人物，除了美國牧師與政治家，許多人的政治意見或關懷與普萊斯不同，然而這無妨於他和謝爾本伯爵談論宗教自由的觀點，批評王室和政治專權，述說自己反壓迫的自由觀。即使與他政治意見契合的普里斯利，兩人在神學和數學上也時有辯論。「美國弟兄們」（American Bretherns）經常寫信給普萊斯，如神職人員查理・昌西（Charles Chauncy, 1705-1787）時常鉅細靡遺地報告殖民地的問題，人民抗議失職的英國政府，「取消了我們作為英格蘭人的特權和權利」（昌西致普萊斯信 5 Oct 1772），強調北美人民已團結一心，對抗殖民者（昌西致普萊斯信 30 May 1774），批評英國對於北美事務的不了解，誤傳新聞（昌西致普萊斯信 10 Jan 1775），昌西也指出，殖民地不缺貿易對象，無需英國幫忙（昌西致普萊斯信 22 July 1775）。又如昌西和牧師以斯拉・斯泰爾斯號招反對英格蘭國教會將主教制度引入北美，捍衛北美宗教自由（如斯泰爾致普萊斯信 20 Nov 1772, 10 Apr 1775）。普萊斯回信中堅信哲學和政治思想都有神意為基礎，「上帝是在正義的一方」（普萊斯致昌西 2 Feb 1775），革命行動乃是實踐上帝的意旨，給予美國友人很大的鼓舞。富蘭克林更是普萊斯終其一生討論科學、政治、國家財政的摯友兼筆友。（以上與普萊斯相關的書信出自Price, 1983-1994, 3 vols.）

一七七六之後：全球民主革命與人權關懷

一七二三年出生的這一代人大多活躍於一七五〇年代至一七八〇年代，至一七九〇年代後陸續凋零。一七七六年七月四日北美第二次大陸會議公布了〈獨立宣言〉（The Declaration of Independence），昭告北美十三州獨立於大英帝國，將採取的新法律和政府架構，正式開啟了追求「人生而平等」的革命時代。不過，早在〈獨立宣言〉出現的前幾個月，幾部具革命意義的政治、經濟、歷史、思想著作已經陸續問世，揭示十八世紀文人的普世關懷，與勇於突破。普萊斯的《對於公民自由本質的觀察》在一七七六年二月付梓，另一位一七二三年主角亞當．史密斯的《國富論》於同年三月出版，再仔細看同年出版的書目，還會看到潘恩的《常識》於一月問世，吉朋《羅馬帝國衰亡史》第一冊於二月出版。其中普萊斯從公民自由，進而批評專制政府對個人的壓迫，以及歷代帝國政府以武力奴役他國、占領他國土地財產，皆是不正義、非法之舉，嚴重違背個人的政治權利，以及人民應當有代表權和同意權等政治權利，所以當政府失信於北美人民，人民反抗殖民母國乃合情合理。他也提醒英國政府不應再戰北美殖民地，這將會使她蒙羞——曾經爭取自由的民族，卻不願意給他人自由（p. 66）。而史密斯從政治經濟立論，指出國家政府不應干涉貿易，政府應該要放手殖民地，才能維護帝國利益，潘恩更是簡單明瞭地寫下，現在正是北美人民改寫歷史的機會，人民應當擺脫君主體制，自己建立自己的政府，自己管理自己。

這些書籍不是一七七六年才開始寫作，而是醞釀了十幾年的知識與經驗成果。這是西半球革命的時代，也是國際戰爭的時代，財政軍事國家發展如日中天的時代，和商業帝國的時代，所以文人們探討事情的視角，自然會高遠寬闊。他們在一七七〇年代的著作，就呈現出這個世代的時代性和政治經濟上的反省，不願以你死我活、掠奪與被掠奪的方式解釋帝國與他者的關係，或是政府與人民的關係。此外，大西洋史學家拜林（Bernard Bailyn）也進一步指出，原本惠格語境中的憲政、代議制、權利等詞彙，也在大西洋兩岸此起彼落的政治爭論、革命、再辯論中激化，現代意義的民主共和概念便在此時誕生（Bailyn, 1967, vol. 1, 90-202）。

在美國獨立戰爭期間，英國激進改革人士支持北美人民對抗英國政府，支持北美人民建立共和政府和代議制，進而主張英國憲政已有不足，需要進一步改革。自由派也同情北美人民的革命行動，願意做「美國之友」（Friends of America），與美和解或是維持友好聯盟關係。自由派的政治訴求不若激進派強烈，不過也批評英國政府的弊端和國會選舉之腐敗。英國不同派系間的政治立場區分在美國獨立戰爭期間有很多模糊地帶，若只看表面上支持北美獨立與否，就會看不清楚他們彼此訴求上有何差異。有些國會議員，例如柏克，藉由同情北美人民對於英國國會的反抗行動，批評國會的腐敗和專權，然而他的核心關懷是國會和大英帝國體制問題，不是關懷北美的社會民情和政治訴求——這就與本文主角普萊斯不同。又如普萊斯，他在一七七〇年代時常與查塔姆伯爵通信，也時常與謝爾本伯爵在書信中討論宗教寬容與撤銷《檢覈法》的政治議題，直指政府專權。查塔姆伯爵與謝爾本伯爵都同情北美人民處境，然而，就如福克納（John Faulkner）的研究中指出，此時他們對於國會權威的解釋已經分歧（pp. 110-114, 124），普萊斯對於美國革命與共和政府的熱烈支持態度，顯然不同於查塔姆強調偉大英國、敵視殖民競爭對手——尤其是法國和西班牙——的帝國政治意識型態。不過，一七七〇年代英國反對對美作戰的人少，普萊斯與柏克之辯尚未形成有力的公共話題（p. 93）。這也正是政治思想史家馬克．費爾普（Mark Philp）提出的論點：英國的自由派和激進派花了好幾年的時間才釐清美國革命對歐洲政治體制和思想上的深遠意義，並且直到法國大革命爆發後，兩派間的差異才明顯地表現出來（p. 253）。

福克納曾指出，普萊斯無論是在正式出版的論冊中，或是書信中，都是以「美國人」（Americans）集合稱呼英屬北美殖民地人民，甚至比美國人還早就賦予北美人民獨立的集合身分（p. 115）。不過，普萊斯在一七七六年《對於公民自由本質的觀察》也還未寫到北美人民應該「獨立」；此時他主張的是北美與大英帝國和解，與帝國形成聯邦組織，對等往來，不受對方奴役。普萊斯也點出了帝國擴張下土地財產問題，打破了自洛克以來，殖民者自以為在北美土地上屯墾、發展，就可以擁有該土地的迷思：「他們定居的土地屬於我們的，但它〔北美土地〕怎麼成為我們的呢？」普萊斯接著又問：「如果沿著海岸航行就有權獲得一個國家，那麼日本人民只要願意，也可以立即成為英國的所有者。」（Price, 1991a, p. 40）

直到一七七八年以後，普萊斯放棄英美和解的可能性。一旦英國激進派認知到英美不可能和談，很快地新誕生的共和國成為激進分子的理想國度。他們愈是對於英國政治和社會失望，美國對他們而言愈具吸引力。普萊斯在一七八四年寫道：「我心滿意足地看到在美國發生了支持普遍自由的革命；此革命開啟人類公共事務的新前景，展開人類歷史的新紀元。」（Price, 1991b, p. 117）而且，這個新國家的天然地理優勢，讓普萊斯看好它的發展：「他們擁有自身特有的龐大資源，在一片無人居住的大陸上，擁有土壤和氣候的一切優勢。這些土地的拓墾很快，其結果必然是它們的價值迅速增加。」（p. 120）英國激進分子對於新共和國表達支持，北美新政體終於能夠以更公平的代議制度保障公民自由與權利。

普萊斯也警覺到，若美國無法體現更公平的代議制度，無法貫徹人民主權，加之政府運作沒有透明度和責任感，此國很快就會進入「奴隸」狀態。——「讓我們記住，我們是人，不是牲畜，每個國家的主權都是屬於人民」(Price, 1779, p. 21）。普萊斯的政治思想常以奴隸指涉不獨立、生活在他人專斷意志之下的人們。在現實狀況中，美洲黑奴問題也是他關心的議題，在一七八三年的信中可看出，普萊斯正在審視一項解放美洲黑奴、將他們移至獅子山的計畫，「這項計畫帶來最大的福祉就是終止奴隸制度」（Frame, 2011, p. 147）。一七八〇年代的英國城市中開始出現廢奴團體，以各種文宣媒體宣傳廢奴議題。普萊斯反對各種形式的奴役，但是由於此時普萊斯年事已高，他的身影一直沒有出現在任何廢奴團體的行動中，直到我們看到普萊斯在書信中討論並支持獅子山計畫。另外，在一七八四年《對於美國革命的重要性的觀察》（*Observations on the Importance of the American Revolution*）中，他很高興美國正在嘗試廢除奴隸貿易活動（p. 150），一七八五年普萊斯與傑佛遜、富蘭克林、亨利・勞倫斯（Henry Laurens, 1724-1792）、喬納森・川布爾（Jonathan Trumbull the Elder, 1710-1785）頻繁在信中檢討奴隸制度，討論私有財產權，以及漸進式廢奴的可能性（Price, 1983-1994, pp. 261-265）。然而，我們都知道美國開國元老多半有蓄奴，未來還要再經過八十年、到美國內戰後才廢除奴隸制度。

此外，世紀末的歐美社會也出現千禧年主義（millennialism）信仰，進一步影響政治行動。在英國，尤其是異議教派人士，包括普萊斯、普里斯利、政治改革者史東（John Hurford Stone, 1763-1818）、浪漫詩人威廉斯（Helen Maria Williams, 1759-1827）等，他們相信社會的發展和政治的進步，都是上帝意志的展現。因此，在尚未臻至完美的人類世界中，上帝仍在必要時給予世人預兆，而晚近世界上發生的大動盪，就是基督第二次來臨的預兆（Price, 1948, pp. 5-6）。

普萊斯寫道：「也許我這樣說並不過分，美國革命可能是基督教傳播之外，人類進步的進程中最重要的一步。」（Price, 1991b, p. 119）普萊斯相信，北美人民通過戰爭的考驗，最終得到獨立，這段捍衛自由的路程，就是神恩的展現。他以樂觀態度看待十八世紀晚期大西洋沿岸各地人民群起反抗既有體制；他始終相信，這些變局是在上帝的大計畫中，他深信人類社會的未來可完美性，通過改革，自由必將到來：「世上將出現更繁榮的景象……大浪拍岸，東風已起」（Price, 1991c, p. 173）。普里斯利則是接續著普萊斯的千禧年主義，展現出將宗教和革命結合的彌賽亞色彩，並且得到各地憧憬著烏托邦的年輕人的支持。十八世紀末的歐陸和北美社會也都出現彌賽亞式的宗教熱情（Jones, 2023），這些信徒有人支持法國大革命與拿破崙拯救世界，又或是如一七九〇年代初英國浪漫詩人柯立芝（Samuel Taylor Coleridge, 1772-1834），欲與幾位詩人朋友一同前往北美建立平等烏托邦——無威權且共享財產的共和體制。世紀之交歐美世界的世俗政治革命浪潮中，充斥著滿載宗教情懷的嚮往者。

一七八九年十一月四日，普萊斯在倫敦酒館為「革命社」（Revolution Society）做一六八八革命百年紀念演講，提到法國最近發生的革命，「為人類不可剝奪的權利樹立了光輝的榜樣」，鼓勵其他國家政府也引入更普遍的改革，讓世界變得更自由和幸福（Price, 1980, p. 397）。一六八八年的革命已不足以滿足當前社會的需求，英國應當跟隨法國的腳步，進行政治改革，完善英國憲政。他將十八世紀末的政治事件描述為一連串建立主權在民的政府的全球運動，痛擊專制主義和封建階級，連帶也將促成英國憲法改革。普萊斯對於法國大革命的支持，既結合了愛國情操與世界主義，也將世界主義結合了千禧年主義和普世性政治理想。他問道，為何歷史中愛本國就會形成愛支配他國、渴望征服，「並透過擴張領土和奴役其他國家，顯示出自身對於偉大和榮耀的渴望？」（Price, 1991d, p. 179）隨著革命浪潮，法國正在做出新的模範，將自由、和平和幸福也推展到世界上其他國度。普萊斯希望英法為了永久自由與和平，能形成聯盟，並進一步建議英法聯盟可以將「荷蘭，以及在地球這一方的國家吸納進來」，以及聯合地球「彼方的美利堅合眾國」，未來若任何地方戰爭再起，聯盟能夠為世界帶來和平（Price, 1980, p. 399）。

當然，「全球民主革命」正是英國政府和保守派最不願意見到的狀況，所以保守思想家柏克在一七九〇年底出版《法國大革命的反思》，以誇張驚恐的詞語大力批評普萊斯和相關政治改革團體，指責他們鼓吹法國世俗化的啟蒙哲學和新民主思想，忘卻了英國長久以來的憲政和基督教道德傳統。沃斯通克拉夫特趕忙撰寫《為人權辯護》（*A Vindication of the Rights of Men*），率先聲援普萊斯，與柏克辯論人類文明發展和政治體制等議題。柏克不談個人自由，他重視的是英國的政治體制和政治傳統——法律和階級秩序才是政治的基礎，以及文明發展的根本條件（Burke, 1999, p. 245）。在沃斯通克拉夫特的觀點中，柏克所謂的政治和社會秩序僅保護了少數人的封建特權，以及特權社會中的不理性和暴政。而今法國大革命爆發，延燒歐洲各地，陸續摧毀傳統階級制度，創造出基於自然權利和理性的政治制度。唯有如此，真正的文明方能發展（Wollstonecraft, 2008, p. 12）。

柏克甚至譴責普萊斯等激進人士和法國啟蒙哲士、法國大革命推動者一樣是無神論者，無視歐洲基督教文化傳統。沃斯通克拉夫特也回應柏克的無神論論斷，為普萊斯的基督信仰辯護，並寫道：「我畏懼上帝！」隨後說明：「我所怕的不是祂的權力——我所服從的不是祂的專斷意志，而是祂無誤的理性。」（p. 33）沃斯通克拉夫特承襲了普萊斯的基督教信仰與道德觀，成為她支持政治改革的思想基礎：上帝是完美、理性、智慧且慈善，故祂創造的每個人皆生而平等，無論男性女性都具備理性的素質。——據此信念，一七九二年她將寫成《為女權辯護》（*A Vindication of the Rights of Woman*），大膽質問幾位著名啟蒙作家，男性一方面為了自由、為了自己能決定自我存在方式而戰，另一方面又自認為女性著想，為她安排最好生活方式，使女性屈服於男性的意志，失去主體性。如果男女都有共通人性，都具備理性的話，是什麼原因使得男性成為決斷者？（Wollstonecraft, 2009, p. 7）

對於擁抱世界主義的英國激進人士而言，法國大革命體現十八世紀啟蒙運動的世界公民理念。如英國詩人威廉斯在一七九〇年七月來到巴黎後記下，支持法國大革命的人們來到巴黎，都成為「世界公民」，以世界公民的身分來參與、感受革命（p. 69）。她一再訴諸普遍人性，強調只要「具備普遍的感知能力，必能對法國大革命——帶給普世幸福的革命——表示同情」（p. 91）。普萊斯在《論愛本國》中，激動地寫著：

看好了，這些王國！人民從沉睡中醒來，打破他們的枷鎖，向他們的壓迫者伸張正義，看好了，在美國獲得自由之後，你所發出的光芒折射到法國，並在那裡點燃了火焰，將專制主義燒為灰燼，並溫暖也照亮了歐洲。顫抖吧，世上所有的壓迫者！所有奴性政府和奴性等級體制的支持者都接受警告！（Price, 1991d, p. 196）

普萊斯彌賽亞式的宗教預言結合了自由平等理想，成為這個世代激進人士的共同願景。潘恩在一七九〇年代屢次提出「人的共和國」（Republic of Man）的想法，法國大革命的理由適用於全人類，全世界各地都應該享有自由，皆應秉著「和平」和「公民權」之原則，建立「人的共和國」（Paine, 2000, vol. 1, pp. 42-43, 45）。潘恩以極為淺白且具煽動性的口吻，呼籲所有國家的公民共同對抗所有的宮廷，也就是政治特權、專制主義和貴族，「讓我們在偉大的友誼中展開新時代，為聯盟與勝利的接近而歡呼！」（p. 46）

結語

我們從普萊斯的個人事業，看到他在十八世紀後半葉形成了地區與帝國的多重社交網絡，他的世界觀以及他的寰宇互動。身處二〇二三年的我們可能認為一七二三出生的一代英國人仍然是抱持英國和基督教價值觀處理政治經濟議題，但我們不能忽略很重要的一項特色：他們是看向全世界的，嘗試讓每個人（無論我們今天看起來有何盲點）都過得更好，過得幸福，而非死板地效忠國家政府或服膺於狹隘的民族主義。在普萊斯的世界中，他的身分就是世界公民。他不從英國為帝國統治權中心的角度去思考帝國體制問題，他主張具革命性的、現代意義的代議制度和憲政民主制。他反對任何強國以軍事武力侵占他國、占領他國土地，這種奴役他國他人的行為是踐踏人的生存和公民權利，沒有任何學說或觀點能自圓其說。也正是啟蒙時代各地社群團體和知識傳播網建構出的公共領域，讓不曾出國門的普萊斯隨時掌握歐美世界各方消息，並在書信往返、書籍傳播和俱樂部談話中，影響了十八世紀下半葉大西洋世界的政治文化發展。

普萊斯在一七九一年四月過世，他沒有經歷法國大革命進入到排外、恐怖的階段，也沒有見證到民族主義興起的十九世紀、功利主義當道的維多利亞社會。很遺憾的，法國大革命的進展並不和平，甚至創造出新的國家暴力。法國第一共和的確如柏克所預言，歷經了各種恐怖統治、政黨專政和軍事強人崛起與掌權。看在一七九二年之後的英國人眼裡，普萊斯錯了，柏克才是真正有洞見的政治思想家，於是我們對於普萊斯的記憶就停滯在柏克的《法國大革命的反思》中。啟蒙時代普世性的改革、世界主義的視野、從天賦解釋人權的特質，隨著這個世代的凋零而淡出幕前。接續到來的是十九世紀效益主義政治論述和現代世俗化社會，無論人的權利是不是上帝所賦予，政府都應當為最大多數人謀最大福利。

不過，十九世紀政治革命浪潮繼續席捲下去，世界政治型態繼續改變，逐漸地以後無論君主體制存不存在，歐美國家都不敢忽視輿論，各國政治人物也都得學習如何去信任人民。有意思的是，一七九〇年代因為法國政治急轉直下，普萊斯在社群和輿論支持量輸給柏克，然而普萊斯思想在公民自由、公民投票權、廢奴運動等議題上，持續影響英美政治與人權的發展。時代持續推進，即使我們遺忘了普萊斯，大部分現代民主社會的公民所熟悉的自由和權利，是普萊斯所講的個人權利和公民自由，不是柏克所謂的從祖先那裡繼承下來的特權。

最後，時序來到二〇二三年，俄烏戰爭持續至今，臺海局勢也處在高度緊張狀態，三百週年的普萊斯在美國獨立和革命期間所講的人民主權，他對於帝國無理侵占他國土地和生存自由的批判，也依舊值得全球人省思和關注。

本圖僅作為人物行徑路線之參考，依照現今疆界繪製，非十八世紀實際疆界劃分。

參考書目

1、原始文獻

- Boswell, James. *Boswell in Search of a Wife 1766-1769*. Edited by Frank Brady & Frederick A. Pottle. London: William Heinemann, 1957.
- Burke, Edmund. *Reflections on the Revolution in France* (1790). Edited by L. G. Mitchell. Oxford: Oxford University Press, 1999.
- Burke, Edmund. *A Letter from Edmund Burke; One of the Representatives in Parliament for the City of Bristol, to John Farr, and John Harris, Sheriffs of That City, on the Affairs of America*. London: J. Dodsley, 1777.
- Paine, Thomas. "Letter of Thomas Paine, to the people of France: Published and distributed gratis by the London Corresponding Society." In *London Corresponding Society, 1792-1799*. Edited Michael T. Davis. London: Pickering & Chatto, 2000.
- Price, Richard. *A Review of the Principal Questions in Morals* (1758). Edited by D. D. Raphael Oxford: Clarendon Press, 1948.
- Price, Richard. *Observations on the Nature of Civil Liberty, the Principles of Government, and the Justice and Policy of the War with America* (1776). In *Price: Political Writings*.

Edited by D. O. Thomas. Cambridge: Cambridge University Press, 1991a.

- Price, Richard. *A Sermon Delivered to a Congregation of Protestant Dissenters, at Hackney, on the 10th of February last, Being the Day Appointed for a General Fast.* London: T. Cadell, 1779.
- Price, Richard. *Observations on the Importance of the American Revolution, and the Means of Making It a Benefit to the World (1784). In Price: Political Writings.* Edited by D. O. Thomas. Cambridge: Cambridge University Press, 1991b.
- Price, Richard. *The Evidence for a Future Period of Improvement in the State of Mankind. In Price: Political Writings (1787). In Price: Political Writings.* Edited by D. O. Thomas. Cambridge: Cambridge University Press, 1991c.
- Price, Richard. *A Discourse on the Love of Our Country* (1789). In *Price: Political Writings*. Edited by D. O. Thomas. Cambridge: Cambridge University Press, 1991d.
- Price, Richard. "Richard Price's Journal for the Period 25 March 1787 to 6 February 1791, deciphered by Beryl Thomas with an Introduction and Notes by D. O. Thomas," *National Library of Wales Journal*, 21 (1980), 366-413.
- Price, Richard. *The Correspondence of Richard Price.* edited by Bernard Peach and David Oswald Thomas. 3 vols. Durham, NC & Cardiff: Duke University Press &

University of Wales Press, 1983-1994.

- Williams, Helen Maria. *Letters Written in France: in the Summer 1790, to a Friend in England, Containing Various Anecdotes Relative to the French Revolution* (1790). Edited by Neil Fraistat and Susan S. Lanser. Ontario: Broadview Press, 2001.
- Wollstonecraft, Mary. *A Vindication of the Rights of Men* (1790). In *A Vindication of the Rights of Men; A Vindication of the Rights of Woman; An Historical and Moral View of the French Revolution.* Edited by Janet Todd. Oxford: Oxford University Press, 2008.
- Wollstonecraft, Mary. *A Vindication of the Rights of Woman: an Authoritative Text Backgrounds and Contexts Criticism* (1792). Edited by Deidre Shauna Lynch. 3rd ed. New York; London: W. W. Norton, 2009.

2、近人研究

- Adams, Thomas Randolph. *The American Controversy: A Bibliographical Study of the British Pamphlets About the American Disputes, 1764-1783*, 2 vols. Providence; New York: Brown University Press; Bibliographical Society of America, 1980.
- Bailyn, Bernard. *Pamphlets of the American Revolution, 1750-1776*, vol. 1. Cambridge: Harvard University Press, 1967.

- Clark, J. C. D. *English Society 1660-1832: Religion, Ideology and Politics during the Ancien Regime*, 2nd ed. Cambridge: Cambridge University Press, 2000.
- Frame, Paul. "A Further Seven Uncollected Letters of Richard Price." *Enlightenment and Dissent*, 27 (2011), 143-160.
- Faulkner, John. "Burke's First Encounter with Richard Price: The Chathamites and the North America," in I. Crowe (ed.), *An Imaginative Whig: Reassessing the Life and Thought of Edmund Burke.* Columbia, MO: University of Missouri Press, 2005. 93-126.
- Jones, P M. "Revelation, Revolution and Utopia, c. 1770-1820," *The English Historical Review*, 2023, cead047, https://doi.org/10.1093/ehr/cead047.
- Philp, Mark. "English Republicanism in the 1790s," *Journal of Political Philosophy*, 6:3 (1998), 235-262.
- Pocock, J. G. A. "Radical Criticism of the Whig Order in the Age between Revolutions," in *The Origins of Anglo-American Radicalism*, edited by Margaret Jacob & James Jacob. London: George Allen & Unwin, 1984. 35-57.
- Thomas, David Oswald. *The Honest Mind: The Thought and Work of Richard Price.* Oxford: Clarendon Press, 1977.

錢伯斯的跨洲壯遊：從東方園林到全球化城市景觀

輔仁大學博物館學研究所所長
歷史學系暨研究所專任教授
張省卿

前言

十五世紀末地理大發現以來，歐洲人所發起的跨越各大洋洲的直接全球貿易與傳教活動，使歐洲通商使團、傳教士、探險家與學者們，把其到亞洲、非洲、美洲的第一手親身經歷，帶回歐洲；其中所引發的中國熱、中國風（Chinoiserie），不只引發歐洲人對東方中國文化的興趣，更直接、間接喚起歐洲人對其它大洲及其它古文明的研究熱情（張省卿，2022: 16-22）。十七、十八世紀歐洲各地發起的啟蒙運動與中國風，正是彼此交互連動、交互影響的時代，啟蒙學者對中國文化的研究，深化啟蒙運動的內涵；中國風，也因啟蒙運動本身開放、多元的發展，擴大中國風在歐洲的流行；此時，歐洲人經由中國風，想像中國是一個以自由思想而建立的文明國度。歐洲人甚至因中國的啟發，使歐洲新興菁英階級對歐洲以外的其它文化，包括非洲、亞洲、美洲等地，以更好奇、更開放的態度來吸收異國文化、異域風情，把全球各地的視覺文化藝術融入到歐洲本地文化與本地傳統之中。

英國建築師錢伯斯（William Chambers, 1723-1796），個人受惠於十八世紀英國與歐洲在地啟蒙思潮與開明改革運動，但也因為個人的異域經歷與中國風洗禮，以更自由、更開放、更放眼世界的理念，創造了這個時代的新造園運動與綠地景觀概念。借用東方因地制宜、豁然天成之造園美學，擺脫歐洲傳統制式巴洛克幾何，數學造形園林的限制，更注意到利用在地自然生態的特點與優勢，來設計獨一無二的自然風景園林風尚。尤其重要，是錢伯斯使園林具備文化上的人文意涵，借用園林內的各類景緻，成為展示世界一家普世價值的舞臺劇場，園林成為展演文化、思想、權力、文明的新空間。錢伯斯在世的十八世紀，造園改革運動，主要集中在歐洲皇家貴族與菁英分子之間，到了十九世紀，他的綠化的概念與園林理念，開始被實踐在更為開放的公共綠地空間中，部分貴族的私家園林也開始開放成為公共綠地，公共空間成為教育國家人民的重要資產。錢伯斯因為其跨洲際與跨文化的經歷，以更為實證的精神與開放的態度，向其他文明學習造園經驗，利用造園，展現十八世紀更為客觀、更為自由的世界大同普世價值觀，這份普世精神，也延續到十九世紀的公共空間展示中，成就主導優勢的現代歐洲面貌。

錢伯斯、東印度公司與東方造園藝術

錢伯斯出生於瑞典，父母為蘇格蘭人，父親在瑞典經商。一七三九年，錢伯斯十六歲，加入瑞典東印度公司（Svenska Ostindiska Companiet，簡稱SOIC，1723-1796），隨公司到各地航行作生意，曾經到過印度、孟加拉及三次中國（Osvald Sirén,1990: 64-65）。

第一次一七四〇年，第二次一七四三年至一七四五年，第三次一七四八年至一七四九年，遠達中國廣東（威廉・錢伯斯爵士，邱博舜譯注，2012: 11）；隨船經商之外，他搜集了關於中國建築、園林、傢俱與服裝等與藝術相關的資料，一如十七世紀以來，其它歐洲東印度公司的記事，這些商團隨員的全球紀錄，包括圖像與文字見證，在歐洲發表出版以後，成為啟蒙現代歐洲的重要資源。十七世紀以來，歐洲各地陸續成立跨洲貿易的通商公司，如英國東印度公司（British East India Company, 1600-1874），荷蘭東印度公司（Vereenigde Oost-Indische Compagnie, VOC, 1602-1799），丹麥東印度公司（Dansk Ostindisk Kompagnie, 1616-1729），荷蘭西印度公司（Geoctroyeerde Westindische Compagnie，GWC，1621-1674, 1675-1729），法國東印度公司（La Compagnie française des Indes orientales, 1664-1794），瑞典東印度公司（1731-1813），普魯士王國亞洲公司（Die Königlich-Preußisch Asiatische Compagnie von Emden〔KPACVE〕nach Canton and China, 1751-1763）等等，他們不只把物質商品帶回歐洲，也把他們在全球的紀錄，內化成歐洲在地跨文化改革的滋養成分。蘇格蘭人錢伯斯在瑞典東印度公司的經驗，是其中一個典範案例；錢氏在中國與印度的經驗，引發他對全球各大洲建築、園林與城市景觀的興趣，也因此嘗試把各大洲、各地區建築，納入到歐洲在地文化中。

錢伯斯分別在十七歲、二十歲與二十五歲時，以貨物管理員身分到達中國廣州，親身見證中國現象與文化景觀，他用圖繪方式記錄東方之旅所見所聞（威廉・錢伯斯爵士，2012: 10-12），尤其在建築、園林、城市景觀與藝術方面的觀察報告，可以看出他的個人興趣。一七四九年七月從中國回歐洲後，棄商從藝，同年，專程到巴黎布隆岱爾（Jacques-François Blondel, 1705-1774）藝術學校（Ecole des Arts）學習建築；一年後，一七五〇年，前往義大利羅馬朝聖，開啟五年多的古典建築考察之旅（威廉・錢伯斯爵士，2012: 14-16）。十六至十八世紀，歐洲盛行紳士教育旅行（Grand Tour，或譯「壯遊」），他們主要行程都在歐洲本地，錢伯斯不同，除了歐洲的經驗，他之前跨越大洲的東方旅行，使他未來的建築師生涯不同於歐洲傳統建築師，也改變了歐洲當代古典建築生態。一七五五年，錢伯斯返回英國，開始建築師職業；一七五七年成為英國王室建築師，受王室委託主持倫敦附近丘園（Kew Gardens）改造計畫（1757-1763），同年五月出版《中國建築、傢俱、服裝和器物的設計》（*Designs of Chinese Buildings, Dresses, Machines, and Utensils*），書中附有中國建築、工藝技術相關版畫（William Chambers, 1980: I- XXI）。一七五九年出版《文事建築論》（*Treatise on the Decorative Part of Civil Architecture*），分析歐洲古典建築；一七六三年結束丘園改造工作後，由王室出資出版《位於薩雷的丘園園林和建築之平面圖、立面圖、剖面圖與透視圖》（*Plans, Elevations Sections, and Perspective Views of The Gardens and Buildings at Kew in Surrey*），書中收錄四十三幅丘園建築、裝飾、機械構造版畫，其中多幅全景透視圖（William Chambers, 1763），清楚看出錢伯斯將中國造園概念與中式建築、裝飾納入在丘園設計中；錢氏也因為在建築的貢獻，一七七〇年，被英王受封為勳爵（British Knighthood），一七七一年，被瑞典國王受封為北極星勳爵（Knight of the Order of the Polar Star）（Osvald Sirén, 1970: 12）。一七七二年，五十歲，出版《東方造園論》（*A Dissertation on Oriental Gardening*），是錢氏研究中國園林所作歸納的代表著作。早年，因為中國之旅，引起錢伯斯對建築與園林的興趣，他從中國回歐後，除接受建築專業訓練外，更注意到當時代在歐洲興起中國熱、中國風中的園林與建築報導及研究。除了錢氏個人實證的親身經歷外，此時期歐洲人的中國研究，也都影響到《東方造園論》的論述。此後，《東方造園論》成為十八、十九世紀歐洲人認識中國園林的經典著作；但是，事實上，此書並非純粹介紹中國造園專書，錢伯斯在工程技術上，並未受到中國營造技藝訓練，多數的時候，都是用西方方式了解中國建築與中國造園技術。錢氏的論述中大量融入歐洲在地與中國觀點，更是受到當時全球概念的影響，來理解與論述中國園林。錢伯斯的東方園林論述，除影響到當時代歐洲自然風景園林與中國風園林的設計外，也對歐洲現代化綠地景觀規畫產生影響。他對中國園林的詮釋，把東方造園中的「象天法地」、「移天縮地」、「微觀世界」，詮釋成「世界一家」、「世界大同」的文化熔爐概念，把歐洲園林打造成世界各地建築風情的展示場域，這樣開放自由的概念，更是影響十九世紀萬國博覽會內異國風情的規劃與城市公共空間設計（Stefan Koppelkamm, 1987: 138-153）。

園林中之文化大融爐

錢伯斯一七六三年出版《位於薩雷的丘園園林和建築之平面圖、立面圖、剖面圖與透視圖》，是他對丘園改造工作後的紀錄著作。書中版畫〈丘園荒野視角，搭配阿蘭布拉宮、寶塔及清真寺〉（A View of the Wilderness with the Alhambra, the Pagoda and the Mosque）（圖8-1），是一幅丘園園林局部全景圖；前景一條自然泥土道路，由左側向右後方延伸，其中最引人注目的是在前方路旁樹叢的中國寶塔，占據圖版全局。園林內，大大小小、形式各異的樹林與葉叢錯落

圖8-1　〈丘園荒野視角，搭配阿蘭布拉宮、寶塔及清真寺〉（A view of the Wilderness with the Alhambra, the Pagoda and the Mosque）。圖片來源：Courtesy of the British Library Board (Shelfmark: 56.i.3.)

有致、零零落落的散置在泥路旁，一如版畫標題所示，給人身處在荒野的自然狀態中；它完全迥異於歐洲巴洛克傳統園林中，軸線清晰、幾何、對稱、和諧、理性布局的設計（圖8-2）（Wilfried Hansmann and Kerstin Walter, 2006: 137-139）。在錢伯斯丘園版畫的建築，除了高聳的中國寶塔外，還有最前景左側露出側角阿拉伯伊斯蘭風味的阿蘭布拉宮，及遠景路盡頭半圓穹頂的清真寺。

因為這些建築，使身著歐洲

貴族服飾的三位參訪者，恍如置身異域風光，園中整理園圃的園丁們，也形塑了悠閒自在、寧靜淡泊的詩情畫意氛圍。

一七六三年的同一本書，丘園的另一幅版畫〈從草地觀看丘園湖泊與島嶼之遠視圖，搭配橋梁、阿雷蘇莎海洋女神殿、維多利亞勝利女神殿及大寶塔〉（A View of the Lake and Island at Kew seen from the Lawn with the Bridge, the Temples of Arethuse and Victory and the great Pagoda）（圖8-3），借用自然曲折、富變化的湖泊水澤、島嶼交疊布局，使整個園林空間更顯多重層次感，也因大小不一的樹叢與多變的水路交疊空間，使園林豐富多變。前景左端枯樹倒入湖泊水中，水泊右側有悠閒的划船人。兩幅圖像都

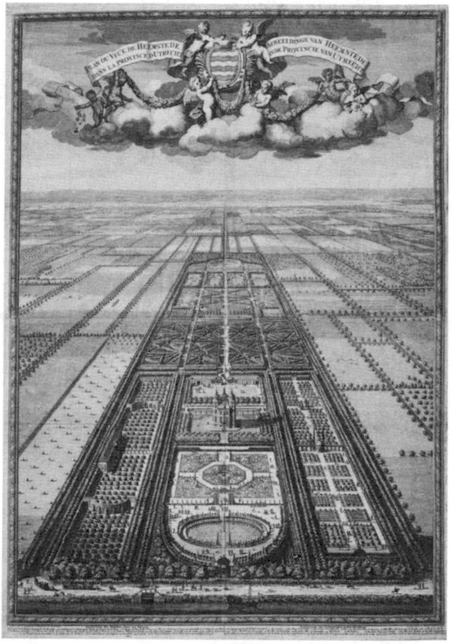

圖8-2　〈荷蘭，海姆斯泰德（Heemstede）園林平面圖〉，Daniel Stoopendaal依據Isaac de Moucheron繪製，約一七七〇年。圖片來源：See page for author, Public domain, via Wikimedia Commons。

圖8-3 〈從草地觀看丘園湖泊與島嶼之遠視圖，搭配橋梁、阿雷蘇莎海洋女神殿、維多利亞勝利女神殿及大寶殿〉（A View of the Lake and Island at Kew seen from the Lawn with the Bridge, the Temples of Arethuse and Victory and the great Pagoda）圖片來源：Courtesy of the British Library Board (Shelfmark:Maps K.Top.40.46.u.)

展現了詩情畫意、如詩如畫的鄉村園林愜意。與上一幅版畫一樣，園內有建築、橋梁點綴其中。中國多層寶塔坐落圖畫中央遠景處，前景中因水波倒影，使寶塔與寶塔倒影占據了圖畫中央主畫面。左、右兩側邊緣，是圓形穹頂與山牆迴廊的兩座小神廟。此處東方中國九層寶塔與歐洲古希臘神廟共同進駐於丘園之中，共同營造一場夢幻如詩的田園場景。

從《位於薩雷的丘園園林和建築之平面圖、立面圖、剖面圖與透視圖》書中的記錄圖像，使人得知，經由錢伯斯的巧思，在充滿自然荒野情趣的園內，布滿了歐洲本地與異域風情的建築與橋梁，它們或是歐洲在地的古希臘風、古羅馬風神殿、中古哥德教堂、新古典劇院與新古典宮殿等等；或是充滿異域風情的中國涼亭（圖8-4）、中國孔子閣樓、中國八角九層寶塔、摩爾風的阿蘭布拉宮及伊斯蘭風的清真寺（William Chambers, 1763）。觀者可以從錢氏專書中的圖像實證記錄中，感受到園中建築風格多變，且充滿歐洲在地與異國風情交替的混合特質。除了版畫記錄外，錢伯斯也在行文論述中，仔細描繪各個建築的位置及其所附建築繪圖的說明（William Chambers, 1763: 1-8）；這樣的作法單就異域建築而言，非常不同於過去歐洲人對中國建築的報導。與過去歐洲的通商使節或傳教士學者

圖8-4　〈丘園內之動物園遠視圖與其內亭臺〉（A View of the Menagerie and its Pavilion at Kew）。圖片來源：Courtesy of the British Library Board (Shelfmark: 56.i.3.)

相比較，錢伯斯專書則更具建築專業的描述，尤其用西方建築結構分析東方建築。

錢伯斯這本對於英國皇家丘園的文字與圖像報導，讓觀者可以從紀錄中感受到，因為園中各類風格建築的組合設計，使訪園者能夠在同一大園林中，同時親臨不同大洲、不同國度與不同時代文化的親身體驗，是一種文化大融爐的經驗。在丘園這個經過特定設計的時空地點下，利用建築、橋梁、景緻，或特殊詩情畫意的田野風光，使訪園者如同進入一趟文化世界環球之旅，從歐洲、非洲到亞洲，從古典、中古到近現代，就如同版畫中，藉由東方中國的九層寶塔、阿拉伯伊斯蘭的阿蘭布拉宮、回教清真寺，及歐洲古典風格的女神殿、中古哥德教堂、新古典宮殿等等的建築設計，把各種不同文化、不同宗教、不同時代等元素，同時置放在此一丘園空間內，給訪園者製造同時身歷不同空間、不同時間與不同時代的夢幻錯覺。這些錢伯斯為丘園所設計將近三十座的建築，在數量上比過去傳統歐洲巴洛克園林內的建築數量與種類更為龐大，尤其是其多變化與充滿異國風情的建築風格，是歐洲傳統園林中所不具備（Terry Comito, 2000: 37-57）；包括利用園林中歐洲建築呈現在地建築史的回顧，及把中國風與伊斯蘭風全部一起錯置於同一個園林空間內，讓訪園者彷彿進入一個虛擬的環遊世界樂園中，或是進入了跨越歷史的時空隧道。利用建築風格突顯園內各個文化場域的再現，中國景象對應希臘景象；時而歐洲，時而近東阿拉伯，時而遠東中國，亦古亦今。錢伯斯丘園內設計的建築、橋梁、紀念碑等等的設置類型非常多元，風格各異，有古希臘風、古羅馬風、土耳其風、摩爾風、中國風，一如一七六三年《位於薩雷的丘園園林和建築之平面圖、立面圖、剖面圖與透視圖》書中的遠視圖所示，風格各異的建築，看似隨性、無規則、零零散散的分布在這片自然淩亂、稀落的園林內，跨越時空侷限，穿越古今，每種風格代表著過去各個時代的文化精神。本地、外地異域，跨越國界、地域、洲際的隔離，在這座園林中，是一個無國界、不分地域的理想世界。各地、各國、各大洲的人類文明建築皆匯聚於丘園內，跨越空間與時間，貫穿古代與現代；經由不同宗教建築風格的組合，造園的空間場域，也跨越了宗教信仰上的籓籬，各類型宗教建築置放於園內，經由物質設計，使人在視覺上形塑跨越文化隔閡，跨越宗教分歧，將十八世紀啟蒙運動時代精神與現代化自由開明理念，融合於園林場域內。在錢伯斯設計的這座充滿國際風情的園林中，最主要雛形，來自於歐洲傳教士對中國園林的報導。中國園林「移天縮地」、「家天法地」、「微觀世界」、「壺中天地」、「天地宇宙」的場域概念（耿劉同，2000: 11-12；樓西慶，2006: 11-12、15、19；杜順寶，1988: 12-14），經由歐洲傳教士對中國皇家園林的報導及歐洲造園師對中國園林的詮釋，使東方中國園林中的「天下（世界）」，原在中國清代主要意謂著中國境內及周邊鄰國異域文化的元素，在歐洲，卻被轉化成地理大發現以來全球各大洲的世界概念。

東方園林「世界一家」理念

利用園林規劃、設計與建造，以成就世界文化融合的自然風情展示空間，在錢伯斯完成丘園改造任務的十年後，一七七二年出版的《東方造園論》中，有一個更為完整的論述與歸納。錢伯斯在《東方造園論》中，介紹當時在歐洲已享有名聲的清代皇家園林圓明園；錢氏提及這座帝國皇家園林就像一座城市一般大，裡面建築非常不同，除了宮殿建築外，更有四百座亭閣，它們看起來像來自各個不同國家的風格。錢伯斯論述：

"*We are told, by Father Attiret, that, in one of the Imperial Gardens near Pekin, called Yuen Ming Yuen, there are, besides the palaces, which is of itself a city, four hundred pavilions; all so different in their architecture, that each seems the production of a different country.*"（William Chambers, 1722: 35）

（「王致誠神父告知我們，一座靠近北京的帝國園林，稱之為圓明園，本身就是一座城市，除了宮殿以外，其內還有四百座亭閣，所有建築如此不同，每座建築看起來像是來自不同國家的產物。」）

一如錢伯斯書中所述，世界上，沒有任何一個國家，在園林建造物上的壯麗與數量，可以與中國匹對（William Chambers, 1722: 35）。錢伯斯書中所述中國皇家園林建築是來自各個不同國家，由此所衍生「園林是世界縮影」的概念；事實上，這個概念就是借自法國耶穌會傳教士王致誠（Jean-Denis Attiret, 1702-1768）對圓明園的報導。與當代其它歐洲人相同，錢伯斯雖到過中國，但主要在南方行旅，對於北方皇家園林或中國其它園林的資訊，會參考一些有親身實證經驗的紀錄與報導，王致誠就是一個參考的典範。

王致誠所著《鄰北京中國皇家園林之特別報導》（*A Particular Account of the Emperor of China's Gardens near Pekin*），書中直接報導其個人在清代皇家園林圓明園內的親身經歷。錢伯斯論述中國園林建築、設施風格的多樣性，就是出自王致誠。王致誠在其書中，特別強調圓明園富變化、多樣性的造園手法；他說在圓明園內，不管是整體布局，或分布設置的建築，其樣式、風格、造型皆呈現多元性，各區域的園景、建築各自不同，看似沒有一個整體性，但彼此之間卻是相互協調，全園看起來非常美麗和諧（Jean Denis Attiret, 1752: 7-8）。王致誠描繪：

"*and each of Valleys is diversify'd from all the rest, from all rest, both by their manner of laying out the Ground, and in the Structure and Disposition of its Buildings*"（Jean Denis Attiret, 1752: 9）

（「這些山谷中的每個山谷，都是多樣性，且各自不同，不管是其平面布局的方式，或是其建築的結構、建築的布置，在這兩方面都是這麼的多樣性。」）

對於圓明園內建築的數量，王致誠也有具體論述，錢伯斯對圓明園的建築資訊，就是轉用自王致誠。王致誠寫道：

"*And now how many of these Places do you think there may be, in all the Valleys of the Inclosure ? There are above 200 of them.....*"（Jean Denis Attiret, 1752: 13）

（「你認為在這些（圓明園林內）村莊中，現在有多少這樣的宮殿？它們約有二百座……」）

很明顯，王致誠園明園中二百座的宮殿（Palaces），到了錢伯斯《東方造園論》中的圓明園，則被調整為有雙倍數量的建築設施，也被更改成為園內有四百座的亭閣（Pavilions）；但也有可能，錢伯斯為強化圓明園宏偉壯觀的園林藝術效果，除了引用王致誠的宮殿建築外，自己又另行添加四百座亭閣，使園林多樣性的效果更強烈。

此處很明顯，錢伯斯調整了王致誠的圓明園造園紀錄，除了原紀錄有正式大型宮殿外，錢伯斯又增添四百座小型亭閣，如果當代人對歐洲中國圓明園文獻報導熟悉，便會以為，圓明園內約有六百座建築，一是王致誠提到的兩百座宮殿，再加上錢伯斯所提的四百座亭閣。從二百座到四百座，甚或最後的六百座建築，它們會因為建築數量的增加，而更展現建築風格的多樣性、多元性，因為它們看似來自不同國家，可以展現其跨國、跨域的多樣性。王致誠與錢伯斯圓明園報導中的六百座以上的建築設施，數量是前所未有的龐大，完全不同於歐洲當代傳統巴洛克園林，其園內建築設施相對數量較少，建築風格相對比較一致。而中國園林，尤其圓明園，啟發歐洲人體認園林新的功能，利用園林空間，展現不同文化內涵；以錢伯斯自己在丘園內的設計，及其在《東方造園論》中的歸納，可看出其因受到中國的啟發，在丘園內，利用建築的不同風格，展現不同地域風情，也展現了當代人的世界觀。

造園場域之國際風情

錢伯斯在《東方造園論》中，論述中國皇家園林建築數量龐大與建築造型像是來自各個不同國家（William Chambers, 1722: 35），其依據來源，就是法國耶穌會傳教士王致誠的紀錄。王致誠在《鄰北京中國皇家園林之特別報導》中，直接陳述圓明園宮殿建築的樣式、造型與風格就像是來自不同國家的啟發，他說：

> "*You would think, that they were form'd upon the Ideas of so many different foreign Countries;*"（William Chambers, 1722: 39）
>
> （「人們會覺得，它們（指圓明園內的宮殿）的設計是來自國外許

多不同國家的想法：」）

王致誠記錄，圓明園因為經由設計，使園內宮殿建築，像是來自各個不同國家的風格；經由錢伯斯詮釋，則轉變成，不管宮殿，或是亭閣（有四百座），全部有六百座的建築，都是借用各國的風格來設計，這個概念，確實符合中國園林的說法：園林是天下的縮影。王致誠的圓明園報導，首先於一七四三年以法文出版，一七五二年有英文翻譯版；錢伯斯於一七五七年至一七六三年主持丘園修園工程時，應已熟知王致誠報導，更何況錢伯斯在自己的著作中，直接提到使用王致誠的資料。因此丘園內的建築所展現國際風，正是部分受到中國圓明園的啟發，是對中國園林展示「天下」的歐洲版本；經由錢伯斯的詮釋，丘園建築跨越歐、亞洲風格，正展現當代歐洲人的世界觀。事實上，此時清代皇家園林中的「天下」、「世界」仍主要停留在亞洲中國內部及周邊鄰邦的呈現。

有關園林布局，王致誠比較了中國紫禁城宮殿、建築布局與圓明園之不同，陳述圓明園建築布局採用反規則、遠離秩序的美感，它們不遵守規律與對稱的藝術原則（Jean Denis Attiret, 1752: 38-39）。此外，王致誠說圓明園內宮殿建築彼此之間的距離疏遠，在設計時，會仔細考慮到宮殿彼此之間的座落位置（Jean Denis Attiret, 1752: 39）。因為位置、空間場域的設計及各個不同建築的風格，使園內各個區域的景緻迥異，就像是把天下萬國的景緻，都有技巧地納入到中國園林內。

在王致誠與錢伯斯對圓明園的報導中，它們已開始用西方人的世界觀來詮釋中國人「天下」世界觀，雖然義大利耶穌會教士利瑪竇（Matteo Ricci, 1552-1610）在中國與中國士子李之藻共同繪製《坤輿萬國全圖》（一六〇二年），圖中有世界各大洲的介紹（黃時鑒、龔纓晏，2004: 30-34、圖版1、18-36），也提供一個比較現代化的世界觀，但這個知識仍保留在少數特定文人圈中，並不普及。在十七、十八世紀的中國園林設計中，園林中的天下概念，仍是傳統中國士子：「天下即中國」的概念。中國傳統天下觀念除了華夏中國為中心外，尚包括周邊藩屬及四方的鄰國民族（邢義田，1981: 426-478），清代時期中國北方皇家園林造景中，便帶有周邊異域文化的元素。

北京御花園夢幻六百景與歐洲萬國風貌

錢伯斯在《東方造園論》中，論述中國皇家園林布局錯亂有致，園中的各個區域，規劃充滿變化與驚喜，設計中強調靈活的層次、流轉的對比，以開放無邊界的反對稱理念，形塑園內壯麗景緻（William Chambers, 1772）。錢伯斯所論及的建築，包括宮殿、甚或四百座亭閣等等，這些風格來自不同大洲、不同國家的建物，便一個、一個凌散又具有藝術巧思的被置放在充滿自然原野的場景中，整體形塑了一個充滿國際多樣風情的園林空間。這個空間實踐了各國文化融合的理想，也實踐了原本不存在的萬國風情共榮場景。在十八世紀中國風的風潮下，《東方造園論》成為認識中國園林的窗口，更是對歐洲自然風景園林產生啟發性的影響。

一七七九年，法國造園師與發明家卡莫特勒（Louis Carrogis Carmontelle）在其書中《巴黎附近蒙梭花園》（*Jardin de Monceau, près de Paris*），提及自然風景園林的魅力，寫道：

" Si l'on peut faire d'un Jardin pittoresque un pays d'illusions, pourquoi s'y refuser ? ...... La nature est variée suivant les climats ; essayons, par des moyens illusoires, de varier aussi les climats, ou plutôt de faire oublier celui

où nous sommes ; transportons, dans nos Jardins, les changements de Scène des Opéra ; faisons-y voir, en réalité, ce que les plus habiles Peintres pourroient y offrir en décorations, tous les temps et tous les lieux" (Louis Carrogis Carmontelle, 1779 : 4)

（「如果可以把如畫般的園林，變成一個幻想的國度，為何要拒絕，……大自然裡，因為各地氣候不同，而有不同自然現象；讓我們嘗試使用錯覺的方式，來改變氣候，或者至少讓我們暫時忘記身處何地，讓我們把多變化的舞臺劇場景帶入到園林中，讓我們把最優秀畫家作品，拿到園林中去實踐，這些被實現的畫作題材，包括來自不同時代與各個不同地點。」）

在卡莫特勒論述的歐洲自然風景園林中，便充滿了中國風園林的特色，兩者都強調，鼓勵訪園者發揮想像力；卡莫特勒除論述園林的詩情畫意功能外，更說明園林讓人有機會進入幻想、虛擬的國度，可藉由設計與布局，讓訪園者可以親臨各個不同國度中的異國情懷、異域風景，或甚進入到不同歷史時代的懷古悠情中。在同時代的版畫作品與造園相關論述中，陸續出現模仿錢伯斯丘園的國際風場景，亦或是在造園設計上，實踐卡莫特勒的理論。一七九九年銅刻版畫〈鄉村式微觀世界：園林中的哥德教堂、埃及金字塔、中國涼亭；依據葛羅曼作〉（Microcosme Paysager Chapelle Gothique, Pyramide Égyptieme, Pavillon Chinois Dans un Jardin, D'Après J. G. Grohmann）（圖8-5），圖中展現一座充滿自然原野景觀的園林狀況；圖右側湖水中央有中國風多角圓形涼亭，串連曲橋至陸地，形塑東方風情；河岸背景有歐洲中古城堡，城堡右側是輪廓稀疏的古羅馬凱旋門；整張圖左側，似鄉村土坡道的沙丘曲境終，則是中古哥德小教堂，屋頂配十字架；圖畫正中央是臺丘上的三角錐體金字塔。在此異國風及本地歐洲建築完美融合為一體；這片綺麗田野風濃厚的園林中，利用巧妙的設計，把各個代表不同大洲文化與不同時代之建築，置入到同一場域中，形塑一個全新國際風情的休憩空間。

出身自奧地利的法國建築師與版畫家克拉夫特（**Jean-Charles Krafft, 1764-1833**），經常在歐洲各地考察，其著作《法國、德國與英國最美詩畫園林平面圖，建築、紀念碑與製造廠；在園林間相互媲美，其中包括各種形式之建築，有中國式、埃及式、英式、阿拉伯式、摩爾式》（*Plans des plus beaux jardins*

圖8-5　〈鄉村式微觀世界：園林中的哥德教堂、埃及金字塔、中國涼亭；依據葛羅曼作〉（Microcosme Paysager Chapelle Gothique, Pyramide Égyptienne, Pavillon Chinois Dans un Jardin, D'Après J. G. Grohmann）, 1799。圖片來源：張省卿著，《東方啟蒙西方——十八世紀德國沃里茲（Wörlitz）自然風景園林之中國元素》，輔仁大學出版社。

pittoresques de France, d'Angleterre et des édifices, *monuments, fabriques qui concourent à leur embellissement dans tous les genres d'architecture, tels que chinois,* égyptien, *anglais, arabe, mauresque*）於一八〇九至一八一〇年出版，專書封面銅刻版畫〈鄉村式微觀世界：園林中摩爾式、中國式與哥德式涼亭閣；依據克拉夫特繪製〉（Microcosme Paysager: Pavillons Mauresque, Chinois et

Gothique Dans un Jardin, D'après Jean Charles Krafft）（圖8-6），圖中代表三大不同文明的建築，被匯集在此座原始自然風景園林中；除了右前方有中古哥德式尖拱窗戶的歐式建築外，中間遠方高處，是一棟具中國風情的六角圓形涼亭；典雅細膩的中國涼亭坐落在一大塊富變化、有裂縫破痕的大巖洞上，造形充滿了不規則的趣味巧思；版畫左側有伊斯蘭清真寺穹頂的閣樓，坐落在松樹與搖曳椰樹之間。此處把各類異國元素，混搭入園林空間中，呈現「世界建築博物館」的展示功能及「世界一家」的共融一體理念。園內各類組合的自然生態，從熱帶椰樹、中國巖丘到溫寒帶松樹，它們就像是當代歐洲上流社會所建立的藝術珍奇館（Wunderkammer）或是奇珍異品典藏室（Kuriositätenkabinett），館藏中，有大大小小的玻璃櫃，展示櫃中有來自各大洲的異域珍貴寶物；此處園林的功能與意義一樣，是一個展示人類文明成果的空間，但卻以更開放、更大型、更自由露天的方式，展示全球自然生態與建築人文景觀（Jurgis Baltrušaitis, 1957: 104-105; Georg Laue, 2012: 34-35）。

十九世紀，一八二〇年出版的法文圖冊《精心策畫之各類風格園林設計圖》（*Plans raisonnés de toutes les espèces de jardins*），是法國造園師突瓦（Garbriel

圖8-6　〈鄉村式微觀世界：園林中摩爾式、中國式與哥德式涼亭閣；依據克拉夫特繪製〉（Microcosme Paysager: Pavillons Mauresque, Chinois et Gothique Dans un Jardin, D'après Jean Charles Krafft），封面銅刻版畫。圖片來源：https://doi.org/10.11588/diglit.17597#0015

Thouin）當代受歡迎的造園專書，豐富的彩色圖版，尤其受到專家的轉用。書中一幅版畫〈裝飾園林之建築建議案例〉（Fabriques pour l'ornement des jardins）（圖8-7）中，嘗試把世界各地各類建築，及與其相搭配的橋梁、圍欄、地景、設施等等，一起分排並列於同一張圖像中，就像是提供與建園林所用的小百科全書，或教科書教戰手冊。風格從歐洲、亞洲到非洲，從在地到異域，從古代到當代，從傳統到現在，甚至有些建築是結合事實與想像有創意的新設計，從中國九層寶塔、中國亭臺、埃及方尖碑、東亞蒙古包帳篷、阿拉伯紀念柱寶塔，到歐洲古典圓形神殿、伊斯蘭寺廟、歐洲古典主義宮殿等等（Garbriel Thouin, 1838: 54），此處主建築皆搭配相呼應的自然植物樹種與地景設施，把各類型、各風格地理風景與各功能建築共同串連一起，國際風情躍然紙上；其園林之世界觀也一一展現，它們是現實世界與理想世界之縮影，把不同歷

圖8-7　〈裝飾園林之建築建議案例〉（Fabriques pour l'ornement des jardins），圖片摘自：Garbriel Thouin, *Plans raisonnés de toutes les espèces de jardins* (Paris: Chez Madame Huzard (née Vallat la Chapelle) imprimeur-libraire, 1838), pl. 54. 圖片來源：Bibliothèque nationale de France授權使用。

史時間與各類地理空間都揉合入同一園林場域中，神話、繪畫、詩歌之意象也一併納入到園林設計中。這些紙上資料，是十八世紀下半期至十九世紀自然風景造園理論的歸納，與此同時，它也快速的影響到新世代歐洲造園師，把新時代所發展出的國際風，納入到園林或公共綠地新空間中。德意志地區的沃里茲（Wörlitz）園林（圖8-8），或是波茲坦（Potsdam）無愁苑（Sanssouci）園林，都是典型的例子（張省卿，2015: 91-100；張省卿，2022: 112-115）。原來受中國皇家園林啟發的「天下」觀，至此結合歐洲的殖民貿易與國際通商經驗，「天下」中的中國及東亞境域，被轉化成歐、亞、非三洲的世界地圖概念與萬國風情景象。

歐洲現代帝國主義與清帝國的碰撞

一四九二年哥倫布（Columbus）發現美洲，西班牙勢力進入美洲，在美洲建立殖民帝國（Spanish Colonial Empire）；十六世紀以來，歐洲經濟重心由北海、波羅的海、地中海移向大西洋，大型資本主義企業興起，世界貿易趨於頻繁。原屬邊陲之西歐國家的經濟與政治地位躍升，葡萄牙、西班牙、尼德蘭、法

圖8-8　F. Schellhase,〈德紹沃里茲園林紀念圖〉（“Erinnerungen aus dem Wörlitzer Garten bei Dessau”），蝕刻銅版畫，ca.1850，圖片摘自：Bernd Gerhard Ulbrich, *Wörlitz* (Dessau: Anhaltische Verlagsgesellschaft GmbH, 2000), pp. 24-25.

國人與英格蘭人航向大海，成為貿易商人，並晉升成為殖民強國（Hermann Kinder and Werner Hilgemann, 1987: 225）。一五〇〇年以來，葡萄牙與西班牙的殖民政策，開啟全球的密切聯繫，地理大發現的探險航行與系統規律的貿易關係，首次使歐洲、非洲、亞洲與美洲有最直接的全面性連結，這樣連結，直到十八世紀中期，才真正建立起穩定的經濟關係，及跨越洲際之全球國際貿易連結網絡（Jürgen

Osterhammel and Niels P. Petersson, 2019: 25）。歐洲列強於十六至十八世紀推行殖民政策，原來拉丁文「帝國」（Imperium）是命令權的意思，後被延用到帝國主義（Imperialism）概念中；到了十九世紀，歐洲列強認為勢力的崛起與富強的關鍵在殖民爭取，進而競相瓜分世界，到全球各地作殖民掠奪（Hermann Kinder and Werner Hilgemann, 1987: 377; Geoffrey Barraclough, 1960: 705-706）。歐洲人在世界各地，不管是定居殖民或貿易殖民，從美洲、非洲到亞洲，全球各地皆成為西方列強擁有特許權的據點。在英國，光榮革命（一六八八年）以來，建立君主立憲制度（Constitutional Monarchies），新貴階級對政治、社會制度進行改革，英國農業經濟也進入資本化革新。十八世紀末以來的產業革命，促進英國在各項產業的機械化大量生產。此時與十七、十八世紀不同，各大東印度公司從遠東中國進口奢侈的手工藝品時代已有所轉變。經過十八世紀下半葉的工業革命與十九世紀的工業化改革，西歐各國在實用科學與技術上突飛猛進，尤其在交通與電報、電話資訊傳遞技術的發展上主導優勢，帶動國際貿易與經濟發展；新的生產技術、交通及後勤資本的不斷增長，引發西歐經濟結構轉變，成為強勢區域，優勢主導全球發展動脈。大型聯合企業壟斷資本，股份有限公司以更專業化方式管理企業。西方企業為了稱霸市場，進行產品、價格的世界市場壟斷。十九世紀下半期，藉由軍事、經濟力量及中產階級的推動，帝國殖民運動，被推展至世界各處（Hermann Kinder and Werner Hilgemann, 1987: 377）。

當歐洲從十七、十八世紀歷經理性啟蒙運動與開明政治改革，蛻變成十九世紀的工業化大國及政治改革運動的現代化國家時，東方的大清帝國，卻正面臨改革的困境，外國勢力進入中國，瓜分領土，中外衝突不斷。從英國出售鴉片到中國開始，一八四〇年，中英鴉片戰爭，一八四二年簽定南京條約，一八五六年至一八五八年英法聯軍，一八六〇年簽定北京條約，英國瓜分租界；一八五一年，清政府境內，紛亂不斷，農民發起太平天國起義；一八九六年《中俄密約》，清政府交予俄國鐵路權；一八九七年《膠澳租借條約》，德國勢力進入山東；一八九八年俄國勢力進入旅順、大連，一八九九年，法國勢力進入廣州，一八九五年中日《馬關條約》，日本取得臺灣、澎湖；一九〇〇年八國聯軍，歐洲聯軍進入北京城……清政府岌岌可危。十九世紀，中國在歐洲的形象，因為清帝國內部發展、國際局勢的轉變，及清政府被迫對外洞開門戶，因而產生巨大轉變。

東方綠化大國形象的轉變

十八世紀，中國皇家園林圖像不斷出現在歐洲各類造形藝術中，法國巴黎博韋皇家製造廠（Manufaktur von Beauvais）生產的八幅「中國皇帝掛毯」（Tentures de L'Empereur de la Chine）系列中，就把東方中國皇室形塑成文化泱泱大國，故事場景的地點就是在皇家園林的綠地內（Madeleine Jarry, 1981: 17-27）。掛毯〈天文學家〉（Les astronomes）（圖8-9）及〈皇后出遊〉（L'embarquement de l'impératrice）（圖8-10）中，中國皇家御花園是一片自然隨意生成的綠意景象，背景是皇都紫禁城，在〈天文學家〉中，更是背山面海，除了水域海洋外，還有遠洋船支準備出航，展現中國皇帝航向世界全球各地的大國氣魄。系列掛毯中，也一如其它中國風的圖像藝術，它們在歐洲人的想像或假設中，被建構成一個混合事實與想像的東方樂園，中國是以自由思想為基礎，建造的世界文化國度。皇家園林中，亞熱帶花草植物茂盛，物產豐富，皇帝親自採收鳳梨，皇家把建造國家當成建造園林一般，採取國家景觀綠化政策；中國賢君提倡天文學、科學研究，與科學家們在欽天監中共同探索天體運行；官僚體制井然有序，通過科舉制度的文官，治理國家政體；文人體制倡導人權平等，對抗教會權威（Madeleine Jarry,

圖8-9　〈天文學家〉(Les astronomes) 掛毯系列，中國皇帝第一系列，毛與絲製，Manufaktur von Beauvais, 十七世紀至十八世紀初。圖片來源：https://www.getty.edu/art/collection/object/108F5V

圖8-10　〈皇后出遊〉（L'Embarquement de l'impératrice）掛毯系列，中國皇帝第一系列，毛與絲製，Manufaktur von Beauvais, 十七世紀至十八世紀初。圖片來源：https://www.getty.edu/art/collection/object/108F5V

1981: 17-27；張省卿，2022: 10-12）。

在十九世紀，十七、十八世紀歐洲人對東方中國充滿美好想像的時代已褪去，過去借鏡中國啟蒙歐洲，促進西方進入現代化改革的美好時代已過去。威廉．錢伯斯在世的時間，從一七二三年至一七九六年，中國仍還是歐洲學習模仿的典範；在這個一世紀中，英國及歐洲菁英分子因為中國，而打開對世界各大洲文化的興趣；之後，西方世界因為技術、科學、工業與軍事的力量，強迫中國褪去面紗。到了十九世紀，歐洲人用軍事武器，打開中國門戶，進入中國領土，清政府後期的政治、財政、社會、軍事、外交等困境與危機，逐步顯露出來，褪去神祕面紗後，中國非現代化與落後形象，開始在西方世界傳播開來。

從十八世紀到十九世紀，這個的轉變年代，中國並不知世界局勢已經改變；歐洲以更為開放的態度，向其它大洲文明學習，以更實證、更普世的世界觀建造園林，綠化公共景觀；而在中國則仍停留在私家園林的建造，並未觸及公共景觀等相關議題，更遑論公共視覺美學教育。在十八世紀的歐洲，建築師是專業人員與藝術家，是知識分子，是具有影響力的社會菁英，以錢伯斯為例，因為建築師職業與工作任務，被英國國王封有爵位，可見其身分地位之崇高。這種從工匠身分轉變成藝術家、專業人員的發展，早在文藝復興時代便已開始；反觀，在清代中國，建造園林者，則仍是工匠身分，清宮皇帝建造皇家園林，是由工匠家族負責，例如由雷氏家族掌案，他們皆有豐富的建造經驗，但中國造園工匠之社會身分地位，仍無法與歐洲建築師與造園師身分相提併論。

十八世紀，歐洲內部各個邦國林立，結構分權，雖是封建君主制，但彼此相互學習，提倡開明改革，提高彼此競爭力；中國則仍處在皇權統治的中央集權時代。歐洲經由科學革命與啟蒙運動，不管是北方或南方，不管是教會或各國封建君主，皆倡導自然科學研究，強調人文與自然科學並重的全才訓練；在清政府的科舉項目中，並沒有自然科學、技術或算學等科目，科學或實用工技常常為清宮皇家或私人壟斷；由歐洲傳教士傳到中國的知識，清代皇帝或少數特權階級，常常是知識的獨享者。在歐洲，近現代化的過程中，重要人文知訊與科學發現，都可以公開發表，知識普遍被分享，未集中在少數特權階級團體中。以耶穌會在清宮皇家園林的經驗為例，他們皆能夠把中國皇家園林的紀錄，在歐洲發表，且被翻譯成歐洲多種語言，傳播中國園林知識，對清宮圓明園報導，就是一個最好的案例。在中國，圓明園是御花園，是禁園，除了少數菁英，很少人可以進入，更遑論公開發表討論；即使清廷出版皇家御製園林圖畫、版畫，它們也皆只為少數菁英所享有，並不如歐洲對中國皇家園林的知識普及。歐洲自文藝復興到啟蒙時代，內部不斷有各類改革運動的訴求，挑戰王權、教權的權威，追求更自由的人文思想，甚至以中國為學習典範；在十八世紀，更主張統治權力應該受到制度性的監督；反之，清帝國皇權高度集中，並沒有主張要受到制度化的監督，改革聲音皆很快被壓制；東、西改革發展明顯不同，也造就了十九世紀不同的未來。

萬國博覽會借用虛擬造園世界

因為中國啟發，十八世紀歐洲人利用造園藝術，顯現當代西方人對世界的認知與世界一家的理想，利用建築、地景、自然風景，展示對各大洲風貌與文化的認知，錢伯斯創造出來東、西混合的造園藝術，是時代的典範。這個源自錢伯斯設計的空間場域，展現歐洲現代自由人文精神，它是多元、跨域、豐富的，是由實證與想像交相融合的世界觀與萬國圖像。這個比中國園林世界更接近現世的世界觀，經由歐洲當代造園著作及園林藝術建造的普及化，影響到工業化後西方列強展示國力的公共空間場域，也就是萬國博覽會的布局設計與理念展現。

一八五一年，歐洲第一個萬國博覽會，由大英帝國在倫敦舉辦，就規劃在海德公園（Hyde Park）內。倫敦「世界萬國博覽會」（The Great Exhibition）（圖8-11），主建築水晶宮（The Crystal Palace），是由造園師及建築師帕克斯頓（Joseph

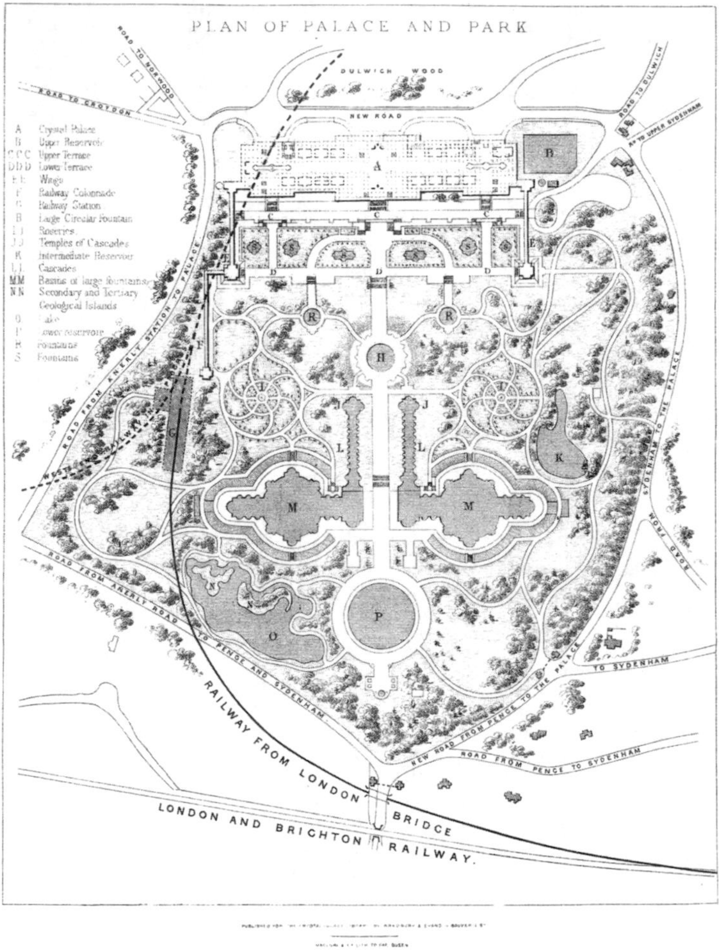

圖8-11　〈水晶宮與公園地圖〉（Plan of the Crystal Palace and Park）, Hyde Park, Sydenham, London, 1850s.圖片來源：Public domain, via Wikimedia Commons.

圖8-12　〈一八五一年倫敦海德公園內英國萬國博覽會與水晶宮〉（The 1851 Exhibition in Hyde Park of London and the Crystal Palace），1854。圖片來源: By Dickinson Brothers - Dickinsons' comprehensive pictures of the Great Exhibition of 1851, Public Domain, https://commons.wikimedia.org/w/index.php?curid=543319

Paxton, 1803-1865）規劃設計。帕克斯頓利用透明玻璃與鋼鐵架構（圖8-12），繼承與延用園藝中暖房、溫室規劃的功能，帕克斯頓作了一個大膽的嘗試，利用最新材料鋼鐵的強度與耐力，及玻璃的透明採光效果，建造一個類似的暖房的龐大寬敞的展示場域；就建築工程本身而言，水晶宮是十九世紀西方建築奇觀之一，是工業革命時代的重要產物與代表作品（Adolf Max Vogt, 1991: 48-49）。這個空間，它展示了大英帝國在十九世紀工業化下的國力，同時也展示來自全球各地、各國的產品與藝術文化工藝作品（Stefan Koppelkamm, 1987: 138）。它對場域空間的運用手法與技巧，及萬國博覽會的展示概念，與錢伯斯造園理念很接近；錢伯斯利用建築風格與自然地景風情展現萬國文化，且將萬國文化大量散置在大園區內；水晶宮內的展示（圖8-13），則是利用更現代的物質文化，例如雕刻、造型藝術（圖8-14）、自然物料，甚或機器、或工業製品、新發明設備，來展現世界各地的多元文化內涵（Jeffrey Auerbach, 1999: 93），而且讓各個展區擁有平等空間。

不管是錢伯斯的造園園區，或是水晶宮內的萬國博覽會展場，都建造了一個原本不存在的萬國場域，讓童話、神話般的夢幻場景，美夢成真；把所有現實世界或想像、虛擬的世界，都裝置組合到此一現存空間中；參訪者只要一進入此場域內，便能馬上親身體驗環遊世界一周與文化融爐的經歷。這個萬國世界的夢幻組合，把全球各地、各大洲的物質文化成果，皆置入同一空間中。設計者在這個全新的場域中，重新建構、裝置、組合當時代歐洲人對世界的認知；參訪者進入此一設計存在的空間，便可以進行任何體驗與相關活動，經歷過去不曾有過的世界環球之旅，也體認到世界一家的空間規劃與場域布局。

圖8-13　〈英國倫敦一八五一年萬國博覽會水晶宮內展示大廳〉（The 1851 Exhibition of London and the Crystal Palace），1851，彩色蝕刻版畫。圖片來源：Courtesy of the British Library Board (X 953)

圖8-14　〈英國倫敦一八五一年萬國博覽會水晶宮內外國區〉（The 1851 Exhibition of London and the Crystal Palace），彩色蝕刻版畫。圖片來源：J. McNeven, Public domain, via Wikimedia Commons.

萬國理想場域與世界霸權盛會

英國倫敦一八五一年的萬國博覽會，雖設置在海德公園，但博覽會場地在水晶宮的透明大廳內，展示方式根源自中世紀歐洲商人、工匠在城鎮廣場上的市集展示。中古城鎮市集，以販售商品形式，展示來自各地區，包括東方阿拉伯來的商品。十九世紀中期的倫敦萬國博覽會（或稱世界博覽會），原名為萬國工業博覽會（Great Exhibition of the Works of Industry of all Nations），利用水晶宮龐大場域，展示世界各地文化與先進工業科技，繼承以市集形式，建構大英帝國的新世代世界觀與理想的工業化成果。一八六七年的巴黎萬國博覽會（Exposition universelle d'Art et d'industrie）開始採取用城市園區的概念來設計會場，除了在巴黎市中心的中心橢圓展示區外（圖8-15），周圍園區也是展現異國風貌的空間場域。會場中，在以東方建築為主體的園區內，處處佇立著混合事實與想像風格的伊斯蘭清真寺、宮殿、塔樓等建築（Stefan Koppelkamm, 1987: 142-145），建物搭配熱帶、亞熱帶椰樹、香蕉樹，歐洲訪客穿梭其中，享受世界萬國中的東方異國情調。錢伯斯早在十八世紀，利用造園技巧與建築風格展現各大洲文化，一個世紀後，博覽會中借用了其技巧與理念。錢伯斯，一個有跨國與跨洲經驗的英國

圖8-15　巴黎萬國博覽會（Exposition universelle d'Art et d'industrie, Paris, 1867），鳥瞰圖。圖片來源：Eugène Ciceri, Public domain, via Wikimedia Commons.

藝術家，借助東方中國經驗，內化異國藝術，把其轉化成歐洲造園改革的動力，使歐洲開啟更多元化、更自由化、更跨域視野的空間革新。錢伯斯的中國經驗是成功的，它被轉化成歐洲一股新的公共空間與綠地改革運動，利用園林展現新世代世界觀，它是世界一家、世界大同的理想；借用園林空間，以每個公平、公正、平等的場域，展示全世界各個文化的獨特風格與自我特色。

在錢伯斯的造園案例與東方園林論述中，皆以更實證的方式理解世界，也以富想像的技巧，組合創造世界新場域，經由園林空間，錢伯斯正在一步一步的改變與影響歐洲人的世界觀與空間展示方式。不管是北京圓明園或倫敦丘園，在十八世紀，它們都是皇家私人御花園，是菁英統治階層的私人空間；但是法國耶穌會教士王致誠專書介紹中國皇家園林圓明園時，已提及皇家造園具備治理國家的功能，因為它是中國統治者的實驗場，具有造國的公共性目的。到了十九世紀，錢伯斯的造園理念，則被借用到城市公共空間的展示規劃中，被轉化成培養現代歐洲大眾教育美學與啟蒙公共社會的功能。

十九世紀，歐洲人以全新樣貌出現在世界舞臺，強勢的工業科技發展、自然實用科學的建立、密集國際的貿易連結、人文公共建設的普及化、橫跨各大洲的新建殖民領地等等，這些新成果、新國力，開始經由對空間場域的新體認，在博覽會中被展示出來。

結語

錢伯斯經由中國園林啟發，體認出東方園林空間所承載的文化意義與展示力量；尤其辨識出，不管是園林場域，或綠地空間，都可以是重要的展示工具，以作為文明的展示空間，是形而上世界觀的實體呈現。十九世紀歐洲革命與工業化以後的英國倫敦萬國博覽會（一八五一年，一八六二年），法國巴黎萬國博覽會（一八五五年，一八六七年，一八七八年〔圖8-16〕，一八八九年，一九〇〇年），日本京都博覽會（一八七一年）（橋爪紳也，2005: 10-11），奧匈帝國維也納萬國

圖8-16　一八七八年巴黎萬國博覽會，克里斯朵夫公司（Christofle）的東亞傢俱與瓷器，圖片摘自：M. Louis Gonse, *L'Art moderne à l'exposition de 1878* (Paris, 1878),p.140. 圖片來源：Symbolic & Chase. https://s-c.com/artworks/574-christofle-cie-and-grohe-freres-designed-by-an-ormolu-patinated-bronze-cloisonne-enamel-silvered-gilt-1874/ (29.06.2023)

博覽會（一八七三年），美國費城獨立百年博覽會（一八七六年），荷蘭阿姆斯特丹國際博覽會（一八八三年），西班牙巴塞隆納萬國博覽會（一八八八年）等等，在這些博覽會場域，都精緻化了對空間展示與策略運用的體認；而這些場域空間愈來愈具備多元化功能與多重人文意義，利用它們作先進科技展示、權力展示，更是一種現代文明的大展演場。一八八九年，為紀念法國大革命的政治自由理想，而舉辦的巴黎萬國博覽會，就擴大場域，借用城市公共空間，建構展覽園區，設計及展示跨國際建築風格（圖8-17）的共榮文化願景；嘗試在這個現實存在的物質空間中，建構出不曾存在的想像理想虛擬世界，就是萬國一家、世界大同的理想與普世價值。藉由跨洲際建築造形、自然地景設計、遊園文化活動及豐富的展品，博覽會規模愈來愈大，它成為歐洲國家展示強權的新舞臺（Stefan Koppelkamm, 1987: 140-141）。其間中國形象，也在展示中有所轉變，一八五一年倫敦萬國博覽會中，經由展示的中國工藝品，可看出中國形象開始被貶抑（Utz Haltern, 1971: 277），因為國際局勢，中國已經開始承載著文化與政治落後的形象（Stefan Koppelkamm, 1987: 139）。到了倫敦一八六二年的萬國博覽會，英國更是直接展示了英法聯軍在北京頤和園所搶奪的清宮皇家寶物（Lothar

圖8-17　一八八九年巴黎萬國博覽會（Exposition universelle de Paris）展覽畫報。圖片來源：Universitäts- und Landesbibliothek Darmstadt, Public domain, via Wikimedia Commons.

Bucher, 1863: 89）。十九世紀下半期，東方清宮最珍貴、最重要的皇家收藏品，首次被公開放在公共展示空間中，開放給任何一位進入博覽會的參訪者，它一方面是掠奪者的展示品，但就物質文化本身而言，它也讓一般歐洲民眾有機會親眼見證中國皇家工藝品的真實樣貌，具有大眾公共教育的社會功能，使它完全不同於清宮皇家獨享的傳統概念。

十九世紀，西歐強權用軍事與政治聯合勢力，進入中國；中國則被認為自我封閉，隔絕於國際貿易市場之外。中國負面形象開始進入到歐洲萬國博覽會的展示中（Stefan Koppelkamm, 1987: 140）。歐洲以流血暴力方式，侵略各大洲，以壓迫、不合法手段，進行貿易交流，與此同時，也把各大洲殖民地區的寶物與文物，帶回歐洲（Felix Bohr and Ulrike Knöfel, 2023: 110-112），部分文物與寶物陸續出現在各地博覽會的展覽會場。啟蒙時代，中國在歐洲的美好文化大國形象，啟發了歐洲的改革運動，形塑了西方在各個面方的開明改革與自由思想發展，成就主導優勢的西方現代文明；到了一八八九年巴黎萬國博覽會，被翻轉的中國形象，就出現在展示會場中，清朝的人力車夫（圖8-18），成為遊園節目活動行程。東方人力車夫與西方工業機械交通產業，形成強烈對比；落後、非現代化的東方中國，是在打開簾幕後的現實面貌，它與十八世紀掛毯中的美好形象，已經脫勾。在這場東西競賽的過程中，西方借學習東方，轉化成更現代化的新樣貌，以錢伯斯為例，可看出歐洲以開放態度向外學習，促成內部改革；東方中國則在東西接觸的過程中，未如歐洲，體認到借用異地優點，啟蒙在地發展，成就改革與進步的動力。但中國園林中世界一家的理念與空間展示的方法，卻因為中國風園林在歐洲的盛行與錢伯斯的媒介，至今仍被沿用到世界博覽會與公共露天綠地的場域中，甚或被借用到現在線上遊戲、雲端元宇宙的視覺文化設計中。

全球化發展下，歐洲與亞洲、或是中國與國際的關係，甚或臺灣面對全球化挑戰仍是至今最迫切要面對的議題，十八世紀歐洲啟蒙時代的園林交流方案，正為我們提供一個可以供啟發的典範。

圖8-18　一八八九年巴黎萬國博覽會，「中國人力車夫與歐洲仕女圖」，圖片摘自：Stefan Koppelkamm, *Exotische Architekturen im 18. und 19. Jahrhundert* (Berlin: Wilhelm Ernst & Sohn Verlag für Architektur und technische Wissenschaften, 1987), p. 150.

*本文圖片皆已盡力尋求版權，但仍有部分圖片無法取得聯繫，若有人能提供相關資訊，歡迎與我們聯繫，我們會在未來的版本中更新。

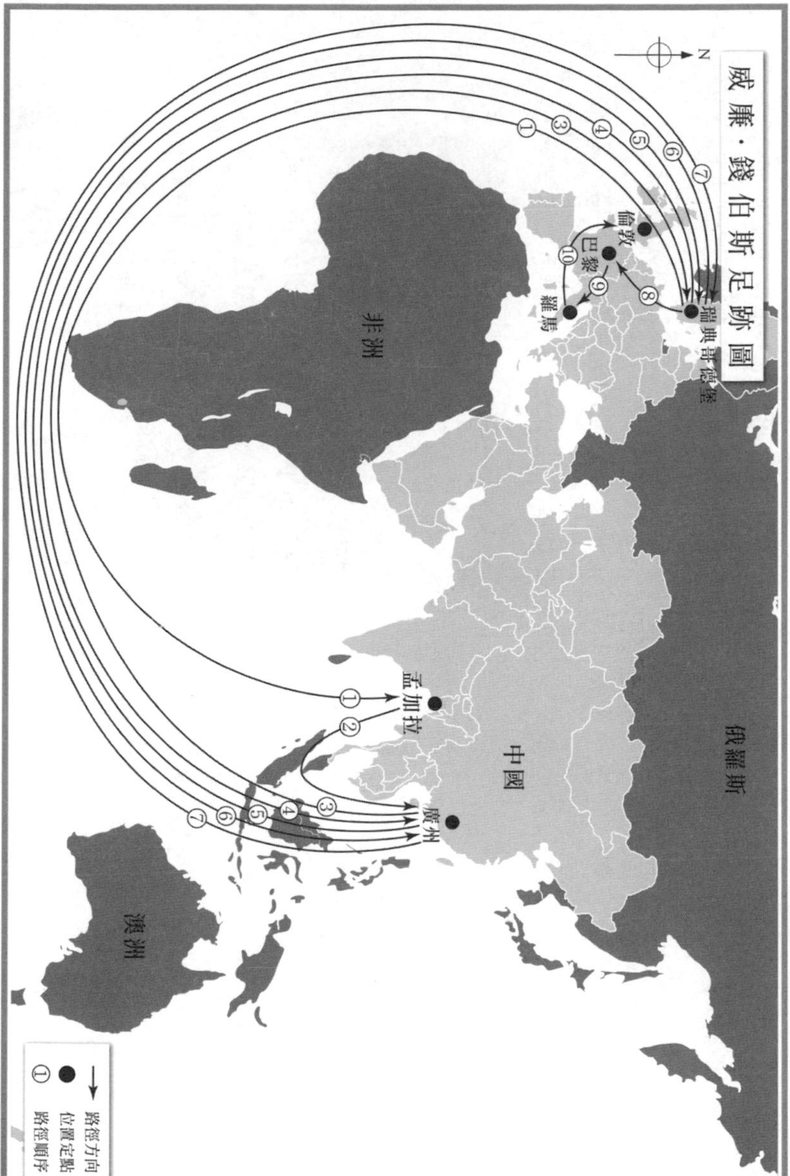

本圖僅作為人物行徑路線之參考，依照現今疆界繪製，非十八世紀實際疆界劃分。

參考書目

- 杜順寶，《中國園林》，臺北：淑馨出版社，1988。
- 耿劉同，《中國古代園林》，臺北：臺灣商務印書館，2000。
- 威廉·錢伯斯爵士（Sir William Chambers）著，邱博舜譯注，《東方造園論（A Dissertation on Oriental Gardening）》，臺北：聯經出版社，2012。
- 張省卿，《新視界：全球化下東西藝術交流史》，臺北：時報文化出版社，2022。
- 張省卿，《東方啟蒙西方——十八世紀德國沃里茲（Wörlitz）風景園林之中國元素》，臺北：輔大書坊，2015。
- 黃時鑒、龔纓晏，《利瑪竇世界地圖研究》，上海：上海古籍出版社，2004。
- 橋爪紳也，《日本の博覽會》，東京：株式會社平凡社，2005。
- 樓西慶，《中國園林》，臺北：國家出版社，2006。
- Adolf Max Vogt, *Kunst 19. Jahrhunderts – Malerei, Plastik, Architektur.* Stuttgart und Zürich: Chr. Belser AG für Verlagsgeschäfte & Co. KG., 1991.

- Garbriel Thouin, *Plans raisonnés de toutes les espèces de jardins*. Paris: Chez Madame Huzard (née Vallat la Chapelle) imprimeur-libraire, 1838.
- Felix Bohr and Ulrike Knöfel, "Die geklaute Geschichte," *Der Spiegel*, 3. Juni 2023, Nr. 23.
- Geoffrey Barraclough, "Das Europäische Gleichgewicht und Der Neue Imperialismus", in: Golo Mann, ed. *Propyläen Weltgeschichte – Eine Universalgeschichte, Band 8, Das neunzehnte Jahrhundert.* Berlin and Frankfurt am Main: Propyläen Verlag, 199.
- Georg Laue (ed.), *Kunstkammer. Georg Laue-exotica*. München: Eigenverlag, 2012.
- Hermann Kinder and Werner Hilgemann, *dtv-Atlas zur Weltgeschichte*. München: Deutscher Taschenbuch Verlag GmbH & Co. KG, 1987), Band 1&2.
- Jean Denis Attiret (translated from the French, by Sir Harry Beaumont), *A Particular Account of the Emperor of China's Gardens near Pekin*. London: R Dodsley, 1752.
- Jeffrey Auerbach, *The Great Exhibition of 1851: A Nation on Display.* Yale University Press, 1999.
- John Harris, *Sir William Chambers: Knight of the Polar Star.* London: University Park, Pennsylvania State University Press, 1970.

- Jurgis Baltrušaitis, “Jardins et pays d’illusion”, in: André Chastel, ed. : *Aberrations: quatre essais sur la légende des formes*, from “Collection Jeu Savant” (Paris 1957, pp.99-131).
- Jürgen Osterhammel and Niels P. Petersson, *Geschichte der Globalisierung - Dimensionen, Prozesse, Epochen.* München: ©Verlag C. H. Beck oHG, 2019.
- Lothar Bucher, *Die Londoner Industrieausstellung von 1862.* Berlin: Verlag von Louis Gerschel, 1863.
- Louis Carrogis Carmontelle, *Jardin de Monceau, près de Paris*. Paris 1779.
- Madeleine Jarry, *China und Europa*. Stuttgart: Klett-Cotta, 1981.
- Stefan Koppelkamm, *Exotische Architekturen im 18. und 19. Jahrhundert*. Berlin: Wilhelm Ernst & Sohn Verlag für Architektur und technische Wissenschaften, 1987.
- Terry Comito, “The Humanist Garden” in Monique Mosser and Georges Teyssot, eds. *The History of Garden Design – The Western Tradition from the Renaissance to the Present Day.* New York: Thames & Hudson Inc., 2000.
- Osvald Sirén, *China and Gardens of Europe of the Eighteenth Century.* Washington, D.C: Dumbartom Oaks Research Library & Collection, 1990.

- William Chambers, *A Dissertation on Oriental Gardening; by Sir William Chambers, Kent: Comptroller General of his Majesty's Works*. London: W. Griffin, 1772.
- William Chambers, *Design of Chinese Buildings, Dresses, Machines, and Utensils*. New York: A New York Times Company, 1980; First published London, 1757.
- William Chambers, *Plans, Elevations Sections, and Perspective Views of The Gardens and Buildings at Kew in Surrey*. London: Haberkorn, in Grafton Street, St. Anne's Soho, 1763.
- Wilfried Hansmann and Kerstin Walter, *DuMont Geschichte der Gartenkunst – Von der Renaissance bis zum Landschaftsgarten*. Köln: DuMont Literatur und Kunst Verlag, 2006.

英國畫派發展的關鍵年代：雷諾茲與其藝術世界

國立中央大學文學院學士班暨藝術學研究所 教授
謝佳娟

前言

一七二三年七月十六日，英格蘭西南部德文郡小鎮普林普頓（Plympton）的牧師山謬爾・雷諾茲（Samuel Reynolds, 1681-1746）與其妻生下了他們第七個孩子，也是第三位兒子，約書亞・雷諾茲（Joshua Reynolds, 1723-1792）。這並不是一個藝術世家，山謬爾・雷諾茲畢業於牛津大學，除了是位牧師，也是普林普頓當地文法學校的校長，妻子也出身神職人員家庭。他們大概萬萬沒想到，這位兒子，在未來會成為「英國畫派」建立國際名聲的關鍵舵手。

對臺灣讀者而言，「英國藝術」或許顯得模糊、陌生。十八世紀的英國，有知名的畫家嗎？這幾乎是可以讓人合理懷疑的問題。對當時即將崛起而為世界強國的英國來說，藝術重要嗎？這則是今日都仍值得讓我們深思的問題。確實，英國既沒有如義大利文藝復興時期大名鼎鼎的達文西、拉斐爾、米開朗基羅，亦無如荷蘭黃金時代名聲響亮的林布蘭、維梅爾，更無如十九世紀末眾星雲集的巴黎那樣，造就出馬內、莫內、塞尚、梵谷、高更等一連串家喻戶曉的現代藝術家。在藝術史入門暢銷書《藝術的故事》作者宮布利希（E.H. Gombrich, 1909-2001）眼裡，「英國藝術」似乎對歐洲藝術的發展無足輕重。這樣的史觀雖然一定程度上反映了這位著名藝術史學者及其繼承之學術傳統的「偏見」，但「英國藝術」在歐洲藝術發展主流中的「落後」，確實也曾是英國藝術文化界倍感憂慮的議題。

自從十六世紀起，英國王室貴族往往重用歐陸畫家，著名者如亨利八世時期的霍爾班（Hans Holbein the Younger, c.1497-1543）、查爾斯一世時期的范戴克（Anthony van Dyck, 1599-1641）、查爾斯二世時期的李利（Sir Peter Lely, 1618-1680）、以及接續的內勒（Sir Godfrey Kneller, 1646-1723）。這些外來的畫家為英國王室成員與朝臣繪製肖像，也協助英國建立肖像畫傳統。不過，自文藝復興起，義大利、西班牙與後起之法國畫家，除了繪製王室貴族肖像外，更重要的工作，則是以宗教、神話、政治主題裝飾宮殿及教堂，以視覺圖像傳達政治宗教理念。這些所謂的「歷史畫」，被認為是更高階、更能展現畫家能力的畫種。相較之下，英國的宮殿與教堂（因新教信仰與偶像破壞因素）則相對黯淡失色。英國本土畫家鮮少受到委託製作展現歷史、政治與宗教主題的大型公共藝術或宮殿壁畫；松希爾（James Thornhill, 1675-1734）為舊皇家海軍學院彩繪大廳（Painted Hall, Old Royal Naval College, 1707-1726）以及倫敦聖保羅大教堂圓頂（1715-1717）製作的壁畫實為罕見的早期案例。事實上，英國本土畫家多半僅能藉由繪製肖像謀生。雪上加霜的是，對十八世紀英國美學發展影響深遠的夏夫茲伯里伯爵（Anthony Ashley-Cooper, 3rd Earl of Shaftesbury, 1671-1713）還曾說過，肖像畫「不是博雅藝術，不值得推崇，因為它不需要博雅學識、天賦、教育、社交、禮儀、道德學、數學、光學，它只是實用、庸俗的技藝」。直到一七二〇年代，從事肖像畫繪製工作的英國本土畫家，還沒有「藝術家」的榮稱，其社會地位如同工匠。

約書亞·雷諾茲便是在這樣不利本土畫家的環境下誕生。不過困境或許也是轉機。結合天時、地利、人和，雷諾茲不僅為自己創造成功的藝術家生涯，更擔任了一七六八年創立的英國皇家藝術學院（Royal Academy of Arts）首任院長，成為英國畫派建立國際名聲的關鍵舵手。

從鄉鎮到藝術世界中心：立志成為博學的畫家

十七歲之前，雷諾茲生長在地方小鎮，與廣袤世界的連結，可說非常有限。他在父親任校長的文法學校畢業後，原受父親安排要學習當藥劑師，但由於對藝術展現出高度興趣，父親也認可他在素描方面的天賦，因此同意讓他改走學習繪畫之路。當時家鄉地區有一位名叫沃維爾（John Warwell, d. 1767）的地方畫家，願意免費招收雷諾茲為學徒，然而心懷壯志的雷諾茲表示他「寧可當藥劑師，也不願成為一位『普通』畫家」。最後，他們找到了同樣出身德文郡但在倫敦執業的肖像畫家哈德森（Thomas Hudson, 1701-1779），雷諾茲於是在他十七歲那年來到倫敦，進入哈德森門下當學徒。比一般學徒時間還短，僅僅三年之後，一七四三年，二十歲的雷諾茲便提早結束學徒生活，開始獨立在普利茅斯港區與倫敦兩地從事肖像畫工作，其中不少顧客是駐紮在普利茅斯的海軍軍官。

雷諾茲不甘於工匠階級的生涯——不管是藥劑師或以肖像維生的地方畫

家——其實有跡可循。雷諾茲與其兄弟雖然沒有一位如父親一樣上大學，但牧師家庭畢竟充滿書香，父親的圖書與些許的版畫收藏，成為雷諾茲年少時的滋養。他的筆記本裡留下了許多他閱讀古希臘羅馬哲學、文學家、近代英國作家、以及歐陸藝術理論著作的節錄。其中，哈德森的老師，肖像畫家兼理論家理查森（Jonathan Richardson, 1667-1745）的著作，包括一七一五年的《論繪畫理論》以及一七一九年的《論藝術批評》及《論鑑賞家之科學》，對他影響深遠。理查森在《論繪畫理論》中主張：

> 繪畫是令人愉悅的、天真無邪的娛樂。但它還不只如此；繪畫極有用處，因為它是我們藉以彼此傳達思想的媒介之一，且就某些方面來說，優於其他所有的媒介。因此，繪畫應當與這些媒介同列，不只被視為一種享樂，而更是一種語言，透過繪畫語言我們溝通思想的技巧得以完善。

對於想在繪畫上伸展抱負的雷諾茲而言，「繪畫是一種溝通思想的語言」這樣的觀點，勢必深具吸引力與說服力。這或許也是造就他不同於其他工匠階級出身的畫家，而有能力躋身「博雅藝術」之列的重要因素。此外，不管是他同代人的近身觀察體會，或是後世傳記作者的描述，都強調雷諾茲有著和藹可親、平易近人、善於社交的性情，這也讓他在肖像畫家身涯中，深受貴族士紳階級歡迎。

然而，光是飽讀詩書與善於社交，對於成就一位「藝術家」聲名，在當時的環境中仍不充足。英國貴族對於歐陸繪畫、雕刻的喜愛與品味，身為這些貴族的肖像畫家如果不能體會、無法洞察，如何能和這些贊主平起平坐，獲得他們的重視與尊敬？十八世紀貴族間興盛的壯遊（Grand Tour），不僅有著增廣歷史與國際政治局勢見識、建立人際網絡的目的，也是進行藝術文化巡禮、培養品味的良機，然而這對於畫家這樣的階級而言，卻是難以獨立企及的夢想。所幸，一七四九年，曾向雷諾茲訂製肖像的艦長埃吉肯姆（George Edgecombe, 1st Earl of Mount Edgcumbe, 1720-1795），將他引介給另一位軍官凱佩爾提督（Commodore Augustus Keppel, 1726-1786），當時凱佩爾正準備前往地中海執行外交任務，在他的邀請下，雷諾茲高興地於一七四九年五月十一日搭上百夫長號戰艦（HMS Centurion），一同啟程。在里斯本、直布羅陀、阿爾及爾及梅諾卡島上度過數月後，雷諾茲終於在一七五〇年四月抵達羅馬，在羅馬住了兩年後，又再前往那不勒斯、佛羅倫斯、波隆那與威尼斯，然後途經巴黎，於一七五二年十月回到倫敦。

依現存的數本雷諾茲速寫簿來看，在義大利的兩年多期間，雷諾茲勤奮地四處觀看文藝復興大師傑作，並且勤做臨摹與筆記。對他個人而言，這不啻是學習繪畫技法的最佳途徑，也是訓練眼力與品味的不二法門，甚至也是未來創作的養分與素材。相對於早他一輩的霍加斯（William Hogarth, 1697-1764）力抗貴族崇尚歐陸品味，而主張以針砭社會時事的「現代道德主題」來為英國繪畫獨創一格，雷諾茲則更對歐陸古典傳統有所嚮往，並將英國畫派的願景建立在對歐陸傳統的掌握與傳承上。從義大利回來後，當時年近三十歲的雷諾茲，終於真正準備好成為一位畫家，大展長才。

「宏偉的」肖像畫

對展開畫業的雷諾茲而言，肖像畫依舊是謀生之途。然而，肖像畫真如夏夫茲伯里伯爵所說「不是博雅藝術，不值得推崇」？為了推翻這樣的偏見，雷諾茲力圖為英國肖像畫掙脫傳統格式，而他所憑藉的，正是他從壯遊中所獲得的見識。以雷諾茲在壯遊之前與之後為凱佩爾提督所做的肖像畫為例，便可清楚看出這趟義大利藝術巡禮所帶來的影響。（圖9-1）是雷諾茲為凱佩爾提督繪製的第一幅肖像畫，約莫是他們在梅諾卡島上暫停期間所作。此畫基本上承襲了哈德森肖像畫模式，主人翁右手插入背心的這種藏手禮（hand-in-waistcoat）姿勢常見於十八世紀中葉的肖像畫中，用以表現沉穩謙遜的男子氣概。畫面右後方則描繪了以百夫長號為首的艦艇中隊，暗示出主人翁的身分地位。

為了感謝凱佩爾的款待，回倫敦後雷諾茲創作了（圖9-2）這幅全身肖像畫。畫中雷諾茲援用了古典雕像的姿勢來描繪凱佩爾，為肖像畫注入了莊嚴感與超脫特定時空的永恆性。更特別的是，主人翁

圖9-1　Joshua Reynolds, Commodore the Honourable Augustus Keppel, 1749. Oil on canvas, 127 x 101.5 cm National Maritime Museum, Greenwich. 圖片來源：Joshua Reynolds, Public domain, via Wikimedia Commons.

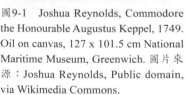

圖9-2　Joshua Reynolds, Captain the Honourable Augustus Keppel, 1752-53. Oil on canvas, 239 x 147.5 cm. National Maritime Museum, Greenwich. 圖片來源：Joshua Reynolds, Public domain, via Wikimedia Commons.

立身於岩石峭壁與飛濺著白浪的大海之間，彷彿正邁步穿過暴風雨肆虐的海岸，充滿了動勢。這種動態感與敘事感，向來是歷史畫的特色，但在當時的肖像畫中則是極為創新的手法，宣示了雷諾茲的繪畫理念：他將致力於提升肖像畫的位階，將肖像畫「歷史畫化」。雷諾茲將這幅展現「宏偉風格」（grand style）的肖像畫放置在他倫敦的工作室數年，成為展現他新畫藝的最佳宣傳。在短短幾年間，雷諾茲的肖像畫家名聲很快超越了他昔日的老師哈德森以及其他肖像畫家，上門前來委託作畫的人絡繹不絕。依據難得倖存的雷諾茲日帳本，我們可以得知雷諾茲不僅工作勤奮，也相當有效率，以一七五八年為例，一年中他便接受了一百五十件肖像畫訂單。依學者的研究顯示，雷諾茲一生直至一七九二年為止，共創作超過一千五百幅的肖像畫。一七六〇年，雷諾茲在現今萊斯特廣場旁購置了新家，其中不僅有展示畫作的畫廊，還有接待賓客的寬敞工作室。到了一七六四年，雷諾茲的年收入增高到六千英鎊，遠遠超出了一般工匠的平均收入。不過，從歷史後見之明來看，此時雷諾茲在市場上的成功，仍不是他藝術生涯的高峰。

學院首任院長與藝術論述

雷諾茲縱然有著個人卓著的肖像畫家名聲，得以過著優渥的生活，然而就英國藝術整體而言，依舊未在上流社會中獲得肯定與重視。身為畫家群體中的一員，雷諾茲勢必深感其中的困境。究竟要如何讓畫家這個行業獲得尊嚴以及上層社會的重視？究竟要如何讓英國也可以擁有令國際正視甚至賞識的畫派？

自從十八世紀初起，促進「英國畫派」發展之聲便不斷傳出，而透過設立素描學院以培育人才，則為主要訴求。尤其英、法長期以來的較勁下，法國自一六四八年即成立的皇家繪畫雕刻學院（Académie royale de peinture et de sculpture）

常常成為英國論者的比較標的。設立學院的訴求雖然歷經多次失敗，不過畫家團體確實也在十八世紀中葉凝聚出更大力量，謀求更高的社會能見度。其中一個契機，是一七五四年透過私人募捐方式成立的「藝術、製造、商業勵進會」（The Society for the Encouragement of Arts, Manufactures, and Commerce，今日之Royal Society of Arts，簡稱RSA），其不僅在獎勵項目上設置「文雅藝術」，積極獎勵素描、版畫、油畫等，亦於一七六〇年舉辦首屆英國當代藝術展覽。在此展覽之後，部分參展藝術家們組成了「大英藝術家協會」（Society of Artists of Great Britain），另行舉辦每年展覽，一七六五年時會員數多達二百多人。不過會員之間爭議不斷，最後於一七六八年底一批藝術家從中脫離，在獲得英王喬治三世支持後，組成只有三十四位院士的「皇家藝術學院」。

雷諾茲便是這群少數的藝術家之一，憑藉其學識與聲望，被推選為首任院長。翌年，雷諾茲更獲得喬治三世賜予爵士稱號。這樣的學院體制，在歐洲最早出現於十六世紀中葉的佛羅倫斯，十七、十八世紀逐漸在歐洲各國一一成立。比法國晚了一百二十年才成立的英國皇家藝術學院，雖然後起，卻也在英國藝術發展上施展了無可替代的影響力量，直至今日。

對當時的英國藝術家（畫家、雕刻家、建築師）而言，皇家藝術學院的成立至少有三點意義：第一，形塑集體認同與社會地位；第二，透過每年舉辦夏季展覽，提高英國畫家作品能見度，並形成藝術方面的「公共領域」；第三，透過學院下屬學校，培育年輕藝術家人才。即便「學院派」在十九世紀中後期以來往往被刻畫為是現代藝術前進所需掙脫的枷鎖、推翻的權威，在十八世紀下半葉，學院的設立與存在，卻是藝術家們千呼萬盼始出現的新希望。甚至，在雷諾茲上任院長的首次年度演講中，將之委婉歸結為是文明進展不得不然的軌跡。

從一七六九至一七九〇年底，雷諾茲總共給了十五次的學院公開演講，在其中他闡明了他的藝術理念，以及對歐陸繪畫理論與實踐的洞察，並對年輕學子提出諄諄教誨。當時每次的演講內容都會獨立出版，日後再版時，雷諾茲也常再次修訂，顯見其對此論述的重視。雷諾茲在世期間，有些內容已被翻譯成法文、德文、義大利文流通，因而可說是英國藝術家首次向外「輸出」藝術論述。一七九七年，在雷諾茲逝世五年後，十五次的演講完整集結，併同雷諾茲其他的書寫首度出版，並多次再版直至今日，在歐洲古典藝術論述中，堪稱最重要的著述之一。今日讀來，其優美的文體，仍生動顯示出雷諾茲的深思熟慮。

事實上，除了上述三點意義，雷諾茲對於藝術學院顯然還有更高的期許，希望藝術學院能夠帶領英國整體藝術以及工藝、製造業的提升。十八世紀正是英國製造業、海內外貿易與重商思想大幅發展之際，各種物質文化消費促使了居家與社會生活更加舒適與精緻，但面對法國以及亞洲舶來品等的競爭，英國內部也不斷興起要提升國家競爭力與財富的呼聲。不過，相對於實用論點，雷諾茲顯然有不同的想法。他曾在筆記中駁斥英國教會牧師暨經濟學家塔克（Josiah Tucker, 1713-1799）所謂「大頭針製造商比拉斐爾在社會上更有用」的論點，認為這樣的重商思想太過狹隘。雷諾茲深信藝術提供了智性愉悅及教誨的契機，是理性的生活享受，因此有助於社會健全與提升，絕非無用。他在一七六九年一月二日首次公開演講中更清楚申明：

人們通常只基於商業（mercantile）考量來設置這樣的機構，然而，以這種原則建立的學院，甚至連它自己狹隘的目的也將無法達成。如果沒有更高的源頭，在製造業中將永遠無法形成品味。但是如果更高層的設計藝術（按：即美術）繁盛的話，那麼這些較低階的目標也將會獲得回應。

換言之，雷諾茲認為，藝術學院的重點並非在振興繪畫、雕刻行業，而更在品味標準的提升與培養，從而作為「更高的源頭」帶動製造業的提升。這樣的看法，尤其字裡行間透露出藝術家與工匠地位高低的意識型態，在今日或許難以得到認同。然而，這在當時除了反映出一定程度的社會現實外，也是要造就「藝術家」崇高意象不得不然的論述手段。這是因為，直到十八世紀中，英國畫家在社會上的地位並不高，而是如同手工勞作的藝匠。因此，若要提升其社會聲望，勢必需要手工勞作之外的另一套論述相助。透過這個品味論述，不但讓繪畫的價值得以在中上階層的文化塑造中獲得認同，亦讓畫家得以打造其專業的身分地位，成為文雅社會的一分子。更重要的是，雷諾茲的品味論點，也反映了他所秉持的文明觀。他曾於一七八〇年第九場演講中明白指出，一國強盛與否，往往取決於智識上卓越發展的程度，而貿易及其隨之而來的財富，則是促進智識上卓越發展的憑藉；然而如果一國之人民全都僅專注於致富的手段上，而忘卻了目的，那麼則比野蠻民族好不到哪裡去。

基於此理念，雷諾茲在學院演講中，不斷重申心智能力的重要性，希望學生們努力提升心智，而非只勤練手的技巧。他在一七七一年的演講中就曾說道：

> 藝術的價值與等級就看其運用了多少程度的心智能力，或者引發了多大程度的心智愉悅。遵守或忽視這項原則，將導致我們畫家的職業成為一項博雅藝術（liberal art），或者僅是一項技工行業（mechanical trade）。在前者手中，繪畫因訴諸最高貴的官能而展現了最崇高的抱負；在後者手中，繪畫降低為僅關乎裝飾，其能力所及頂多只是優雅地裝飾我們的住所。

換言之，既然「繪畫是一種溝通思想的語言」，那麼思想內涵與繪畫語言，畫家皆不可偏廢；甚至，繪畫要溝通什麼樣的思想內容，更是決定畫家地位的關鍵。雷諾茲這樣的信念與觀點，基本上繼承了義大利文藝復興人文主義繪畫論述，透過強調藝術所需的心智能力，來提升藝術在社會上的價值與定位。不過，在這樣的繪畫論述中，不同種類的繪畫，也因其被認為所需心智能力高低不同，而也有了高低層級：歷史畫最高，肖像畫其次，風俗畫與風景畫再其次，靜物畫最低。這樣的意識型態，在十七、十八世紀的歐洲藝術學院裡，被視為理所當然，急欲迎頭趕上歐陸藝術發展的英國，勢必無法忽視。

然而，「歷史畫」作為最高層級畫種，這樣的理想在英國社會現實環境中卻難以伸張。和法國皇家繪畫雕刻學院在王室直接支持下，大力推動與贊助歷史畫不同，在英國，即便皇家藝術學院成立後，英國畫家——包括雷諾茲自身——依舊難有歷史畫委託案。這並非說雷諾茲與十八世紀英國沒有歷史畫；事實上，雷諾茲留下了約莫十幅有歷史畫規模的畫作。現今主要以歷史畫留世的十八世紀英國畫家，其中一位和雷諾茲同樣誕生於一七二三年，然而後世聲名卻遠較雷諾茲黯淡。出生於蘇格蘭的漢彌爾頓（Gavin Hamilton, 1723-1798），二十出頭就前往羅馬，一七五一年至一七五六年短暫回到倫敦以肖像畫維生之後，又回到羅馬定居，不像雷諾茲毅然決然投身肖像畫事業。傾心古典文化與國際交遊網絡的漢彌爾頓，在羅馬除了作畫，後來大部分時間從事藝術經銷與考古挖掘，直至一七九八年去世。他於一七六〇年代以荷馬史詩《伊利亞德》創作了系列大幅油畫，成為他現今最為知名的傳世畫作，當時也透過複製版畫廣為流傳，成為十八世紀下半葉「新古典主義」（Neo-classicism）風潮的先驅，包括大概最為臺灣讀者所知的法國新古典主義畫家大衛（Jacques-Louis David, 1748-1825），也多少受其畫作啟發。然而，漢彌爾頓雖在當時羅馬國際文化圈中受到賞識，卻未在英國本土引領畫壇走向，而這，或許也和當時英國歷史畫發展的處境以及後世評斷「英國畫派」的重點有關。

「英國有沒有歷史畫」，是個相當有趣的研究課題。追蹤十八世紀英國歷史畫的案例，可以看出歷史畫概念在此世紀下半葉面臨了新的挑戰與演變。特別值得注意的是，歷史畫開始納入當代的政治、軍事事件等，並且也開始從中世紀與近代英國歷史與文學中取材。這一部分歸功於公益團體如前述「藝術、製造業、商業勵進會」的提倡，其於一七五九年便開始提供歷史畫競賽獎項，並規定參賽畫家必須從「英國歷史」中自選主題。另外則獲助於民間人士的推動，最有名的例子，就是版畫商波伊德爾（John Boydell, 1720-1804）於一七八六年起策動的「莎士比亞畫廊」（Shakespeare Gallery）計畫，邀請了包括雷諾茲等多位英國畫家以莎劇題材繪製油畫，舉行展覽，並以複製版畫集發行，希望藉此促進英國歷史畫發展。這些英國歷史畫的新方向，都有別於歐陸畫派以《聖經》、古希羅神話、古代歷史為題的歷史畫傳統。其中，以當代軍事事件為題材的歷史畫，在現今又往往特別會被舉為闡述英國歷史畫「現代發展」的重要例證。

魏斯特（Benjamin West, 1738-1820）繪於一七七一年的〈沃爾夫將軍之死〉

（*The Death of General Wolfe*），是最著名的案例，畫中癱倒在地上被眾人環繞扶持的沃爾夫將軍，於一七五九年九月十三日英法兩軍於魁北克戰役中殉難。這場戰役是英法兩軍在北美殖民地勢力消長的決定關鍵，成功帶領英軍獲勝的沃爾夫，卻在戰役末聲中槍殉難，也因此成為舉國悼念的英雄。一七七一年〈沃爾夫將軍之死〉在皇家藝術學院展出之際，引來觀畫人潮。小雷諾茲十歲的魏斯特，出生於當時英國在北美的殖民地費城，在義大利大旅行精進畫藝之後，原本預計途經英國再回北美，卻於一七六三年抵達倫敦後從此定居下來，很快打入藝術圈，不僅成為皇家藝術學院創立院士之一，也受到王室與貴族賞識，被喬治三世聘任為王室歷史畫家，更在雷諾茲去世後，繼任為學院院長。魏斯特也從事肖像畫，但不同於雷諾茲，魏斯特有更多的歷史畫創作，題材一方面包括了古代歷史、神話甚至宗教，符合了歐陸傳統以及新古典主義潮流的特色，另一方面也成功開拓出〈沃爾夫將軍之死〉這樣紀念當代軍事英雄的新主題。

事實上，過往並非沒有描繪當代英雄的畫作，不過魏斯特的創舉，在於並沒有依照歷史畫常規將主人翁「古人化」，而是讓沃爾夫穿著當代軍服入畫，如此來表達魏斯特認為歷史畫所應該表達的「歷史真確性」。也正是針對這點，雷諾茲堅持了和魏斯特相對的立場。雷諾茲在學院演講中，一貫主張歷史畫應該表達一般性概念，泯除特定的時空性，如此才能呈現出「宏偉風格」。也因此，雷諾茲認為不宜讓沃爾夫穿著當時服飾入畫，而應讓其身著古裝，如同描繪古代英雄般。以後見之明來看，雷諾茲在歷史畫方面的主張，並未主導未來的發展方向，相反地，十八世紀後期至十九世紀，隨著歐洲戰事更迭與國族歷史意識的興盛，彰顯特殊性的歷史畫作反而成為發展趨勢。換言之，相較於雷諾茲主張的歷史畫傳統在於追求超越時空的普遍人性價值，十八世紀後期起，人們更樂於見到歷史畫作為時代個殊性的見證。

十八世紀下半葉英國，除了漢彌爾頓與魏斯特這兩位幾乎可說是特例的歷史畫家外，大部分英國畫家賴以為生的，仍舊是肖像畫，此外則是描繪貴族莊園與各地景觀的風景畫。換言之，雷諾茲在學院論述中推崇的「歷史畫」理想，對年輕學子而言卻難在英國社會現實中找到對應出路。事實上，這或許可說是「英國畫派」的最大挑戰之一：如何在援用歐陸學院體制下，仍能走出一條「英國畫派」的獨特道路？對於幾乎不從事風景畫創作的雷諾茲，或許超出他的預期，後世對「英國畫派」的認識，往往推舉風景畫為代表。早在十九世紀初，一八一〇年七月《每月雜誌》（*Monthly Magazine*）中的一篇評論就說道：「英國畫派的進展估計會是如此：在宏偉的歷史與詩意題材構圖上呈現退化；在正確的素描與純潔的用色上有進步；在肖像畫上表現傑出；在風景畫上無可匹敵。」至今，一般提起十八至十九世紀中葉的英國繪畫，也常以風景畫與肖像畫為代表。然而，即便如此，雷諾茲所宣揚的理念並非全無作用與影響，至少在他自身，已為肖像畫與歷史畫的結合，或者說，將肖像畫「歷史畫化」，做出了傑出的示範。可以說，「歷史畫」的理想，已滲透入肖像畫、乃至風景畫等其他畫種。

跨領域交流與跨文化視野

雷諾茲並非蟄居於學院象牙塔內的博學畫家。事實上，他還善於社交，而這個能力除了有助於他身為肖像畫家結識上層社會名流，開拓人脈，也是十八世紀英國文雅社會（polite society）的縮影。雷諾茲所懷抱的藝術理念與勤奮工作的態度，以及悠遊上流社會的社交能力，在在為英國畫家建立了煥然一新的社會形象。

十八世紀英國社會，是個喜於「交談」的時代，甚至也因應這樣的社會風潮，出現了新興的「交談畫」（conversation piece），結合了肖像畫與風俗畫，描繪著一群家人或好友輕鬆地聚會聊天。此際中上階層社交生活蓬勃發展，倫敦市裡咖啡館成為文人雅士聚會暢談之所——當然也可以想像，酒館成為歡飲嬉鬧之處，甚至在志於針砭社會的霍加斯眼中，成為墮落之淵。

除了日常的談天說地外，十八世紀也見證了眾多知識性、專業性的社團群體的建立，包括一七〇七年成立的古物研究學會（Society of Antiquaries）、一七三四年組成的文藝同好會（Society of Dilettanti），以及前述的藝術家專業團體。文藝同好會成員皆為壯遊過義大利的貴族士紳，他們特別鼓勵研究古希臘羅馬藝術，譬如曾經贊助建築師史都爾特（James Stuart, 1713-1788）與瑞維特（Nicholas Revett, 1720-1804）前往希臘研究建築遺跡，並將成果於一七六二年出版為《雅典古蹟》（*The Antiquities of Athens*）。此著作成為古希臘建築研究的重要里程碑，並帶動新古典主義建築與裝飾風潮。雷諾茲最初於一七五五年便曾和同好會成員交涉，希望獲得支持成立藝術學院。一七六六年，雷諾茲進而成為文藝同好會會員，同時也獲聘為文藝同好會畫家，為同好會成員留下群體肖像。除此之外，當時還有不計其數的俱樂部。這些各種形式、屬性的聚會群體，伴隨著報刊雜誌等印刷出版的快速發展，以及都市公共空間的設立，構成了十八世紀公共輿論與知識推展的重要網絡。

雷諾茲可說是俱樂部達人，他經常參加的俱樂部包括德文郡（Devonshire）俱樂部、尤米利安（Eumelian）俱樂部、星期四夜總會（Thursday Night Club）、阿爾馬克俱樂部（Almack's）。更重要的是，他在一七六四年向友人詹森博士（Dr. Samuel Johnson, 1709-1784）提議成立了「俱樂部」（The Club），這個俱樂部後世以「文學俱樂部」聞名，其成員包括當時英國一群才華洋溢的知識分子：政治暨哲學家艾德蒙・柏克（Edmund Burk, 1729-1797）、傳記作家詹姆斯・鮑斯威爾（James Boswell, 1740-1795）、戲劇演員大衛・賈里克（David Garrick, 1717-1779）、劇作家奧利弗・哥爾德史密斯（Oliver Goldsmith, 1728-1774）、歷史學家艾德華・吉朋（Edward Gibbon, 1737-1794）、經濟學家亞當・史密斯（Adam Smith, 1723-1790）、植物學家約瑟夫・班克斯爵士（Sir Joseph Banks, 1743-1820）等等各個專業領域人士，成員最多時達三十三人。

雷諾茲早在一七五六年即認識了長他十四歲的著名文人詹森博士，當時他剛耗時十年編纂完讓他享譽後世的巨作《英語辭典》。隨後於一七五八年，雷諾茲也認識了柏克，而柏克剛於前一年出版了《崇高與秀美觀念起源之哲學探究》這部影響深遠的美學論著。換言之，雷諾茲在三、四十來歲開創繪畫事業時，不忘結交當時同樣在文雅社會中力爭上游的其他文人知識分子。甚至在一七六三年冬，雷諾茲為了緩解深為病痛所擾的友人詹森博士，提出創立俱樂部的想法。自一七六四年起，這群友人每週五於倫敦市內土耳其人首酒館（Turk's Head Tavern）聚會，一同用餐、歡飲、暢聊直到深夜。多虧俱樂部中有鮑斯威爾這位勤於寫日記的作家——他同時也是著名傳記《詹森博士傳》的作者，俱樂部中的談話與論辯，被生動地捕捉記錄下來，使後世得以知道當時這些知識分子議論之認真激烈與話題之廣闊。

雷諾茲相當珍惜與這些有著各領域豐富學識的友人暢談的時光，這是他藉以增長見識的方法，也是他作為學院院長給予學生的忠告。在一七七六年底第七次學院演講中，雷諾茲就主張畫家應該要多少熟悉詩人的語言，這樣他才能夠吸收詩意靈感，擴大他的想像；同時畫家也需要認識那些洞察人性的哲學，瞭解人類心靈以及身體運作。養成閱讀習慣是最好的，但是畫家不可能因此潛心閱讀而荒廢勤練技藝，而最好的解決之道，就是藉由和有學問、有才情的人談話來彌補閱讀上之不足，「對那些缺乏深入研究門道或機會的人來說，這是最好的替代手段。這個時代有很多有學問和才情的人，只要藝術家虛心請教，他們會很樂意和藝術家溝通想法。」雷諾茲認為，透過長期和有學問才識的人談話，年輕的藝術家將能夠耳濡目染，逐漸形成理性與系統性的思考方法與判斷能力，得以辨別是非對錯。而將這樣的能力運用到自己的繪畫專業上，便能形成獨到的品味。雷諾茲有充分體會來說出這樣的話，從一七六四年起至一七七六年演講之際，他在俱樂部和這些才華洋溢的友人談天說地，必定給了他深刻的滋養與體悟。換言之，雷諾茲深信，繪畫藝術之所以能贏得世人尊重，甚至能追求真理，絕非只靠勤練手的技藝，而是需要開敞的心靈，透過「跨領域」的請教與吸收，從而鍛鍊藝術家的心智與視野，才能真正達到此目標。

雷諾茲一生除了年輕時去過義大利與巴黎，以及晚年時（一七八一年）去過法蘭德斯（現比利時）與荷蘭，和絕大多數的英國人一樣，終生並未踏出歐洲。然而，即便寓居於倫敦，雷諾茲並非隔絕於正在變動中的外在世界。他的肖像畫中，有些主人翁去過世界其他角落，甚至是來自遙遠的亞洲與大洋洲。雷諾茲為這些人物所畫的肖像，同時也為英國公眾——以及今日的我們——展示了日益頻繁的跨文化交流以及正在擴展的大英帝國。

前述「俱樂部」成員之一的班克斯爵士，小雷諾茲二十歲。在他進入「俱樂部」之前，雷諾茲就先為他創作了肖像畫，這幅畫（圖9-3）於一九八七年由英國國家肖像藝廊從私人藏家手中購入。與臺灣觀眾有緣的是，這幅畫曾於二〇二二年八月至二〇二三年二月隨著英國國家肖像藝廊的其他一批畫作，來到臺南奇美博物館「時代的臉孔：從莎士比亞到紅髮艾德」特展展出。畫中的班克斯直視著畫外觀者，嘴角微微揚起一抹微笑，彷彿正要從座椅上起身迎接我們。他的左手後方顯著的地球儀，顯示著他和遠洋航行的關係，拳頭壓著的紙上有一行引自古羅馬詩人賀拉斯（Horace, 65-8 BC）的拉丁文：「明日我們將再度揚帆浩瀚的深海」（Cras Ingens Iterabimus aequor./ Tomorrow we'll sail the vast deep again）。

班克斯曾就讀牛津大學，發展出對自然史與植物研究的興趣，結識了倫敦的自然科學家，並與對現代生物分類學發展影響深遠的瑞典植物學家卡爾・林奈（Carl Linnaeus, 1707-1778）通信交往。一七六六年，二十三歲的班克斯獲選為皇家科學院（Royal Society）院士，並在同年前往紐芬蘭和拉布拉多（今日加拿大東端省分）進行自然史調查，隨後他出版了以林奈雙命名法對當地動植物的研究成果而初獲名聲。一七六八年，班克斯加入庫克船長（James Cook, 1728-

1779）首次前往南太平洋的探險隊，途中行經南非、巴西、南美、大溪地，最後抵達紐西蘭與澳大利亞。沿途班克斯與其植物學家團隊竭力蒐集當地物種標本，並交由隨行的畫家帕金森（Sydney Parkinson, c.1745-1771）在航行中繪製了近七百張精細的素描稿以及兩百多張的水彩圖鑑，雖然帕金森後來不幸因痢疾病死於回程船上。

一七七一年七月班克斯回到英國，同年十一月與十二月班克斯開始到雷諾茲的工作室讓其繪製肖像，直到一七七三年肖像畫完成，期間班克斯原想要再次參加庫克船長的第二次探險隊，但因故改前往冰島等地。南太平洋的探險成果讓班克斯一舉成名，一七七三年他獲選為皇家瑞

圖9-3 Joshua Reynolds, Sir Joseph Banks, Bt. 1771-1773. Oil on canvas, 127 x 101.5 cm. National Portrait Gallery, London. 圖片來源：Joshua Reynolds, Public domain, via Wikimedia Commons.

典科學院院士，一七七四年加入文藝同好會，更在一七七八年獲選為皇家科學院院長，在任直到一八二〇年逝世為止。雷諾茲的日帳本記錄了多次班克斯到其工作室的日期，加上一七七八年班克斯也成為「俱樂部」會員，共享週五的聚會暢聊，想必雷諾茲不可能不知道班克斯遠洋探險的經歷以及其植物學的成就。雷諾茲創作的這幅肖像畫，正適切地見證了這位自然史探險家意氣風發的生命時刻，也委婉訴說了十八世紀下半葉英國與歐洲知識分子透過航海探險建構世界秩序的宏大企圖。

雷諾茲描繪「外來者」的肖像畫中，大抵以一七七六年完成的〈歐麥（麥的肖像）〉（*Omai, The Portrait of Mai*）最為著名（圖9-4）。這幅畫於一七七六年學院夏季展覽展出時即廣獲好評，自十八世紀末起即收藏於豪爾德莊園（**Castle Howard**）為卡萊爾伯爵家族所有，直到二十一世紀初轉售到一位愛爾蘭商人藏家手中。二〇二二年初藏家決定出售此畫之消息傳出，英國國家肖像藝廊深恐此畫若落入海外私人手中未來將難以見世，因此發動集資五千萬英鎊巨款活動，希望將畫作留在英國。這個事件儼然成為英國藝文界重大新聞，激起諸多議論。直到二〇二三年三月，在未能籌足巨款之下，英國國家肖像藝廊轉向美國蓋提基金會協商，最後於四月底成功確認，將由兩方跨國合作分擔巨款，終於讓這件被認為是「英國藝術史上最重要、最具影響力的肖像畫之一」，能夠留在英國國家肖像藝廊，從此公開展示。這個事件發生在雷諾茲誕辰三百週年，饒富意義。

畫中主人翁，名為「麥」（Mai, ca. 1753-1779）的男子，是第一位踏上英國的玻里尼西亞人，出生於現今法屬玻里尼西亞的賴阿特阿島（Raiatea），從大溪地跟著庫克船長來到英國，一七七四年至一七七六年在倫敦旅居了兩年後返回家

圖9-4 Joshua Reynolds, Omai (Portrait of Mai), 1776. Oil on canvas, 236 x 145.5cm. National Portrait Gallery, London. 圖片來源：Joshua Reynolds, Public domain, via Wikimedia Commons.

鄉。在倫敦的兩年期間，廣受王室與知識菁英歡迎，雷諾茲也出於自身興趣創作了這幅氣宇非凡的真人尺寸全身肖像。雷諾茲讓畫中的麥採取著仿如古代將領或演說家的站姿，構圖上和凱佩爾肖像（圖9-2）有著異曲同工之妙。然而麥身後的背景，則是熱帶地景，暗示著主人翁從何而來。且細看之下，麥手上的紋身圖案依稀可見，立刻揭示出他來自與歐洲截然不同的文化。但與其讓麥身著家鄉服飾，雷諾茲選擇讓麥穿著想像的白色長袍，包著白色頭巾，因而帶點了「東方」的韻味，甚至是體現了十八世紀後期「高尚的野蠻人」（noble savage）的流行觀點。也因為如此的部署，此幅肖像成為充滿了文化符碼的圖像。

相較於〈歐麥（麥的肖像）〉的響亮名氣，長久以來屬私人收藏的〈黃亞東肖像〉則較少為人知（圖9-5）。這幅肖像畫同樣創作於一七七六年，畫中主人翁很明顯是位中國人，穿著暗紅色衣袍，頭戴斗笠，右手握著開啟的摺扇，盤腿坐在一張竹椅上。和麥一樣，黃亞東（c.1753 - ?）臉朝斜側，目光並未與觀者有所交集，而是任觀者凝視。然而又不同於挺拔而立、展現宏偉氣勢的麥，雷諾茲畫中的黃亞東，則以居家般的閒逸之情面世。

事實上，黃亞東並非雷諾茲認識的第一位中國人。由佐芬尼（Johan Joseph

Zoffany, 1733-1810）於一七七一至一七七二年所繪、極具宣示意味的〈皇家藝術學院院士〉（*The Academicians of the Royal Academy*）畫作中，在齊聚一堂的院士群左側，可見一位中國面孔，那是來自廣州的泥塑家Tan-Che-Qua（或Tan Chitqua, c.1728-1796）。一七六九至一七七二年，中年的Chitqua來到倫敦，不僅其泥塑肖像一時成為風尚，他也獲英王喬治三世接見，並參與皇家藝術學院聚會與展覽。

過去黃亞東與Chitqua曾被混淆，但黃亞東並非藝匠出身，事實上我們對他的生平所知甚少。在近年幾位學者的追查下，大抵知道黃亞東是生長在廣州的平凡百姓，僅十來歲時，結識了當時在廣州

圖9-5　Joshua Reynolds, Portrait of Huang Ya Dong, 1776. Oil on canvas, 130 x 107 cm. Knole, Kent. 圖片來源：Joshua Reynolds, Public domain, via Wikimedia Commons.

擔任英國東印度公司常駐押運員的布拉比・布雷克（John Bradby Blake, 1745-1773）。布拉比・布雷克本身是植物學家，在廣州時熱衷研究中國的植物，並聘請當地畫師繪製植物圖鑑，此外也將當地種子送到英國和美國殖民地繁殖。年輕的布拉比・布雷克不幸於二十八歲因病去世，留下許多研究手稿與植物圖繪。約莫一七七四年，二十出頭的黃亞東搭上商船，帶著布拉比・布雷克的遺稿來到倫敦，受到布拉比・布雷克的父親（Captain John Blake, 1713-1790）接待。布拉比・布雷克的父親亦曾任職於英國東印度公司，自一七五八年起便是「藝術、製造業與商業勵進會」會員，並擔任殖民地與貿易委員會以及製造業委員會的主席，人脈廣闊。他在一七七五年一月十二日將黃亞東介紹給藝術、製造業與商業勵進會的成員。有趣的是，在同一場合，麥則是另一位遠到而來的賓客。黃亞東因此順利打入社交圈，與不少英國人士交流，協助解決英國人對中國語言文化的好奇與疑惑。一七九〇年代當他回到廣州後，甚至仍和時任皇家科學院院長的班克斯爵士有通信來往，回應班克斯希望他寄送有關中國歷史書籍與植物的請求。

黃亞東在英期間一度擔任多瑟第三任公爵（John Sackville, 3rd Duke of Dorset, 1745-1799）情婦的僮僕，住在肯特郡的鄉間別墅諾爾（Knole），雷諾茲的這幅肖像畫，就是在多塞公爵委託下所作，並從此至今懸掛在諾爾別墅裡，與其他諸多英國名人肖像畫並列。或許這幅「不知名」的中國年輕人肖像，在其中顯得多少有些突兀，更或許也很容易就淪為十八世紀英國「中國熱」（Chinoiserie）敘事中的一個樣本，彷彿展示著當時英國人對遙遠國度的好奇想望。然而，對身為肖像畫家的雷諾茲而言，最關鍵的問題或許是：究竟要怎麼描繪一位來自迥異文化的個人？肖像畫畢竟不只是像不像的問題，不只是「實用、庸俗的技藝」，而是一層層的文化符碼。

除了上述兩個「外來者」案例，雷諾茲創作的肖像畫中也可見來自印度與非洲的人物，不過這些往往作為僮僕或女僕的角色出現在英國主人翁的身側。這些肖像畫，不僅讓我們可以探知雷諾茲的一生如何與世界交織，也為十八世紀後期英國與世界相遇的故事，提供饒富興味的謎樣線索，有待觀者一一拆解。

結語

十八世紀英國在政治、經濟、社會文化上歷經重大變動，崛起為歐洲主要勢力之一，甚至深深影響後來世界的發展。十八世紀也是「英國畫派」崛起的關鍵年代，雷諾茲則是其中重要舵手。皇家藝術學院的成立，以及雷諾茲的藝術論述，為英國藝術家的專業形象與社會地位建立根基。雷諾茲對歐陸繪畫傳統的熟稔，除了幫助他自己開創出新的肖像畫模式，也藉此提升了肖像畫的位階，為「英國畫派」找出一條活路。透過肖像畫創作，雷諾茲得以為當時的貴族名流、文人知識分子留下見證，讓我們可以在今日一覽十八世紀英國重要人物的面貌，進而探查他們的社會文化處境、價值觀與世界觀。當然，當今對於「英國藝術」的認識，已遠遠超過這個「英國畫派」崛起的故事，然而雷諾茲畢生的努力與影響力，依舊是不可遺漏的重點。

或許相較於本書其他主人翁——文人思想家——對於後世政治、經濟、學術上有既廣且深的影響力，以畫筆維生的雷諾茲，儘管畢生傾力透過論述提升繪畫的價值與社會地位，似乎注定最終仍只能有限地為亟欲打造文雅社會的英國上流人士「優雅地裝飾生活」。這樣的優雅裝飾或品味享受，對一般老百姓來說，如果不是離現實生活太遙遠，就是就算缺乏也不至於如挨餓受凍般難以承受。尤其對於遠在三百年後的臺灣讀者而言，認識這樣一位英國畫家，有什麼益處？或許，我們可以轉換個提問方式：藝術創造與欣賞活動，在社會上究竟有什麼價值與意義？這不只是雷諾茲一生透過實踐與論述所努力解答的問題。事實上，這應該也是個具有普遍性意義的提問，對現今社會同樣有效。經濟的考量固然重要，也是當今國家政策制訂時大抵關注的重點，然而雷諾茲一生所堅持與展現的信念——就算藝術世界已今非昔比——或許依舊提供一條思路。

本圖僅作為人物行徑路線之參考，依照現今疆界繪製，非十八世紀實際疆界劃分。

參考書目

- Ashley-Cooper, Anthony, 3rd Earl of Shaftesbury. *Second Characters, or the Language of Forms*, ed. Benjamin Rand (Cambridge: Cambridge University Press, 1914)
- Ching, May-bo. "The 'English Experience' among the Humblest Chinese in the Canton Trade Era (1700s-1842)," *Curtis's Botanical Magazine* 34: 4 (December 2017), pp. 298-313.
- Clarke, David. "Chinese Visitors to 18th Century Britain and Their Contribution to Its Cultural and Intellectual Life," *Curtis's Botanical Magazine* 34: 4 (December 2017), pp. 498-521.
- Damrosch, Leo. *The Club: Johnson, Boswell, and the Friends Who shaped an Age* (New Haven: Yale University Press, 2019).
- Dias, Rosemarie. *Exhibiting Englishness: John Boydell's Shakespeare Gallery and the Formation of a National Aesthetic* (New Haven: Yale University Press, 2013).
- Errington, Lindsay. "Gavin Hamilton's Sentimental Iliad," *The Burlington Magazine* 120: 898 (Jan. 1978), pp. 10-13.

- Fenton, James. *School of Genius: A History of the Royal Academy of Arts* (London: Royal Academy of Arts, 2006).
- Goodman, Jordan and Peter Crane. "The Life and Work of John Bradby Blake," *Curtis's Botanical Magazine* 34: 4 (December 2017), pp. 231-250.
- Grossman, Loyd. *Benjamin West and the Struggle to be Modern* (London: Merrell, 2015).
- Hallett, Mark. *Reynolds: Portraiture in Action* (New Haven: Yale University Press, 2014).
- Hamilton, Gavin and Brendan Cassidy. *The Life & Letters of Gavin Hamilton (1723-1798): Artist & Art Dealer in Eighteenth-Century Rome* (London: Harvey Miller, 2011).
- Mannings, David. *Sir Joshua Reynolds: A Complete Catalogue of His Paintings*, 2 vols. (New Haven: Yale University Press, 2000).
- Northcote, James. *The Life of Sir Joshua Reynolds*, second edition (London: Henry Colburn, 1818).

- Postle, Martin ed. *Joshua Reynolds: The Creation of Celebrity* (London: Tate Publishing 2005).
- Reynolds, Joshua, *The Works of Sir Joshua Reynolds: Knt. Late President of the Royal Academy of Arts. Containing His Discourses, Idlers, A Journey to Flanders and Holland, (now First Published,) and His Commentary on Du Fresnoy's Art of Painting; Printed from His Revised Copies, (with His Last Corrections and Additions,) in Two Volumes* (London: T. Cadell, Jun. and W. Davies, 1797).
- Reynolds, Joshua. *Discourses on Art*, ed. Robert R. Wark (New Haven and. London: Yale University Press, 1997).
- Richardson, Jonathan. *An Essay on the Theory of Painting* (London, 1715).
- Smiles, Sam ed. *Sir Joshua Reynolds: The Acquisition of Genius* (Bristol: Sansom & Company, 2009).
- Wendorf, Richard. *Sir Joshua Reynolds: The Painter in Society* (Cambridge: Harvard University Press, 1996).
- 利奥・達姆羅施著，葉麗賢譯，《重返昨日世界：從賽繆爾・約翰遜到亞當・斯密，一群塑造時代的人》，桂林：廣西師範大學出版社，2022。

．宮布利希著，雨云譯，《藝術的故事》，三版，臺北：聯經，1997。
．陳國棟，〈雪爪留痕——十八世紀的訪歐華人〉，《故宮學術季刊》二十一卷二期（2003冬），頁233-263。
．程美寶，《遇見黃東：18-19世紀珠江口的小人物與大世界》，香港：中華書局，2022。
．謝佳娟，〈十八世紀英國「宗教藝術」重建的契機：從對拉斐爾圖稿及二則宗教圖像的論辯談起〉，《歐美研究》，四十二卷三期，頁535-590。
．謝佳娟，〈十八世紀英國有什麼樣的風景畫？（上篇）（中篇）（下篇）〉，漫遊藝術史部落格。https://arthistorystrolls.com/2019/11/14/十八世紀英國有什麼樣的風景畫？（上）／（擷取日期：2023.6.9）。
．謝佳娟，〈英國有藝術嗎！（上篇）〉：https://arthistorystrolls.com/2019/10/24/英國有藝術嗎！（上篇）／（擷取日期：2023.5.31）。
．謝佳娟，〈「自然之美與藝術經典的國家品味」：十八至十九世紀初印刷文化對英國貴族鄉間別墅形象的塑造〉，《藝術學研究》，第二十五期，二〇一九年十二月，頁1-91。

・謝佳娟，〈設計的化身、繪畫的文法：十七至十八世紀中葉英國素描概念的演變與意義〉，《新史學》，第二十一卷四期，二〇一〇年十二月，頁57-139。
・謝佳娟，〈藝術的進程：十八世紀下半葉英國藝術、製造業、商業勵進會對文雅藝術的提倡〉，《藝術學研究》，第二十六期，二〇二〇年六月，頁57-142。

憲政自由的開創：布萊克史東與普通法

中央研究院人文社會科學研究中心助研究員
陳禹仲

前言

這是另一個與一七二三年息息相關的故事。但故事卻要從與一七二三年間隔三百年的今天開始說起。

當我們提到影響美國憲政民主制度深遠的啟蒙文人時，我們的心中會浮現哪些名字？對許多美國人來說，第一個浮現的名字也許是十七世紀的英格蘭政治思想家約翰·洛克（John Locke），以及他的《政府論次講》（*The Second Treatise of Government*）。在這本書裡，洛克指出任何一個維繫政治自由的政體，都必須符合一個充要條件：立法權與行政權分立。除了這個原則之外，洛克在書裡還強調，如果一個政府無法善盡政府對公民應盡的職責，公民有正當權利解散政府，並且解散政府的行為將不會危及國家的存亡。在許多美國人看來，這兩個原則深深影響了美國建國先賢（the Founding Figures）。是這兩個原則，賦予了北美十三州殖民地反抗大英帝國統治、尋求獨立的行動正當性的法理基礎。除了洛克之外，也有不少美國人會指出，影響美國憲政最深遠的啟蒙哲士應該是十八世紀的法國哲人孟德斯鳩（Montesquieu），尤其是他的不朽名著《論法的精神》（*L'Esprit du Loi*）。

在這本連伏爾泰（Voltaire）都不禁望其宏博複雜而興嘆的著作裡，孟德斯鳩為一個政治難題提出了影響後世（尤其是美國）深遠的解方。那個難題的內容約莫是這樣的。在所有的政體當中，唯有幅員有限因此得以落實公民參政的共和國，能夠從憲政制度上保障公民的政治自由。然而也正因幅員有限，共和國不可避免地將會在地緣政治上，面臨到周邊大國的挑戰與威脅。共和國要如何能在確保政治自由的政體的同時，又能有效對抗鄰近大國的侵略野心呢？這是一個從十五世紀開始，便困擾著不少思想家的難題。舉例來說，因為寫下《君王論》（*Il Principe*）而惡名昭彰的佛羅倫斯人文學者馬基維利（Machiavelli），便曾經斷定這個難題注定了共和國悲劇的宿命。在馬基維利看來，渺小的共和國如果想要維繫政治自由，唯一的方式便是透過全民皆兵的徵兵制度，確立共和國能夠在戰場上阻擋鄰近大國的侵略。然而，戰爭畢竟所費不貲。共和國每一次成功地在戰場上獲得勝利、捍衛自由，就會需要更多的經濟資源來修復戰爭造成的民生困境。這使得共和國最終也必須走上擴張一途，如此才能獲得更充沛的土地、經濟與人力資源。然而，隨著共和國的領土開始擴張，確保全民參政的憲政制度也勢必將無法有效率地運作。久而久之，共和國必然會逐漸轉型成另一種政體，原本全民參政共同議事的制度，將會被更有效率的單人或少數集團統治負責行政決策的制度所取代。共和國成功地在軍事上捍衛了自由，免於被鄰近大國吞併，卻也走上了內部制度轉型、取消全民參政，使得共和國民存實亡的道路。馬基維利說，被吞併還是擴張轉型，這是「共和國的難題」（the dilemma of republics）。而他指出，羅馬從共和國開始轉向帝制，從一個政治自由的城市國家轉向成仰賴奴隸與傭兵的帝國，血淋淋地體現了這個兩難。

但為什麼這個難題，以及孟德斯鳩對這個難題的解方，會與美國息息相關呢？從獨立戰爭伊始，北美十三州殖民地便不約而同地強調，十三個殖民地在獨立之後所要創建的，是與大英帝國的壓迫與獨裁截然相反、是十三個保障公民參政與憲政自由的共和國。而這也意味著這十三個新生的共和國，也面對著其他共和國所經歷過的威脅。大英帝國依舊盤踞著加拿大、也有著與北美印第安部落的策略同盟。絕對君主專制的法國盤據在今天的紐奧良一帶，虎視眈眈地想趁機介入並侵占南方共和國的政治與經濟利益。在海路上，北方共和國的貿易船線除了面對英法的威脅外，也要擔心依然雄踞中南美洲的西班牙帝國的攻擊。儘管遠離了歐洲大陸，北美十三個共和國依舊被歐洲的帝國威脅著。在如此惡劣的地緣政治環境裡，新生的共和國要如何自處，才能免於陷入「共和國的難題」，確保政治自由既不會從外被撲滅、也不會自內消亡？在《論法的精神》裡，孟德斯鳩為此難題提出了一個獨具洞見的觀點。他說，如果共和國彼此締結契約，共同組成一個既能保持彼此獨立，卻又有著強大中央政府效能的聯邦政體呢？

聯邦政體的獨特性在於，聯邦既不是單純因為共同利益或因為共同敵人而組成的同盟，也不是消解自身主權獨立性、構成一個更大的國家的整合過程。聯邦政體一方面強調了聯邦憲政與聯邦政府對邦國有著一定的規範效力，同時也強調了各個邦國儘管身為聯邦政體的一員，依舊保有一定的行政、立法與司法獨立性。孟德斯鳩認為共和國能夠組成聯邦政體，從而在內保有各個共和國的獨立主權，在外能夠構成在規模上足以與帝國相匹敵的政治單位，進而化消「共和國的難題」。這個創見對美國憲政的影響，自是不消多言。在美國立憲辯論中，立場堅定擁護聯邦憲法以及聯邦體制的三位文人：亞歷山大・漢彌爾頓（Alexander Hamilton）、詹姆斯・麥迪遜（James Madison）、與約翰・傑伊（John Jay），便是大量援引了孟德斯鳩，以他在《論法的精神》裡對「共和國的難題」提出的解方為基礎支援他們的觀點，強調北美十三州必須建立一個以聯邦憲政為框架的聯邦共和國。直到今天，我們仍可見到聯邦憲政在美國政治的運作軌跡。即便在今天，美國的政體除了聯邦憲法與聯邦最高法院以外，各州也具備相對獨立的憲法與最高法庭。例如在COVID-19的疫情期間，威斯康辛州的最高法院便曾透過釋憲，強調該州州長響應聯邦政府對美國公民必須在公共場合戴口罩的呼籲所實行的行政命令，違反了該州憲法所保障的基本權益，因此在威斯康辛州並不具備合法效力。

孟德斯鳩對美國聯邦憲政的影響固然深遠，但如果要說到十八世紀對現今美國憲政運作依然密切相關的人物，或許是另一名在一七二三年出生、在十八世紀聲名遠播，如今卻已逐漸被人們所淡忘的人物。那就是出生於倫敦中產階級家庭的法學家，在十八世紀因為撰寫了《英格蘭法評述》（*Commentaries on the Laws of England*）而享譽大西洋兩岸的威廉・布萊克史東（William Blackstone）。儘管在今天，布萊克史東的名字不若孟德斯鳩或洛克如此為人耳熟能詳，但他對美國憲政如何實際運作的影響，卻遠超乎兩人，且時不時便會被重新烙印在美國憲政的體質中。最晚進的實例，也是美國憲政近幾十年來最深具爭議的時刻：聯邦最高法院在二〇二二年，以六比三的多數，裁示自一九六三年起《羅訴韋德案》（Roe v. Wade）以來便確立的婦女受聯邦憲政保障墮胎權的決議，實屬違憲。在判決書裡，主筆的聯邦大法官山謬爾・阿利托（Samuel Alito）多次引用了布萊克史東的《英格蘭法評述》，強調美國聯邦憲政具備了英格蘭法的普通法（common law）特質，因此必須仰賴判例的合法性。並在此基礎上，進一步引用布萊克史東，指出即使是在胎動前墮胎，也構成謀殺事實。聯邦最高法院在二〇二二年如此裁示，引起了軒然大波。其中最為人爭論之處就在於，在二〇二二年的今天，援引十八世紀對墮胎與謀殺的法理論據作為判決基礎，是否合宜。但無論爭議如何，至少可以肯定的一點是，直到今天，布萊克史東對普通法的詮釋與憲政自由的論述，依然是籠罩著美國憲政運作的幽影。事實上，不只是推翻墮胎權的《多布思訴傑克森女性健康組織案》（Dobbs v. Jackson Women's Health Organization），在美國的憲政史上，布萊克史東多次被聯邦法院大法官援引作為判決依據。其中尤其值得注意的是，在幾次關乎女性權益的訴訟案裡，布萊克史東往往被反對藉由最高法院判決促進女性權利（例如私有財產權）的保守傾向聯邦大法官視為判決理據。

這樣的結果，讓布萊克史東開始具備兩種形象。要不是淡出在大眾的記憶裡，不為人知地作為重要憲政權威影響著美國聯邦最高法院的詮釋與裁決，要不就是在法律人眼中，作為反對進步價值、擁護男性權威與現代政治脫節無關的古人。然而，這卻不是在十八世紀，在布萊克史東所撰寫的《英格蘭法評述》裡的形象。事實上，布萊克史東之所以對美國聯邦憲政有著這麼深刻的影響力，與美國建國先賢自獨立開始以至立憲，便不斷將他視為最重要的憲政權威脫離不了關係。而之所以如此，則是因為布萊克史東在四冊的《英格蘭法評述》中所表述的，作為憲政政體最為核心的價值：以憲政保障的隱私權為基礎的憲政自由。《羅訴韋德》所確立的憲政保障的墮胎權，就是最直接的事例。《羅訴韋德》所決定的，並不是直接保障女性有墮胎的權利，而是憲法必須保障女性有不受干涉為自己的身體做決定的隱私權。

這章要講述的，就是布萊克史東，以及他如何試圖為不成文憲法樹立科學典範，以此保障憲政自由的故事。

布萊克史東與法學教育

威廉．布萊克史東出生於一七二三年七月十日，他的父親是一名專營絲綢貿易的商人。布萊克史東一家絕非顯貴，但父親的生意足以讓一家子過上相對安穩的生活。根據十八世紀的稅收紀錄顯示，布萊克史東一家是他們教區裡數一數二富庶的家庭。可惜的是，威廉．布萊克史東的父親，查爾斯．布萊克史東（Charles Blackstone）並沒能活著見到幼子的誕生，他的母親也在威廉十二歲時過世。母親辭世的那年，布萊克史東正在英格蘭薩里郡的查特豪斯公學（Charterhouse School）。在學期間突然失去了母親，讓布萊克史東險些失學。在十八世紀的英格蘭，雙親驟逝，對許多中產階級孩子來說，只是噩夢的開始。原本能享受相對舒適的物質生活與家庭溫暖的他們，因為失去父母與監護人的緣故，往往不得不進駐工房成為學徒以利謀生，從此失去受教育的機會。但幸好，威廉・布萊克史東的叔叔湯瑪斯・比格（Thomas Bigg）在家破人亡之際接住了他。湯瑪斯是一名在倫敦從業的外科醫生，也深明有著良好的教育背景，對十八世紀中產階級小孩的生涯發展而言，有著多麼重要的意義。事實上，自從威廉出生以來，湯瑪斯一直扮演著父親的角色，積極地規劃著威廉學齡前的教育，更慷慨地資助了威廉，讓他得以在母親過世後，延續查特豪斯公學的學業。當然，威廉的學業足以持續，並不只是湯瑪斯的支持。更至關重要的，是威廉自己傑出的表現，讓他在一七三五年（也是威廉失去母親的那一年）得到了當時就任第一位英國首相的羅伯・華爾坡（Sir Robert Walpole, 1676-1745）引薦，得以以所謂「清寒學士」（Poor Scholar）的身分，獲得學費減免資格，在耗費不貲的公學裡延續課業。在一七三八年十月，威廉爭取到了牛津大學潘布魯克學院新設立的獎學金，負笈前往牛津就讀。以十八世紀的標準來說，牛津大學所能提供的，並不是最新穎的訓練。事實上，從十七世紀開始，後世不少著名的數學家、自然哲學家（今天的科學家）、人文學者便曾一一在書信、日記、甚至回憶錄裡，批評他們在牛津大學所受的教育是迂腐過時的。但所謂的「迂腐過時」，最主要是因為與當時已經開始進行學制改革的大學（例如位處蘇格蘭的愛丁堡大學與格拉斯哥大學）相比，牛津大學的學制依然謹守著文藝復興以降的人文學訓練傳統。而這也反映在威廉．布萊克史東於牛津所接受的訓練。威廉必須要研讀希臘文與拉丁文，修習邏輯學、修辭學、幾何學、算數、道德哲學、形而上學……等歐洲經典的人文學訓練。他優異的表現，則讓他在一七四〇年，以入學一年半的初學之姿，完成人文學的初階訓練，開始進階的修業。威廉所選擇的進階課程，是市民法學士（Bachelor of Civil Law）的學位。

在當時，市民法學士的訓練耗時七年。在完成前兩年的基礎人文學訓練之後，接續的五年才是兼顧法學訓練與參與實務法律訴訟，幾乎是某種產學合作胚型的訓練模式。然而，在威廉求學期間，這樣的訓練模式卻存在著長年來困擾學生的根本難處。如前所述，牛津大學的學業訓練延續著文藝復興以降，歐陸大學的人文訓練傳統。而這也體現在法學課程上。不只是牛津大學，當時不列顛島上所有大學的法學課程所教授的，皆是歐洲大陸羅馬法體系的法學規範。事實上，將法律區分成自然法、市民法與萬民法這樣的系統，便是羅馬法體系獨特的分類方式。在歐洲大陸，這樣的訓練再自然不過。因為在歐洲大陸各個國家運作的法律體系，與它們曾經受羅馬帝國統轄，接受並逐漸轉化了羅馬帝國法典與法律制度的歷史息息相關。然而，這樣的情形，卻不適用於英格蘭與蘇格蘭。英格蘭與蘇格蘭實行的法律系統，是所謂的「普通法」（common law）。這樣的法律系統並不像羅馬法一般，仰賴著一本鉅細靡遺記述法律條文的法典，作為法官判決與律師訴訟的依據。相反地，作為法律判斷標準的，是散落於各個法院經年累月積累而成的個案判決書。換句話說，在普通法的系統下，訴訟的關鍵爭辯以及判決依據，往往取決於訴訟人能否有效找到最具說服力的判例（precedents），進而指出依據先前的判例裁刑結果，眼前的案件應該如何處置。

普通法與羅馬法的差異，意味著在威廉求學期間，法學的訓練中存在著學業與實務上的斷裂。學生們一方面在學校修習的，是歐陸的羅馬法體系，另一方面卻又發現，這些學業訓練在他們的法律實務實習中全然派不上用場。學生們只能在被稱為律師學院（Inns of Court）的大律師訓練機關中，獨自摸索著普通法的法律實務該如何進行，以及普通法規範原則的相關知識。與威廉同樣在一七二三年出生，也曾經在牛津大學就讀過的亞當．史密斯（Adam Smith, 1723-1790）便曾不只一次在書信裡抱怨如此斷裂的訓練。只是，在學期間的威廉還不知道，普通法與羅馬法差異，以及法學實務與學業的斷裂，將會成為他往後人生的主調。

威廉從一七四一年十一月二十日開始，在倫敦四大律師學院之一的中殿律師學院（Middle Temple）展開實務訓練，並在一七四六年十一月二十八日取得律師資格。威廉早期的律師生涯並不順遂，他沒有足夠的人脈、也不怎麼適應繁忙瑣碎的倫敦律師生活。與都會的喧囂相比，威廉．布萊克史東更喜愛牛津的學院風光與學術氛圍。事實上，即便取得了律師資格，威廉依舊不曾定居於倫敦。從一七四三年十一月獲選為學院院士開始，威廉就長住在牛津的萬靈學院（All Souls College）裡，通勤倫敦與牛津兩地。只有在業務繁忙、無法立即返回牛津的季節，威廉才會不情願地短租於倫敦。就算是律師職務，比起實際參與訴訟，威廉更喜歡的工作顯然是研究判例與撰寫報告。他要等到一七四八年，從他取得律師資格已近整整兩年，才迎來第一樁由他主訴的訴訟案。威廉自己也察覺他對訴訟的興趣缺缺、對倫敦的步調不慎喜愛。在牛津，威廉開始積極地尋求參與大學管理的職缺，並在一七四六年得到了萬靈學院的總務職位。這讓威廉開始有機會參與規劃學院的修繕整建，而他也負責修築了萬靈學院的圖書館。直到今天，柯德靈頓圖書館（Codrington Library）依然是牛津大學圖書館群中，最具特色也蘊藏最多法律判例的圖書館之一。與此同時，威廉也持續進修，並在一七五〇年四月取得了市民法博士的學位。法學博士的學位，讓他取得進入牛津大學理事會的資格，而威廉也成功獲選，得以更進一步規劃牛津大學的改革。也是在這段期間，威廉在書信裡寫下了他的自白。他不想繼續倫敦的律師工作，而想全心投注於牛津大學的管理職務。除此之外，他也想在大學裡開設普通法的法學訓練課程。

一七五三年，牛津大學的欽定市民法講座教授（The Regius Professors of Civil Law）有了空缺，但威廉的申請最終以失敗告終。申請失利並沒有妨礙他想講授普通法課程的企圖。最終，威廉開始在萬靈學院的支持下，展開一系列的私授講座，講座的內容正是分析英格蘭普通法的傳統、本質與規範原則。在牛津大學的制度裡，私授講座是在學校制定的教程之外，由學者自己開立的講座系列。參與授課的學生，也因此必須要在正規學費之外，繳納額外的講座學費。這意味著私授講座往往聽者有限。然而，威廉·布萊克史東的私授講座很快地便在口耳相傳間，逐漸在牛津大學與倫敦的律師圈為人所熟知。講座的成功，讓威廉·布萊克史東的聲名鵲起。尤其在倫敦、牛津與劍橋三地，威廉·布萊克史東開始逐漸被視為普通法的法學權威。最終，在一七五八年三月八日，威廉如願以償，被牛津大學理事會聘任為威納里安英格蘭法講座教授（The Vinerian Professor of English Law）。這是英國所有大學中，第一個專門講授普通法的講座教授職位，也正式確立普通法與羅馬法並立，共同成為英國大學法學訓練的專業科目。而威廉・布萊克史東則成為英國大學有史以來第一位專任普通法的教授。

威廉的私授講座，於一七五六年以《英格蘭法分析》（*An Analysis of England*）為名出版。首刷的一千冊在問世不久便即售罄。這讓他更加堅決地投入了普通法的研究工作，最終，於一七六五年，當威廉卸下威納里安英格蘭法講座教授的職務後，他將近十年的研究與授業成果整理成冊，出版成時至今日依舊被美國聯邦最高法院大法官援引的重要著作：《英格蘭法評述》。

威廉最終還是重新參與了倫敦的律政事務，只是不再是以訴訟律師的身分參與實務，而是以普通法權威的名譽，於一七七〇年二月九日，在國王喬治三世的親自關切下，被任命為民事訴訟法院的法官，並在一七七四年成為王座法庭法官。

威廉・布萊克史東的生平見證了普通法如何逐漸成為一個被制度認可的學科。然而，真正讓這位誕生於一七二三年的法學家與世界接軌的，卻不是他屢有際遇的人生，而是他一生教研的結晶。

普通法與聯邦政治

在今天，當人們提到英國的法律體系時，往往會以「不成文法」來形容英國的憲政制度。「不成文法」（Lex Non Scripta）正是威廉·布萊克史東用來形容普通法這個制度的代稱。事實上，正如威廉在《英格蘭法評述》裡所指出的，「不成文法」是一個不甚精確的稱呼。根據《英格蘭法評述》，英國的法律可以被大致區分為兩大類：其一是具備明確條文規範的國會立法，其二則是法院判決書所構成的判例。以這些判例為主體的法律類別，即是普通法。普通法有別於國會立法之處在於，它並沒有明確的條文規範什麼行為違法，而是必須透過分析具體的判決書論述內容，才能明白什麼樣的行為，在什麼樣的情境下，構成什麼樣的傷害，可以被判處什麼樣的罰責。普通法之所以「不成文」，並不是因為它真的是不被文字記錄下來的法律。恰恰相反。每一份法院的判決書都是明文具載，存在明確文本證據、具備法律效力的書寫文件。普通法的「不成文」之處在於，普通法的規範內容，並不是被法典以條列式的方式彙整記載。

這使得普通法具備了一個成文法典難以具備的深刻含義。如威廉在《英格蘭法評述》裡所宣告的，普通法的法律並不存在於法典之中，而是存在於法庭的判決書裡。法律存在於法庭的判決書則更進一步意味著，普通法的法律是活生生地活在社會的法治文化（legal custom）之中。這是因為，法官的判決往往直接影響到與案件相關的人們的生活。如果法官的判決是完全以法典為本，這樣的判決很可能會使法官過度糾結於法典內文法規則的詮釋，而忽略了實際上法律所關係到的人們的生活習慣。然而，如果法官的判決一直以來所仰賴的，都是當地人們生活習慣中所呈現的規範，並透過判決的方式將這些規範具體化作具備法律效力的規則，那麼後世法官以這些判決為先例所裁示的結果，將很可能會比全然仰賴一本法典的裁決更將貼近人們的生活與社會的風俗。在《英格蘭法評述》裡，威廉．布萊克史東就是在這樣的基礎上強調，英格蘭與歐陸最大的差別就在於，歐陸的法政體系所仰賴的，是一本鉅細靡遺的法典。但英格蘭所仰賴的，是深植於當地生活的法治文化。

在區別了羅馬法與普通法在本質上的差異之後，威廉．布萊克史東進而指出，為什麼普通法的特質，使得英格蘭得以確立一個以自由為核心的政體。這固然是威廉挾帶一定的偏好所做出的判斷，但他對英格蘭之所以能仰賴普通法，塑造一個自由的憲政、甚至於塑造出一個自由的帝國的觀點，正好也是影響大西洋彼端的世界最為深遠的地方。

英格蘭是一個以政治自由為核心的國度。這是十八世紀歐洲普遍的共識。這並不表示其他歐陸國家的人們就不享有政治自由，也不表示其他歐陸國家以英格蘭為鑑，批判或反思自己的國度為什麼沒有那麼自由。在十八世紀歐洲，政治自由並不是人們眼中，一個政體最為重要的價值。在當時的人們眼中，有更多價值，可能遠比自由值得重視。例如慈愛精神（benevolence）、美德（virtue）、榮譽（honour）……等等。也正因如此，英格蘭這麼一個以政治自由為傲的國家，反而有些反常。在當時的文人眼中，英格蘭更為反常的地方在於，與當時其他歐陸國家視政體存在的目的是為了國家富強相比，英格蘭視政體的存在是為了服務政治自由。這一章初始提到的孟德斯鳩，正是因為英格蘭如斯反常，在《論法的精神》裡甚至耗費了整整一個章節，試圖分析英格蘭的政體結構，並解釋為什麼這樣的政體結構得以為政治自由服務。

前面曾經提到，《論法的精神》是一本影響幅度極深極廣的著作。威廉・布萊克史東的《英格蘭法評述》，便深深地受到孟德斯鳩的啟發。首先，威廉延續了孟德斯鳩的觀點，指出法律是一種普世存在的現象。但凡有人類社會組織的地方，就會有法律體系的存在。其次，他同樣延續了孟德斯鳩的觀點，強調儘管法律是一種普世現象，但各個社會組織所具備的法律體系，卻會有著彼此截然不同的樣貌。威廉與孟德斯鳩都認為，這是因為各個社會的法律體系，會隨著歷史推演，自然發展出最適合當地風土民情的法律系統與法治文化。但是，就是在這一個基礎上，威廉．布萊克史東比孟德斯鳩更進一步，指出了英格蘭為什麼有別於其他歐陸國家，成為唯一一個開展出自由政體的社會。

這之中的關鍵，就在於普通法的發展。前面提到，英格蘭的憲政制度是依循普通法發展而來，而普通法又是英格蘭當地的風俗規範，透過當地法院判決成為具備法律效力的規則，逐漸豐富起來的法律系統。普通法因此完全符合了孟德斯鳩與威廉對良好法律體系的定義：這是一個當地文化自身演化而出的法律制度。在威廉．布萊克史東眼裡，歐陸其他國家並沒有能夠如英格蘭一般，發展出屬於自身文化的法政體；這些國家所擁有的，是以羅馬帝國時期的《查士丁尼法典》為核心發展而成的羅馬法體系。在威廉看來，這表示這些國家的人民的生活，始終受到不屬於他們自身生活經驗的法律條文所約束。很可能因為法官為了盡可能做出更貼近法典條文的判決，而忽略了人們真實的生活經驗。

英格蘭之所以能夠保有自由，除了因為普通法獨立於羅馬法之外，屬於英格蘭人自身的法治秩序，更重要的是，普通法仰賴對於判例詮釋的特質，使得法院訴訟必然仰賴特定的程序，使得與案件有關的人們得以依循程序，指陳對自己有利的判例後才訴諸仲裁。威廉認為，這間接地確立了法治程序的重要性。英格蘭人因此受到自身法治文化與著重法制程序的法律體系所保護，而這也確立了他們被法律秩序所認可的權利。威廉指出，早從十七世紀開始，英格蘭的法律體系就已經發展出成熟的無罪推定程序，並且也確立了人民受審必須要符合公開審判程序，否則任何外在權威皆不能獨斷判罪這種以隱私權為核心的機制。

這樣的法律秩序，至多只能確保英格蘭是一個受自身法治文化保障，且該法治文化保障了人民隱私權的國度。但威廉顯然認為，普通法所確立的憲政自由，不僅僅讓英格蘭成為一個自由的國度。它更讓大英帝國成為一個與法國、西班牙、羅馬等帝國有別，以法治與自由立國的帝國。是什麼樣的原因，讓威廉得以如此論說呢？答案同樣地，就是普通法。

如果英格蘭的憲政秩序是由普通法所確立，而普通法又是以英格蘭各地法院判決的前例作為法律規範，這同時也將意味著大英帝國將會是存在著多元法體的帝國。原因就在於，英格蘭帝國的擴張只是政治與軍事上的擴張，但普通法本身作為英格蘭的法治規範，並不會隨著大英帝國的版圖擴展，而跟著擴展普通法的權限。普通法終究只是英格蘭當地的法治文化。而以普通法立足的憲政也意味著，大英帝國境內不同統治疆域會有著各自獨立、在英格蘭統治之前就存在的法治文化，而英格蘭的法律體系並無權干涉當地法治文化的前例。

威廉・布萊克史東以英格蘭、威爾斯、蘇格蘭、愛爾蘭與北美十三州殖民地的法律關係為例，指出英格蘭的普通法終究只是英格蘭地區的法律，這些屬於大英帝國疆域的地域也都在一定程度上，維持著它們政治與法律的獨立。這之中，威爾斯也許是例外。威爾斯從亨利八世起，透過國會立法確立了威爾斯地區的人們完全適用英格蘭的法律規範。從那之後，威爾斯徹底在政治與法律體系上皆與英格蘭接軌。但如果我們還記得，威廉・布萊克史東曾對英格蘭法做出基本的二類區分，則我們可以發現，這樣的結果，其實是議會與君王立法確立威爾斯與英格蘭的關係的結果，並不是普通法運作的模式。威廉指出，若非亨利八世如此干涉，威爾斯一直到十六世紀都還保有法政的獨立性，哪怕其實從十三世紀開始，威爾斯便實質成為英格蘭君王統治下的行政區域。

扣除威爾斯之外，愛爾蘭與蘇格蘭都具體表現了英格蘭的普通法憲政秩序，如何使得大英帝國在維持帝國的框架之餘，其實在帝國內部仍舊保有多元的法律體系並存的事實。以蘇格蘭來說，在一七〇七年確立聯合王國的聯合法案中就明確表明，英格蘭與蘇格蘭將以兩個獨立的王國的形式並存。威廉指出，蘇格蘭與英格蘭就行政機構與法律體系來說，有著極高的相似性；蘇格蘭也是依循普通法的傳統立國。他認為，這種法政體系的相似性，使得兩個王國必然將結合成一個聯合王國。但即便如此，即便英格蘭與蘇格蘭議會整併成一，蘇格蘭仍舊維持著它自身獨立的司法傳統。甚至蘇格蘭比英格蘭更為嚴格的教會組織，也依然保持其獨立於英格蘭國教之外的政治正當性。威廉因此強調，聯合法案所創造的並不是一個新的統一王國，而是恰如其名的，是一個保持兩個獨立憲政體制獨立運作的聯合政體。

另一方面，愛爾蘭與蘇格蘭的例子截然相反。威廉透過法制史的爬梳，強調儘管從十三世紀開始，愛爾蘭在法理上就是一個臣屬於英格蘭的王國，因此英格蘭的普通法應當適用於愛爾蘭，並且愛爾蘭應該要全然以英格蘭的普通法作為它主要的法律系統。但實際上，愛爾蘭的法政體系在運作過程中，依然保有極高的獨立性。英格蘭國會立法與普通法的裁判機制僅具參考效力，甚至英格蘭普通法唯一適用的情況，是愛爾蘭當地法院無法解決紛爭，將案件上呈至英格蘭法院裁決時，才會確立普通法適用於愛爾蘭的情境。

《英格蘭法評述》所呈現的大英帝國，是一個法治多元的帝國。威爾斯、愛爾蘭、與蘇格蘭分別在政治與法律上，與英格蘭有著糾纏難解的歷史淵源。但即便如此，這三個王國（除了晚近的威爾斯之外）依然在一定程度上，都有著獨立於英格蘭普通法之外的法政秩序。更不用提新近被納入大英帝國領土的北美殖民地了。威廉在《英格蘭法評述》裡明確直言，普通法的權威完全無法涉足北美殖民地。北美殖民地有著它獨立的法政系統，而英格蘭的憲政秩序只是作為一個最高法院一般，作為當地人無法自行裁決糾紛所上訴的最終受理機制。

威廉因此呈現了一個自由的帝國的樣貌。一個自由的帝國，如大英帝國，應該是一個允許各地獨立的法秩序多元存在的聯合帝國。

結語

這聽起來很耳熟，不是嗎？

《英格蘭法評述》裡的大英帝國，允許了多元法秩序，以相對獨立的姿態，存在於一個聯合的憲政框架底下。這與孟德斯鳩所論述的聯邦政體，似乎有那麼一點相似。事實上，當美國第二任總統約翰．亞當斯（John Adams, 1735-1826）在獨立戰爭爆發初期，強調北美殖民地得以謀求獨立的正當性時，便曾經援用了威廉·布萊克史東對大英帝國法治多元的論點，強調北美殖民地本身就具備了憲政獨立的特質，也因此具備為自身是否立國的正當性基礎。在一七八七年的聯邦立憲會議裡，也正是威廉·布萊克史東的《英格蘭法評述》，指出美國是一個以普通法傳統立國的聯邦共和國，也正因為普通法的傳統，使得聯邦憲法雖然是統合美國各州的最高憲政框架，但在那之下，各州都具備相對獨立的憲政機制與行政、立法、司法機構。

美國以普通法的傳統立國。是這樣的原則，讓時至今日，一七二三年出生於倫敦的威廉·布萊克史東，因為他對普通法足以保障自由的信念，與對普通法原則的分析與解釋，仍然時不時地出現在美國聯邦最高法院的判決書裡，成為形塑美國公民生活最重要的歷史人物之一。

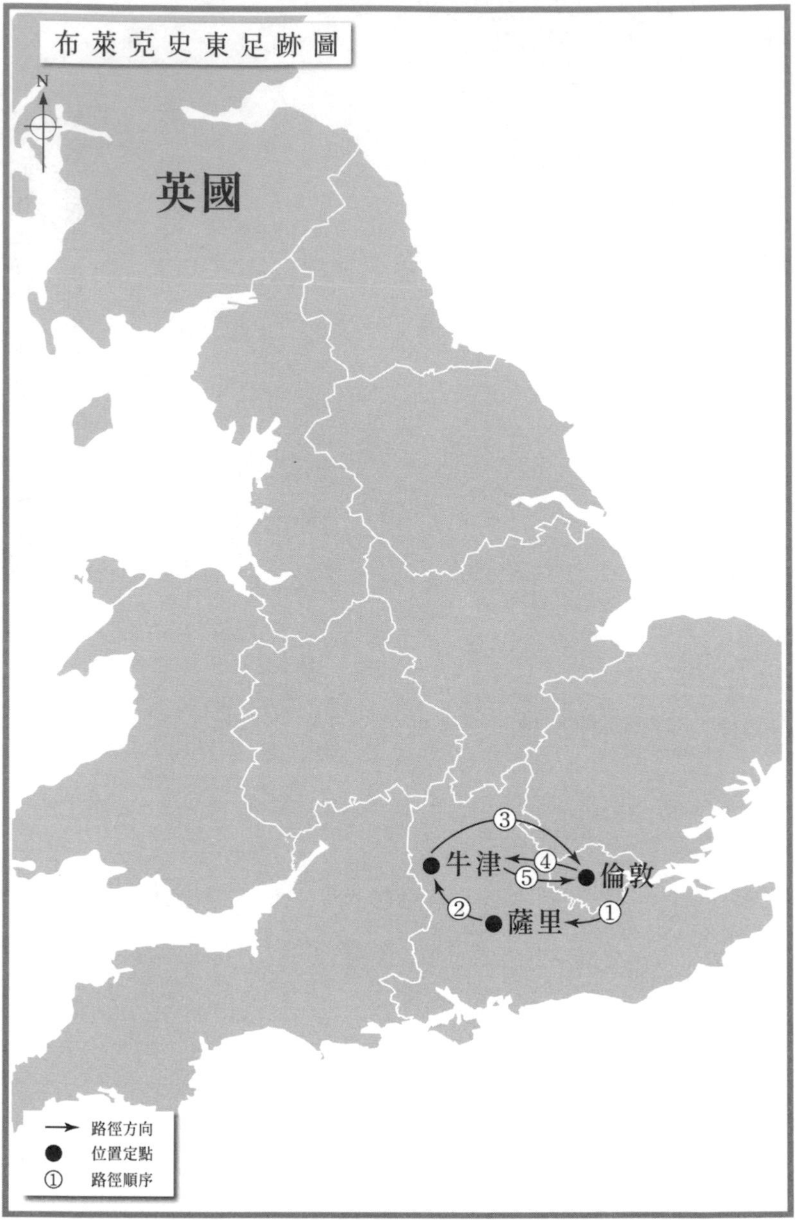

本圖僅作為人物行徑路線之參考，依照現今疆界繪製，非十八世紀實際疆界劃分。

參考書目

- Alison L. LaCroix, 2011. *The Ideological Origins of American Federalism*. Harvard University Press.
- Wilfrid Prest, 2008. *William Blackstone: Law and Letters in the Eighteenth Century*. Oxford University Press.

威瑟斯本、史密斯、佛格森：蘇格蘭、北美殖民地、大英帝國

中央研究院歷史語言研究所研究員
陳正國

前言（1723）

一六四四年四月，崛起於歐亞大陸東北角的女真鐵騎長驅直入北京，崇禎皇帝自縊於煤山。五個月後，六歲的順治，愛新覺羅福臨被帶到在當時全世界最富有的明朝帝都北京即位，大清國正式統領中國本部。

一七二二年底，順治的兒子康熙皇帝在統治中華帝國六十一年後過世。同年十二月二十日康熙四兒胤禛在凶險的宮廷鬥爭中繼承大統，為雍正帝。一七二三年雍正下令除在京師的外國傳教士，其餘外國人士一律驅趕至澳門，並禁止人民信奉天主教。原本在康熙皇帝時期所進行的中西科學知識交流至此幾乎完全喪

斷。從一七二三年天朝北京的角度看，驅趕幾個傳教士，不可能對幅員廣闊的清帝國有任何影響。事情的確似乎也是如此。一七三七年雍正的兒子乾隆即位後不久開始加強對周邊部落的軍事控制，至一七七六年平定大小金川，清朝已經制伏了從蒙古、回疆到川藏的所有相鄰外族。一七五九年，對江南念念不忘的乾隆命畫家徐揚作〈盛世滋生圖〉，後稱〈姑蘇繁華圖〉。畫中街道遊人如織，商旅布滿江面，山石與林木為盛世添加自然的美感。乾隆每隔一段時間就會將此畫取出賞玩，無論是題為盛世或繁華，都說明乾隆對自己政治武功的自信。

一七二三年在歐亞大陸最邊陲的西北角，貧困的蘇格蘭正要從受到部落政治與地形氣候條件限制的中世紀農牧經濟，轉型成現代的手工業社會。這一年，幾百位蘇格蘭貴族與仕紳成立「農業知識促進會」（Society of Improvers in the Knowledge of Agriculture of Scotland），是蘇格蘭第一個由中上層階級聯手創立的社會組織，旨在促進社會的改善。在遙遠的歐亞東北的北京皇帝如果知道蘇格蘭的情況，應該會直接以蠻夷狀態視之。就在這一年，有三位即將影響蘇格蘭，甚至是人類歷史的小孩相繼誕生。

一七二三年二月五日，位於蘇格蘭低地東羅斯恩郡的基佛（Gifford）鎮，長老教牧師（James Alexander Witherspoon）與太太安娜沃克（Anne Walker）生下他們第一位嬰兒。小孩與長老教開宗長老約翰．諾克斯（John Knox, 1514-1572）以及諾克斯的老師，來自瑞士的重量級新教神學家約翰．喀爾文（John Calvin, 1509-1564）同名。一七七六年，五十三年過後，這位名為約翰．威瑟斯本（John Witherspoon, 1723-1794）的嬰兒成為了北美紐澤西學院（The College of New Jersey），也就是後來的普林斯頓大學的校長，他在〈美國獨立宣言〉上簽下自己的名字，支持北美十三州與母國英格蘭與蘇格蘭完全脫離政治關係。威瑟斯本與其他署名者如華盛頓、富蘭克林、傑佛遜、約翰亞當等共十三人被稱為美國建國之父。

一七二三年六月五日，也就是威瑟斯本出生整整四個月後，在基佛北邊約二十英里的福斯灣（Firth of Forth）的對面小漁港科卡迪（Kirkcaldy），擔任稅務監的老亞當．史密斯（Adam Smith, ?-1723）與第二任妻子瑪格麗特道格拉斯（Margaret Douglas, ?-1787）生下一名小男嬰，同樣取名為亞當史密斯。一七七六年，五十三歲的史密斯出版了影響後世深遠的《國富論》（*The Wealth of Nations*），也因此被人們稱為經濟學之父。

史密斯出生後十五天，一七二三年六月二十日，從科卡迪更往北上大約六十二英里，伯斯地區的羅濟瑞特（Logierait）長老教會牧師老亞當佛格森（Adam Ferguson）生下一子，同樣取名亞當・佛格森。一七六七年，四十四歲擔任愛丁堡道德哲學教授的佛格森出版了《文明社會史論》（*An Essay on the History of Civil Society*），後世學者因此稱他為英語世界的社會學之父。這三位蘇格蘭之子生日前後相距不到半年，出生地的直線距離不到一百五十公里，其生命軌跡時有相隨，時有交錯，共同譜出英國與北美殖民地初期歷史的重要音節。

童年、求學與國難（1729-1745）

一七二九年，威瑟斯本六歲時到離家約五英里的哈丁頓文科中小學（Haddington Grammar School）就讀；一七三七年畢業後進入愛丁堡大學。而小時就讀於伯斯文科中小學（Perth Grammar School）的佛格森，也於此同時進入愛丁堡大學就讀，但在大學裡兩人的交集並不多。

佛格森與長他幾歲的學長例如布萊爾（Hugh Blair, 1718-?）、卡萊爾（Alexander Carlyle, 1722-1803）、羅伯森（William Robertson, 1721-1794）、荷姆

（John Home, 1722-1808）等人比較熟稔，經常一起參加學生社團——「母雞社」——活動，社團的座右銘為「沒有學習的生命是死亡」（vita sine literis mors est），預示著這群學生以及未來的牧師們在知識興趣上的雜食特性。慢慢的，這群年輕學生形成一種對文藝、世俗文化的注重與愛好。在他們稍長進入教會工作之後，形成被稱為「溫和派」（the Moderates）的長老教內部團體，其影響力從一七五〇年代開始逐漸擴大。大學部畢業之後，佛格森耽擱了一下才去了聖安德魯斯（St. Andrews）學習神學，準備擔任長老教牧師。一般神學修業年限是六年，結束後方才可以受命為牧師（Minister）。不過佛格森尚未完成正規訓練之前就在一七四五年，受伯斯郡的阿陀（Atholl）女公爵舉薦，去了公爵的兒子所領率的高地軍團「黑哨站」（Black Watch）擔任隨軍牧師。最主要原因是因為佛格森懂得塞爾特語（Celtic。當地稱為 Ersh 語）。

威瑟斯本大學部畢業後留在愛丁堡大學繼續神學課程，順利完成六年的神學課程。一七四五年一結業就受命擔任位在格拉斯哥西南方，距離東邊的愛丁堡城六十八英里的貝斯（Beith）小鎮的牧師。但就在上任前不久遇上了影響蘇格蘭與愛丁堡城市劇烈的「詹姆士黨人叛變」（Jacobite's Risings），又稱為「四五年叛變」。

一六八八年，英格蘭兼蘇格蘭國王詹姆士二世同情天主教，使得已經接受英格蘭國教或喀爾文教義的英格蘭貴族、仕紳、專業技術城民都非常不滿，於是許多國會議員聯合起來推翻詹姆士二世的統治。詹姆士二世害怕當年叔父查理一世的故事重演。一六四一年至一六四九年英格蘭爆發內戰，主要原因是當時的英格蘭國王兼領蘇格蘭國王查理信奉天主教，使得許多英格蘭新教徒，尤其是國會議員對他沒有好感，缺乏信任，雙方幾次發生齟齬。查理一世索性停止召開國會，自行其是，許多徵稅措施被認為是以行政權凌駕下議院的立法諮議權。在克倫威爾等人的號召下，以喀爾文教派信奉者為主的國會議員與仕紳組成反抗兵與國王派作戰，最終國王派失利，查理一世被捕入獄。經過審判，臨時法庭判國王有罪處以絞刑。鑑於兄長國王之尊而遭斫殺的故事，詹姆士二世於是逃到法國，接受他表哥法王路易十四的保護。

雖然到一七四五年詹姆士二世墓木已拱，詹姆士的後代與隨從們依舊認為詹姆士二世的子嗣才是英國王位的正統繼承人，於是多次謀劃以軍事行動奪回政權。一七四五年叛變是詹姆士黨人最後一次的復辟計畫，也是最凶險的一次。這一次的主角是詹姆士二世的孫子查理・斯圖亞特（Charles Edward Stuart, 1720-1788），他的年紀與威瑟斯本等人相差無幾。維護現任漢諾威王室的英國人稱他為「年輕的覬覦者」（The Young Pretender），而詹姆士黨人則暱稱他為「美麗的查理王子」（Bonnie Prince Charlie）。一七四五年七月二十三日，已經在海上與英國政府軍戰鬥過的查理・斯圖爾特在蘇格蘭西北岸艾瑞絲凱（Eriskay）登陸。一些高地氏族聞風趕來「勤王」，同年八月一支八百人的詹姆士黨軍從高地出發，經過伯斯等地，號召了更多的「義軍」加入，一路沒有遇到任何阻擋的挺進到愛丁堡城外。此時許多愛丁堡城民與學生組成民防兵，企圖阻擋詹姆士黨人進城，威瑟斯本就是其中一位。但無論是英國將領所率領的蘇格蘭民兵，還是城民與學生組成的民兵，都沒有接受過正規訓練，完全不是習慣戰鬥的高地氏族的對手。叛軍很快攻進愛丁堡，只剩愛丁堡城堡閉門死守。威瑟斯本與其他許多民兵一起被俘虜到蘇格蘭中部史特靈郡（Stirlingshire）的侗堡（Doune Castle）拘禁。

叛軍作亂之時，二十二歲的佛格森正在伯斯擔任政府軍的隨軍牧師。戰事最緊急的時候，他以塞爾特語發表一席布道，用年輕牧師的激情說道，「國家的災難正是人民道德墮落的結果。」或許為了避免刺激軍團裡同情詹姆士黨人的士兵，佛格森小心翼翼的說明，為何鎮壓詹姆士黨是正確的舉措。佛格森向士兵們說，英國是國王與議會的平衡政治，因此擁有世界上最好的憲政體制，法律保障每一個人的自由。他以反問的口吻說，難道「一個教宗的國王不會帶來自由與宗教的腐敗嗎？」所謂教宗的國王，就是指當時的法國國王路易十五，因為法國信奉天主教且對待新教教徒相當嚴酷。佛格森從國內的政治穩定與國外的敵對勢力兩方面來說明詹姆士黨人的造反不應該得到同情與支持。

叛變發生時，史密斯人正在牛津大學。史密斯六歲時進入「科卡迪文科中小學」。十四歲畢業之後，他選擇進入格拉斯哥大學。因在校成績優異，十七歲大學畢業時被選為「斯納獎學金得主」（Snell Exhibitioner），進入牛津大學繼續求學。獎學金是由斯納家族捐贈，目的是要遴選優秀的蘇格蘭子弟到英格蘭求學，準備將來進入英國國教會（聖公會）擔任牧師。依照當時一般人生規畫，許多優秀的中產之家子弟都可能以牧師為首要職業選擇；這原因可能不只是物質報酬相對高，也因為時代風氣與當時的知識結構仍以神學為知識樹的主幹，這讓牧師與各種神職人員的語言聽起來更接近真理，更能振奮人心，更能領引人群的道德與心思。史密斯在牛津大學貝里爾（Balliol）學院前後待了六年。一七四五年叛變時，他人還在牛津。因受到時局的震撼，他與前後期的斯納獎學金得主不免被其他英格蘭學生投以異樣、懷疑、不屑的眼光。多年以後，史密斯的好友哲學家與歷史學家大衛休姆（David Hume, 1711-1776）寫信問史密斯，到底該選擇住在法國還是倫敦。休姆還特別哀嘆地說，英格蘭雖是「自己的國家」，但是住在其中「彷彿身在外國」。史密斯寫信回覆他的好友說道，回來蘇格蘭吧，回到朋友中間。史密斯自己顯然也感到與英格蘭社會格格不入，或許與此經驗有密切的關係。

一七四五年底，詹姆士黨人一度揮軍到英格蘭中部城市德比（Derby）。反叛軍的快速前進固然令人震驚，卻也表示他們缺乏重輜與裝備，不經久戰。一七四六年政府軍開始由出身於英格蘭的貴族坎伯倫公爵（Duke of Cumberland）以及高地氏族出身的勞頓伯爵（John Campbell, Earl of Loudoun）分別在英格蘭與蘇格蘭督軍對叛軍進行反擊。隔年四月十六日，英國政府軍在蘇格蘭低地與高地接界處庫洛登（Culloden）大敗詹姆士黨人，決定性的終結這場軍事叛變。查理·斯圖亞特在芙蘿雅（Flora MacDonald, 1722-1790）的協助下逃離庫洛登。芙蘿雅後來被政府軍逮捕。但在幾位知名人士的奔走下，她與其他一些人獲得國王大赦。一七七三年她與夫婿一起移民至北美北卡羅來納（North Carolina），在北美獨立運動中支持政府軍對抗獨立軍。北美獨立後，她的田產被沒收，返回蘇格蘭。

隨著查理．斯圖亞特這位年輕的王位覬覦者逃回法國，被關在侗堡的威瑟斯本重新獲得了自由。佛格森繼續在軍隊中擔任牧師一直到一七五二年辭退。史密斯繼續待在牛津直到一七四七年返回蘇格蘭。

社會的中堅與價值衝突（1746-1768）

一七四六年詹姆士黨人叛亂平定後，蘇格蘭獲得政治與社會的平靜。佛格森在軍隊中擔任牧師直到一七五二年辭退；隨後到義大利等處遊歷。威瑟斯本復員，到貝斯小鎮述職，擔任牧師。隔年，史密斯結束牛津歲月返回蘇格蘭，在有力人士的推薦下擔任愛丁堡大學的兼任收費教師（聽課學生不限於愛丁堡大學註冊學生，還包括社會人士，教師的收入來自學生的課程付費），講授「美文理論」（belles lettres）。也就是在此時（1748-1749），史密斯向「斯納獎學金」提出除名請求，這意味著他決定終生放棄神職。

以當時的標準來說，這三位一七二三年出生的知識人在一七四六年後都已到了成熟的年紀，準備在各自領域獨當一面。在未來的五到十年，他們將通過而立之年，奠定一生的思想與事業的最堅固的基礎與核心，決定他們會是什麼樣的人物。史密斯放棄擔任英國國教牧師的機會，一七五〇年出任格拉斯哥大學教職，一七六三年底辭職，陪巴克魯公爵的兒子到法國遊歷，一七六六年返國。史密斯於牛津時期的廣泛閱讀、格拉斯哥教學時期的思考、法國時期的觀察、返國後的安靜生活讓他的知識與寫作有了極為深刻的醞釀，最終迸發成《國富論》（1776）以及《道德情思理論》第六版，也就是最終版（*The Theory of Moral Sentiments*, 1790）。

同為長老教會牧師的威瑟斯本與佛格森則因為分屬不同的教會陣營，加上生命際遇的相錯，而漸行漸遠，終至成為宿敵。蘇格蘭長老教（Presbyterianism）是新教神學家約翰・諾克斯在十六世紀中葉所創的蘇格蘭喀爾文主義教派，源出瑞士新教神學家喀爾文對《聖經》以及基督教教義的理解，希望排除天主教的繁文縟節，排除早期人類宗教神祕性的儀式與信仰，排除神父作為信仰者與上帝之間的溝通者的角色，甚至要排除《聖經》以外的文化產物作為信仰的中介，相信信仰（faith）是判別是否為正直基督徒的根本，確立《聖經》條文與教訓為基督徒生活與行為的唯一依歸。長老教教會在十六世紀晚期在蘇格蘭低地獲得廣大迴響；十八世紀中葉，蘇格蘭全境已有超過六百所長老教教會。但也就在長老教獲得空前成功之後，教會政治也愈形複雜，例如各地牧師的篩選應該是由各地的長老（Prebysters）與宗教會議（Synods）決定，還是由城市的管理人或市議會決定，就成了重要且富爭議性的問題。

更嚴肅的問題是神學教義。威瑟斯本在愛丁堡的神學老師是高第（John Gowdie），而高第所使用的主要教材是口內瓦神學家，謹守正統喀爾文教義的否特（Benedict Pictet, 1655-1724）所著《基督徒的神學》（*Theologia Christiana*, 1696）。威瑟斯本後來到北美紐澤西州擔任紐澤西學院，也就是後來的普林斯頓大學校長時，就以此書的法文本（*Théologie Chrétienne*）作為教材。除了堅持正統喀爾文教派的神學教育，威瑟斯本也同情福音主義。相對於神學院注重對《聖經》文字的理解，福音主義更注重情感或靈（spirit）與上帝的溝通，以及用比較自由的方式宣道；有些福音主義者甚至不在屋內或教會內，而在曠野中傳道，允許信徒狂呼唱歌。威瑟斯本駐在貝斯教會之前，格拉斯哥地區東南方的坎布斯朗

（Cambuslang）就曾在一七四二年發生著名的戶外宣講大會，時人稱為「坎布斯朗工作」（Cambuslang Work）。當地牧師馬庫洛赫（William McCulloch）邀請來自英格蘭的衛斯理教派牧師懷菲德（George Whitefield, 1714-1770）舉行戶外宣講，同場信徒或聽眾竟達三萬人之多。這事件日後在蘇格蘭長老教會中持續被討論，究竟福音主義的講道方式是否合適。威瑟斯本在愛丁堡神學院的學長厄斯金（John Erskine, 1721-1803）與威廉羅伯森（William Robertson, 1721-1794）分別代表了支持與反對的陣營。厄斯金這一派則稱為「大眾派」（Popular party），而羅伯森這一派的牧師們被稱為「溫和派」（the Moderates）；威瑟斯本本人明顯較為同情厄斯金一派，佛格森則同情溫和派。

一七五二年，從歐陸遊歷回到愛丁堡的佛格森在坎姆子爵（Lord Kames, Henry Home）的推薦下，接下大衛．休姆（David Hume, 1711-1776）的遺缺，成為蘇格蘭律師公會圖書館館長，他也因此與大學時代「母雞社」的學長們又重新聯繫在一起。一七五四年，愛丁堡大學道德哲學教授克里洪（William Cleghorn, 1718- 1754）英年早逝，佛格森因緣際會得到愛丁堡市政府青睞，任命為該校道德哲學教授，從此有更多機會與溫和派牧師唱和，一起參加文人雅集與辯論社。溫和派牧師如卡萊爾、布萊爾、羅伯森、荷姆等人雖然堅信喀爾文的核心教義，但他們在兩方面與大眾派的宗教與文化理念有所不同。第一，他們對於積極傳教，不計代價將福音傳給異教徒這樣的傳教熱情與福音主義有所疑慮。第二，他們認為參與（世俗）文化無礙於信仰；也因此他們都積極參與藝文活動，著墨甚深。

這群溫和派牧師對於世俗文化與物質發展的正面態度與當時商業社會與市民社會的發展有著密不可分的關係。十八世紀的歐洲，尤其是英格蘭城市開始出現許多文人社團、適合中下層出入，聽取新知的咖啡館、茶館等等場所。當蘇格蘭經濟逐漸改善之後，城市生活與文化也日漸與英格蘭同流，十八世紀中期蘇格蘭最重要的文人社團或許是「菁英社」（Select Society）。這是個具有多重使命的世俗社團，著重於文人間的知性交流、辯論，以及鼓勵城市中產階級自主參與城市與蘇格蘭社會、產業等各面的進展。溫和派許多牧師如布萊爾、羅伯森、亞當．佛格森，以及本文另一位主角亞當．史密斯都是菁英社的發起者或首批入會者。

原本物質生活貧困落後的蘇格蘭在十八世紀之後逐漸與英格蘭與西歐一樣，見證文化思想隨著物質環境的改善而欣欣向榮，各種結社與民間社團如雨後春筍冒出。除了「菁英社」，「火鉗社」（The Poker Club）值得一提。一七五七年英法戰爭爆發，為了守護英國本土，英國議會通過民兵法（Militia Act 1757），同意讓英格蘭人擁有武器，自組民兵團體。但因為蘇格蘭高地叛變的陰影仍在，所以蘇格蘭不再此法所允許之列。這引起佛格森的極大不滿，因此成立「火鉗社」，倡議民兵，鼓吹共和精神的重要。有趣的是，他們推派信奉和平主義的休姆長期擔任火鉗社的祕書，佛格森開玩笑說，因為這樣可以確保火鉗社不會造反。北美獨立運動時期，民兵是抵抗英軍的重要力量，甚至在美國憲法第二修正案中，與民兵息息相關的攜帶武器自衛，成為憲法保障的對象。才短短十多年，這些歷史發展或許遠遠超出了一七五七年時期佛格森的想像。

就在城市與世俗生活逐漸多采且重要的時候，威瑟斯本與佛格森各自所屬的大眾派與溫和派對於神學與教會政治的不同態度開始發生尖銳的衝突。一七五六年，只比威瑟斯本大一歲的荷姆正在威瑟斯本故鄉哈丁頓附近一個小村莊擔任教會牧師。荷姆還有另外一個身分是業餘劇作家。這一年他發表了戲劇作品《道格拉斯》（*Douglas*）。這是一齣以蘇格蘭高地為背景的希臘悲劇。一七五六年秋天，《道格拉斯》在愛丁堡與倫敦的柯芬園上演，獲得廣大回響與好評，荷姆與佛格森的好友亞歷山大·卡萊爾，也是一位同情溫和主義的牧師，他本人甚至在愛丁堡場次中粉墨登場，友情客串。這事件引起大眾派，也就是正統喀爾文主義牧師們極大反感，卡萊爾與荷姆都受到警告。一七五七年初，愛丁堡長老教會印發傳單，通令各教會宣讀，嚴敕「戲劇對於宗教與道德沒有助益。」長老教會最後更祭出了嚴厲的懲罰，取消了荷姆的牧師資格。

《道格拉斯》爭議一起，佛格森便以長老會牧師及文人的身分為荷姆辯護。佛格森是小荷姆一歲的學弟，他之所以能擔任律師公會圖書館主任以及愛丁堡教授職位，應該與荷姆的遠房叔父，前文提到的坎姆子爵（本名亨利·荷姆）密切相關。但這些個人因素應該還不是佛格森執筆參戰的最主要原因。作為一名由神職人員轉任大學教授並且經常出入世俗社團的知識人，佛格森很容易發現戲劇與其他世俗活動之間只是樣態不同，本質無所謂善惡可言。在一篇即時的論辯小冊中，佛格森從三個角度來為《道格拉斯》辯護。第一，只要防範濫用、腐敗，戲劇有益於人，正如宗教有益於人但也應該防止腐敗。基督新教之所以興，正是因為天主教腐敗所致。佛格森特別指出，在反對羅馬公教腐敗的宗教改革過程中，戲劇其實扮演了重要的角色。二，看過《道格拉斯》的觀眾不難發現，此劇所挑起的情思是對德性的讚賞，對受苦者的同情，對邪惡的憎惡，換句話說，是道德教化。三，神意（providence）讓人形成社會階層，表示人需要透過分工與合作才能令下層人民透過手工與服務業換取生活所需。戲劇造就了許多各行各業的城市居民的生活。

《道格拉斯》爭議出現時，佛格森的大學同學威瑟斯本正在教會政治中崛起，多次代表出席長老教全國大會（general assembly）。在佛格森發表支持戲劇的言論後，威瑟斯本非常針對性的發表了批評戲劇演出的意見。荷姆其實是高他一級的愛丁堡大學學長，他們倆人甚至在一七四五年同時被叛軍俘虜，一起關在一個堡。但威瑟斯本對這位學長、牧友、同事、牢友的戲劇創作提出了嚴厲的批評。在《對戲劇本質與影響的嚴肅探討》（*A Serious Enquiry into the Nature and Effects of the Stage*）中，威瑟斯本提醒讀者與教眾，由牧師撰寫戲劇出版，是「新奇且極為出格」的事。他認為，無論是悲劇還是喜劇，公眾演出的戲劇，其本質與純潔的宗教相違背；演戲、看戲、寫劇都與基督徒的調性（character）不符。支持戲劇的人說，喜劇可以曝露人性的愚蠢之惡，悲劇可以教導德性，但威瑟斯本堅稱，只有《聖經》才能提供道德的指引。即便只是作為娛樂，戲劇依舊不符合基督徒的本質，因為戲劇容易挑起人們暴烈的情緒。威瑟斯本的嚴格喀爾文主義相信人性早已經墮落，只有不斷透過神的恩典（divine grace），人才可以抵擋誘惑與罪惡。人從事戲劇寫作與觀賞，不啻持續給自己誘惑，脫離恩典。威瑟斯本最後將戲劇所引發的道德議題導向對「無神論者」大衛．休姆道德哲學的批評。嚴格喀爾文主義者的生命觀認為人的責任就是擔任神的服侍者，因此需要「自我壓抑、謙卑、忍辱」的美德。可是休姆卻將這些基督徒的美德排除在他道德哲學的美德欄位之外。

對威瑟斯本而言，這場戲劇爭辯中後面其實躲著影武者，就是道德懷疑主義者與無神論者休姆。大衛．休姆（David Hume, 1711-1776）本姓荷姆（Home），與劇作家荷姆、坎姆子爵是遠親。溫和派牧師與坎姆雖然不同意休姆對靈魂的否定，但他們與休姆長相唱和，過從甚密，都相信世俗歷史與文化發展對人性的理解有重要的幫助，都同屬「菁英社」以及其他文人社團。威瑟斯本在小冊論中同時批評荷姆、佛格森、休姆，儼然是對溫和派（的文化態度）所發出的一道檄文。

威瑟斯本將此次戲劇之爭升高為文化之爭，其實是相當敏感而精確的觀察。

如果說溫和派牧師有意識的參與文化創造與文雅文化的建立，休姆不只是他們的重要盟友，更是背後理論的重要依據。因為感受到休姆的經驗主義、懷疑論以及無神論的暗示所造成的威脅，大眾派計劃在一七五六年的長老教會全國大會上，提議將休姆逐出教會（Excommunication）。如果議案通過，凡是信徒就不能再與休姆交流，談話；這等於是宣判休姆有道德上的瘋瘋或黑死病，判處休姆社會生命的死亡。為了不讓議案通過，溫和派的牧師代表們在議會中進行程序杯葛，讓議案無法及時討論。嚴格說來，溫和派們並不接受休姆的極端懷疑論或無神論觀點，但是他們積極認同文化、物質進步對於基督徒生活的重要性。

根據經驗主義，人們的知識來源都是感官，也就是主觀的世界經驗。換言之，不同的物理環境、文化傳統都會對知識的吸收與認定、道德判斷的基礎產生決定性影響。既然上帝不是透過經驗而是透過想像得來的知識，相信上帝或靈魂之存在，就只是信仰（faith）而不是知識。相對而言，大眾派，尤其是威瑟斯本接受湯瑪士里德（Thomas Reid, 1712-?）的「常識哲學」（common sense philosophy）。常識哲學的基本論點認為，真理是來自人們的共同肯認，也就是所有人的感官都可以感知並進而承認的對象。一面黑板之所以是黑，是塊板，是因為大家都會認知到其為黑，其為板，所以黑板的存在就是大家共認的真理。既然如此，懷疑論是過度精巧的哲學假設，其實無助於真理的追求。大眾派與威瑟斯本就是依據里德的常識哲學以及嚴格喀爾文主義來認識教徒的責任與生活。

大眾派與溫和派幾次的正面交鋒，都以溫和派居於優勢告終。溫和派的羅伯森後來出任愛丁堡大學校長以及長老教全國大會主席，代表溫和派勢力的壯大。此後威瑟斯本再也沒有擔任過全國代表出席大會。

正當溫和主義在蘇格蘭社會展現全面影響力的時候，嚴格喀爾文主義者的影響力卻在隔著大西洋的北美社會持續擴大。北美一直是許多英格蘭或後來的英國宗教抗議者逃離或嚮往的新土、新世界。貴格教派，衛斯理教派團體在北美社會早有一定的影響力。在麻州斯塔布里茲（Stockbridge）傳教的愛德華茲（Jonathan Edwards, 1708-1758）是當時北美極富影響力的新教神學家與學者。雖然他接受牛頓的科學觀，相信宇宙的和諧，但他堅信人得救與否，全憑上帝的恩典與意志。此外他堅持小孩就可以受洗，並親自為青少年舉行福音宣教。他的種種作法在一七三三年至一七三四年掀起北美的第一波大覺醒（The Great Awakening）。

一七四二年在格拉斯哥造成戶外宣講熱潮的懷菲德早在一七三九年至一七四

○就到北美傳教，接續了愛德華茲的宗教覺醒運動。一七五八年，因多年生病而使身體已經不復健朗的愛德華茲勉強接任普林斯頓大學的前身，紐澤西州學院的校長。一七五八年愛德華茲過世，繼任者芬利（Samuel Finley, 1715-1766）創辦北美第一所寄宿高中西諾丁漢學校（West Nottingham Academy, 1744），同時也是親近福音主義的長老教牧師。一七六六年芬利過世，學校董事會邀請同樣接受福音主義與嚴格喀爾文教義的威瑟斯本到北美出任學院校長，因威瑟斯本的太太不願意離開蘇格蘭而作罷。但不久，事情有了戲劇性的變化。同一年，畢業於西諾丁漢學校以及紐澤西學院的班哲明羅西（Benjamin Rush, 1745-1813）來到愛丁堡大學繼續攻讀醫學。他認識了威瑟斯本的女兒，兩人墜入愛河。隔年，同樣是畢業於西諾丁漢學校與紐澤西學院，同時是學院董事會董事（trustee）的史塔克頓（Richard Stockton, 1730-1781）也來到英國遊歷，他曾經在倫敦當面向英王喬治三世指陳印花稅的不義。史塔克頓在愛丁堡與羅西會面一同遊說威瑟斯本夫婦前往北美。一七六八年，威瑟斯本夫婦決定離開故鄉，移民美洲。威瑟斯本成為紐澤西學院校長後，以蘇格蘭大學為藍圖，改革了學院的教程。一七七六年，當北美獨立運動白熱化時，威瑟斯本、羅西、史塔克頓三人都在〈獨立宣言〉上署名，一起成為了「建國之父」（Founding fathers）。

佛格森自從一七五四年起擔任愛丁堡大學道德哲學教授。一七六七年他出版《文明社會史論》，隔年便被翻譯成德文出版，題為《城民社會史論》（*Versuch über die Geschichite der bürgelichen Gesellschaft*），使得原文中強調文明的civil，多了bürgelichen強調城市居民、中產階級的涵義，自此開啟歐洲論「市民社會」的學術傳統。德國哲學家黑格爾（Frederick Hegel）據此受到啟發，進一步發展他的法哲學理論。

在蘇格蘭的文學圈中，佛格森此作並沒有獲得極大的讚譽。休姆雖然表面上向佛格森道賀，謂他出版了佳作，但私下卻寫信給其他溫和派的牧師如布萊爾，認為這本書根本不應該出版。休姆不滿意佛格森的地方在於後者分享了盧梭「高貴野蠻人」的想法；《文明社會史論》雖然描述文類如何從草昧走到文明時代，但佛格森用了更多的篇幅來批評文明社會，提醒人們在文明中，物質日漸容易取得，人人變得汲汲營營於私利的社會讓公民失去勇氣、德性、對社會的關注。相較於休姆這樣的世俗作家，努力想將歐洲或英國社會從宗教教義與教會教化的條件中徹底解放出來，抬高個人的認同、幸福與享受，但是溫和派牧師們對於世俗與個人幸福、享樂是否應該成為追求的目標，顯然還是有很大的疑慮。

史密斯大約在一七五〇年前後於愛丁堡擔任收費講師時認識了休姆。直到休姆於一七七六年過世為止，兩人始終維持極好的友誼，史密斯的思想也與休姆的哲學形成相當親密的對話關係。一七五一年史密斯被聘為格拉斯哥大學的邏輯學教授，隔年轉為道德哲學教授，一直到一七六三年底辭去教授職，陪年僅十六歲的巴克魯公爵到法國遊歷。這段期間，史密斯出版了他的第一本書《道德情思理論》。仔細分析，這本書在許多方面與休姆的道德哲學有一定的距離，但它與威瑟斯本以及佛格森的道德哲學的差距顯然更形巨大。首先，史密斯不相信有放諸四海皆準的道德原則。所謂道德，是指對人的行為進行對錯善惡的評斷。作為情感論者，史密斯認為，人的道德判斷起於情感或情思：我們對某一行為產生憎惡感，表示此一行為違反正義，對某一行為發出讚賞或讚嘆，表示此行為屬於有德之行，若對一行為產生不悅，表示它不合社會期待或不合宜。而什麼樣的行為會讓人愉悅或不悅，與社會或地方習慣有關。佛格森與威瑟斯本都認為將是非對錯的起源歸諸情感有違基督教的原則，因為如此一來，《聖經》中的教誨就不再是普世的準則。

休姆曾在法國拉弗萊什（Le Flèche）的耶穌會學院待過兩年，讀過耶穌會的中國古代經典翻譯，所以對中國，尤其是孔孟的道德哲學深感興趣。他認為中國實用道德哲學可以幫助西方人從神學中解放出來。儘管他應該知道史密斯的道德哲學與己仍有一段距離，但因為史密斯同樣不認為有四海皆準的、既定的道德原則，所以休姆像是找到知音一般，以詼諧戲謔的口吻，向史密斯報告這本書在倫敦書市受歡迎的程度。

> 我要告訴你一件悲傷的消息，你的書出師不利：因為大眾似乎不假思索的極力稱讚它，愚蠢的人沒耐心的等候閱讀，文人暴徒們已經開始大聲嚷著讚譽之詞，三名主教昨天出現在出版商那兒想要購書，還不忘打聽作者的來歷，彼得柏洛（Peterborough）主教告訴我，他昨晚與一群人見面，他們將這本書捧過世上其它任何一本書。

因為這本書的出版，史密斯被後來的財政大臣湯申（Charles Townshend, 1725-1767）所賞識，聘他擔任自己的繼子，年輕的巴克魯公爵的家庭老師，陪他出遊法國兩年。

如果要討論佛格森、威瑟斯本、史密斯的思想差異，或許以神意論（Providence）作為切入點是方便有效的做法。佛格森相信「普遍神意論」，這意思是說上帝創造宇宙後不會干預世上人類的行為，其隱含的是意思是，上帝創了足夠好，或甚至已經是最好的世界給予人類，人有責任創造對自己最好的生活與秩序。例如世界上有各種不同的氣候土壤，動植物礦物，人會有感性與理性等等，這些都是普遍神意下的計畫，人的責任就是好好利用這些條件打造此世。威瑟斯本不只相信普遍神意，同時相信特殊神意。意思是說，除了上述狀況，上帝會以自己無上的權柄與意志對人的世界進行干預，例如揀選某一民族或對某一群人進行懲罰；所以某一個人或某一民族的災難與幸運，就可能可以上帝的旨意來解釋。因此，人與上帝之間的溝通特別重要，而且要經常地、不間斷地溝通。顯然，特殊神意論與福音主義有非常密切的關係。當威瑟斯本愈來愈相信北美應該脫離英國時，他的特殊神意論旨會幫助他更相信北美新世界是個恩典。至於史密斯的基督教色彩則相當淡，儘管母親是一位虔誠的長老教信徒。史密斯早年的著作中具有普遍神意的觀念，所以才會相信人作為自然的一部分，人的行為背後一定有如物理世界一般的原則。但這種物理世界與普遍神意的關係，在古羅馬的斯多葛主義中也存在過，未必需要援引基督教教義來張目。尤其是到了晚年，史密斯幾乎不再以基督教的眼光解釋這個世界，而是比較注重人在命運中如何面對世界。

意見的分裂與帝國的分裂（1768-1784）

一七六八年，當威瑟斯本踏上北美土地時，反抗英國政府的稅收與商業限制政策的聲音已在各地，尤其是費城、紐約、波士頓傳開，只是還沒有轉為武裝衝突。他很快加入同情反抗者的陣營，並成為紐澤西州第一位呼籲北美利益優先，反抗英國政府的知名人士。因為他的介入才使得原本態度溫和的州長李維斯頓（William Livingston, 1723-1790）轉趨積極。後來的美國總統麥迪遜（James Madison, 1751-1836）在修完紐澤西學院的大學課程後（1769-1771）繼續留下來由威瑟斯本親自教授政治思想（1771-1772）。威瑟斯本的反抗哲學基本上是洛克的自由主義與喀爾文主義的合體。一七七六年他陸續 發表了幾篇有名的抗議宣道詞如《神意對人類激情的主宰》（*The Dominion of Providence over the Passions of Men*）《神意的普世臨在》（*Universal Presence of Divine Providence*），論道美洲是上帝所揀選出來的民族；批評英國在波士頓茶黨事件中的決議與行為是「毀壞他們的財富，破壞法律批准的證照，給予士兵謀殺的執照。」一七七六年七月四日，威瑟斯本在〈獨立宣言〉上簽字同意，並擔任紐澤西的美洲大陸會議的代表，會中他堅持北美十三州必須行動一致的對抗英國。一七七七年十月四日，他的兒子詹姆士・威瑟斯本在費城的日耳曼城（Germantown）戰役中身亡。

一七七八年北美戰事因為法國正式加入而有了決定性的改變，這一部分要歸因於富蘭克林出使法國遊說之功。此後，英國開始在幾處戰役中節節敗退，在沙拉托加（Saratoga）戰役，殖民地軍大勝英軍，可以看做是雙方軍事勝負的轉捩點。加上法國在英國其他地區的殖民地也蠢蠢欲動，在盱衡局勢後，英國同意讓北美完全自治，只保留主權之名。喬治三世指派卡萊爾伯爵（Earl of Carlisle）擔任和平委員會（Peace Commission）的主席，佛格森擔任卡萊爾的祕書，前往北美與華盛頓等人談判。

佛格森對於北美的軍事獨立運動始終抱持反對態度。一七七六年二月，普萊斯（Richard Price, 1723-1794）發表小冊論《對公民自由本質的觀察》（*Observations on the Nature of Civil Liberty, the Principle of Government, and the*

War with America），支持北美抗英動運。佛格森隨即發表批評意見《評普萊斯博士新近發表的冊論》（*Remarks of a Pamphlet Lately Published by Dr. Price*）。佛格森的主要論點是，政府與法律才是保障人民幸福的無上理由與條件。幸福存在於生命財產的安全，而不是參與政治的權力。各種政體都有其優缺點，相較之下，英國的政體可能是最平衡最優良的實存政體。北美作為殖民地，其立法當然來自於英國主權，也就是倫敦議會，而立法的不完善，只能透過法律來解決，而非以武力對抗主權者。

佛格森始終認為武力不是解決英國與美洲殖民地問題的好方法，這或許是他被挑選為和平委員會成員的原因。沙拉脫加戰役之後，和平委員會成員渡海到達北美。一七七八年五月，委員會推派佛格森為代表，欲進入費城與華盛頓以及大陸會議代表進行談判。但包括佛格森的同學威瑟斯本在內的大陸會議拒絕簽發通行證給佛格森進入費城，隔月一行人狼狽退回紐約，十二月回到倫敦。悲憤交加的佛格森私下寫信給一貫支持以武力鎮壓北美抗稅與獨立運動的溫和派長老教牧師亞歷山大．卡萊爾，或許只有「適當的方法」，才能有效減少「強尼威瑟斯本們」（Johnny Witherspoons）的不良影響。

北美的問題起於一七五六年至一七六三年英法七年戰爭。這是英法為了殖民地利益而觸發的戰爭，主要戰場發生在北美，印度半島也有零星戰事。戰爭結果以英國獲勝告終。但是英法兩國都因此而飽受財政困窘之苦，於是一七六五年英國通過法案，向北美開徵印花稅、茶稅、鹽稅等等，用以支應殖民政府的開銷。北美人民認為，倫敦議會無權單方面制定徵稅法案，限制北美的貿易對象，於是各地開始發生各類抗稅、抗英運動。就在七年戰爭結束後，英法兩國恢復交通，這才使得史密斯可以陪到法國遊歷。一七六六年返國後，史密斯開始全力撰寫《國富論》。就在北美事件最白熱化時期，史密斯決定立即將稿子殺青出版。一七七五年底，史密斯前往倫敦出版商處親自校稿，一七七六年四月《國富論》出版。

《國富論》共約四十萬字。前面五分之二講述經濟現象背後的原理。史密斯的基本想法認為，人類社會的基本現象是物質生活的改善與進步，這是確定而無可懷疑之事。人類同時也會組成公共社會，建立政府，制定法律；這些政治制度的設計，目的無非是要確定人民財產的安全。人民有義務要遵守法律，幫助國家建設基礎的軟硬體建設，但國家應該秉持公正原則，不對特定族群或團體開方便或優惠之門，損及其他國民的權利與相對利益。在討論國家責任、花費與人民納稅義務時，史密斯花了相當長的篇幅討論北美殖民地的問題。他強調，人民有納稅幫助公共事務進行以及國防的義務，不過人民應該有適當的代表來制定有關稅收的法案。格於形勢，北美的代表如何在千里以外的殖民地來倫敦出席會議，是困難的實務問題。在此一看似無解的問題上，史密斯提供一個連他自己都認為希望渺茫的解決之道。史密斯說，希望英國人在國會中決議自動放棄北美殖民地，應是非常不切實際的想法，或許某種聯邦制度是唯一可行的制度方案。只是按當時北美經濟的發展速度來看，不久將來，北美的人口與經濟實力應該會超過英國，屆時聯邦首都就會從倫敦轉移到紐約。史密斯預測，在最壞的政治情況下，就是北美完全獨立，英、美兩國的貿易將在不久之後恢復，而英、美兩國都會因為相對自由開放的貿易而受益更大。

生命之暮與新世界之曦（1784-1790, 1794, 1816）

隨著佛格森抱憾且狼狽地從紐約返回倫敦，新的世界秩序已經浮現在大西洋的海面。一七八四年大陸會議認可〈巴黎條約〉（Treaty of Paris），美利堅合眾國獲得國際社會的認可。一七七八年，拒絕了大學同學與溫和派對手佛格森進入大陸會議談判不久，威瑟斯本發表《告蘇格蘭同胞書》（*An Address to the Natives of Scotland Residing in America*），高昂的宣稱北美事件具有全人類歷史的意義。他說，「有人認為當前時局是美洲非常重要的時期。我們其實不妨說，當前是對全人類歷史而言重要的時期。」他非常可能看過他的同庚同鄉史密斯的《國富論》。《國富論》說，北美之所以發展快速，主要是因為北美有大量便宜的土地，所以吸引了資金，完全投入在農業發展。而且不像英國大貴族們擁有廣大土地卻疏於照顧，不思改良，北美殖民地都是自耕農，所以會傾心照顧農地，以求增加產量。總之，北美在短短二十五年就讓整體人口增加一倍。威瑟斯本一貫地討厭這種從物質或經濟視角來理解世界的方法，他輕蔑地說，除了有關實證或數據，英國人對於美洲的觀察都是臆測（conjecture），而「當人們說美洲在十五或二十年內讓人口倍增時，他們只是猜想，而且他們其實什麼也都沒說。」威瑟斯本說，美洲之所以進步快速，是因為北美有英國的自由傳統。顯然，威瑟斯本的世界與美洲，是建立在理念、心靈、精神層次之上，與史密斯的物質論，溫和派的調和論針鋒相對。

被威瑟斯本「不具名點名」的史密斯在一七七八年突然接到政府的任命，擔任蘇格蘭總稅務司長。於是他與母親從科卡迪搬到愛丁堡居住。從擔任公職到一七九〇年過世為止，史密斯依舊過著規律而平靜的生活，偶爾與相交多年，紛紛老去的文人朋友聚面（圖11-1），即便是一七八九年法國發生驚天動地的大革命，似乎也無能在他平靜的心情湖面掀起任何波瀾。

一七八九年，受到七年戰爭，出兵北美抵抗英國，以及其他各種軍事支出影響的法國波旁王朝同樣為了徵稅問題而召開久未舉行的三級會議。受到美國獨立運動的鼓舞，法國第三階級，也就是中產階級趁機向國王要求與貴族教士們平等的權利；此後一連串的事件，最終導致法國大革命的爆發。革命後期，軍事強人拿破論趁著時勢率領扛著紅白藍三色旗的砲兵，攻陷許多歐洲古老王國，摧毀歐洲的封建秩序，舊歐洲與舊政體從此一去不返。從政治革命的意義上說，北美獨立運動與法國大革命其實可以看做是場「雙胞胎革命」，它們都是以平民或公民的自由權利為號召，向國王爭取政治權利，最終都以放棄以君主作為主權，建立共和告終。

只不過當法國大革命進行到高峰的一七九〇年至一七九二年時期，史密斯與

圖11-1　此圖為Charles Hardie於一八九三年依據文獻所作，描繪蘇格蘭浪漫主義小說家史考特（Walter Scott，中立者）十三歲時在佛格森（坐在火爐邊）家中初遇蘇格蘭民族詩人彭斯（Robert Burns，著黑衣者）的歷史性場景。右邊圓桌上幾位人士都是當時著名的知識菁英，最右邊只露出側面的背對者是史密斯。圖片來源：Charles Martin Hardie, Public domain, via Wikimedia Commons.

威瑟斯本都已經無法對此重大事件發表意見。史密斯於一七九〇年七月與世長辭。或許是受到公務以及身體狀況的影響，直到一七九〇年過世前，史密斯沒有完成令他自己滿意的書稿。他原本要完成法哲學史以及美學理論最終沒能完成。在臨終的病榻上，史密斯請他的遺囑執行者當面將所有的手稿燒毀。隨著病榻前的灰燼，史密斯生前最後的工作就只剩下同年出版《道德情思理論》的第六版；他在此書的最後版本中對德性有了更多細緻的演繹，這是否說明他想從物質主義的陣地，往德性主義偏移呢？對當時許多英國人而言，法國大革命就是《百科全書》派所代表的物質主義、機械論、無神論思想的結果，所以他們可以接受摧毀教會組織，弒殺君主等等激進的作為。受到這種意見氛圍的影響，愛爾蘭出身的英國重要的哲學家，曾經支持北美抗英運動的自由擁護者艾德蒙·柏克（Edmund Burke, 1729-1797）撰寫了著名的《法國大革命的反思》（*Reflections on the Revolution in France*, 1790）。史密斯是否會對他這位同屬倫敦著名社團「文學社」（The Literary Club）的輝格朋友表示贊同？

無論史密斯對法國大革命的看法如何，這位《國富論》的作者的歷史地位已經無庸置疑。一七八七年，史密斯最後一次造訪倫敦。時任首相的否特（William

Pitt the Younger）向他舉杯致敬說，先生，在座我們每個人都是你的學生。史密斯的自由經濟理念，在北美獨立後，反而更顯示其意義與價值，深刻的影響了十九世紀的歷史。

美國獨立後，威瑟斯本繼續代表紐澤西州擔任「眾議院議員」以及紐澤西學院校長。法國大革命爆發後，許多支持北美獨立運動的激進人士例如潘恩（Thomas Paine, 1737-1809）興致勃勃地前往巴黎襄贊革命事業。他此時在法國出版的《理性的時代》（*The Age of Reason*）雖不如他在美國獨立運動時期的《常識》（*Common Sense*）與《人權》（*The Right of Man*）那樣洛陽紙貴，但也遠遠比柏克的保守主義更受歡迎。一七九四年前後，許多法國與英國的激進觀念與對宗教的批評湧入了北美出版中心如費城與耶魯，例如伏爾泰的《憨第德》（*Candide, ou l'Optimisme*）對宗教與自然神論的批評，高溫（William Godwin, 1756-1836）《政治正義探究》（*Enquiry Concerning Political Justice*）的激進平權觀與無神論，以及多巴赫（Baron d'Holbach, 1723-1789）《揭示基督教》（*Le christianisme devoile, ou examination of principes et des effets de la religion chrétienne*）的無神論都開始在北美書肆展售。以至於耶魯學院的校長德懷特四世（Timothy Dwight IV, 1752-1817）怨懟地抱怨道，法、英、德三地都將褻瀆宗教的文學吐在美洲土地上。桑梅伊（Moreau de Saint- Mery）在他的遊記中說道，受到大革命的不良影響，北美高等教育中心如麻州劍橋與普林斯頓的學生已經束書不觀，成天以淫樂為業。雖然都是追求政治平權，但美國革命與法國大革命的文化與宗教背景似乎有天壤之別。

幸或不幸，威瑟斯本已經在一七九二雙目失明，法國大革命對北美宗教情操的撼動，他已經無法預聞。他此時生活完全仰賴兩名黑奴的協助。蓄奴這件事讓威瑟斯本在二十一世紀政治正確中留下歷史汙名。過了兩年，一七九四年他在喧囂的世局的安靜府宅中過世。

唯一活到十九世紀的佛格森出人意表的，並未對法國大革命提出任何長篇評論。他於一七八七年從愛丁堡大學退休。在此之前不久，他出版了《羅馬共和興起與終結的歷史》（*The History of the Progress and Termination of Roman Republic*）。退休後又出版了《道德與政治科學原則》（*Principles of Moral and Political Science*, 1992）。這表示他在法國大革命期間依舊有著旺盛的寫作精力。但與史密斯以及他的溫和派朋友如羅伯森、荷姆這些人一樣，對法國大革命保持著謎一般的安靜。儘管如此，人們不難從他的溫和主義與接受社會階級存在的神意觀，得知他對法國大革命會有極為深刻的疑慮。

不過，作為蘇格蘭民兵運動的終生支持者，佛格森倒是對法國的對外征戰提出自己的觀察。一八〇八年就在拿破崙鐵蹄四處征伐歐洲的時候，佛格森評論道，歐洲各國不應該向法國挑釁，因為各國軍事力量無法與之抗衡，只有在被法國侵犯時才需要起身捍衛。他慶幸英國的地理位置，但也對歐洲聯軍的形成感到憂心。他抱怨那些支持拿破崙鐵騎的國家道，「如果法國統治者的海上力量與其陸地力量一樣強大，那麼整個世界從加州到日本沒有一處會是安全的。但現在這些國家震於法國的力量，卻聯合起來對付英國，渾不知他們之所以能有今日，純粹是因為英國限制了他（法國）的帝國（擴張）。如果法國擴張完成，這些人的土地財產與生命就只能任他擺布了。」所幸，長於陸軍與火炮戰事的拿破崙最終於一八一四年被英國海軍擊退並俘虜，隔年死於被拘禁的聖海倫娜島。再過一年，一八一六年，佛格森以九十三歲高齡過世。

結語

德國大文豪歌德（Johann Wolfgang von Goethe, 1749-1832）曾經說，自小在家庭聚會中就會聽大人們討論一些重大歷史事件。對他們家而言，十八世紀有四件事影響了世界的發展，分別是里斯本大地震（1755），英法七年戰爭（1756-1763），美國獨立運動（1774-1778）以及法國大革命（1789）。表面上看，威瑟斯本、亞當史密斯、佛格森三人只有在北美獨立運動上展現交錯複雜的態度，也積極表達了他們各自的看法。反之，他們對於里斯本大地震與法國大革命缺乏積極的關注，這種對歐陸的冷淡，既反映一種英國中心態度，也反照出德國的歐陸主義態度。

但話說回來，三位蘇格蘭小孩走過內戰、國際戰爭、殖民戰爭的歷史，在大環境下執著且針鋒相對的意見表述，體現了大英帝國崛起過程中，民間社會人士的情思與作為。相較於大英帝國，他們本身或許微不足道，但沒有他們，英國的歷史，甚至是世界的歷史都很可能大不相同……。

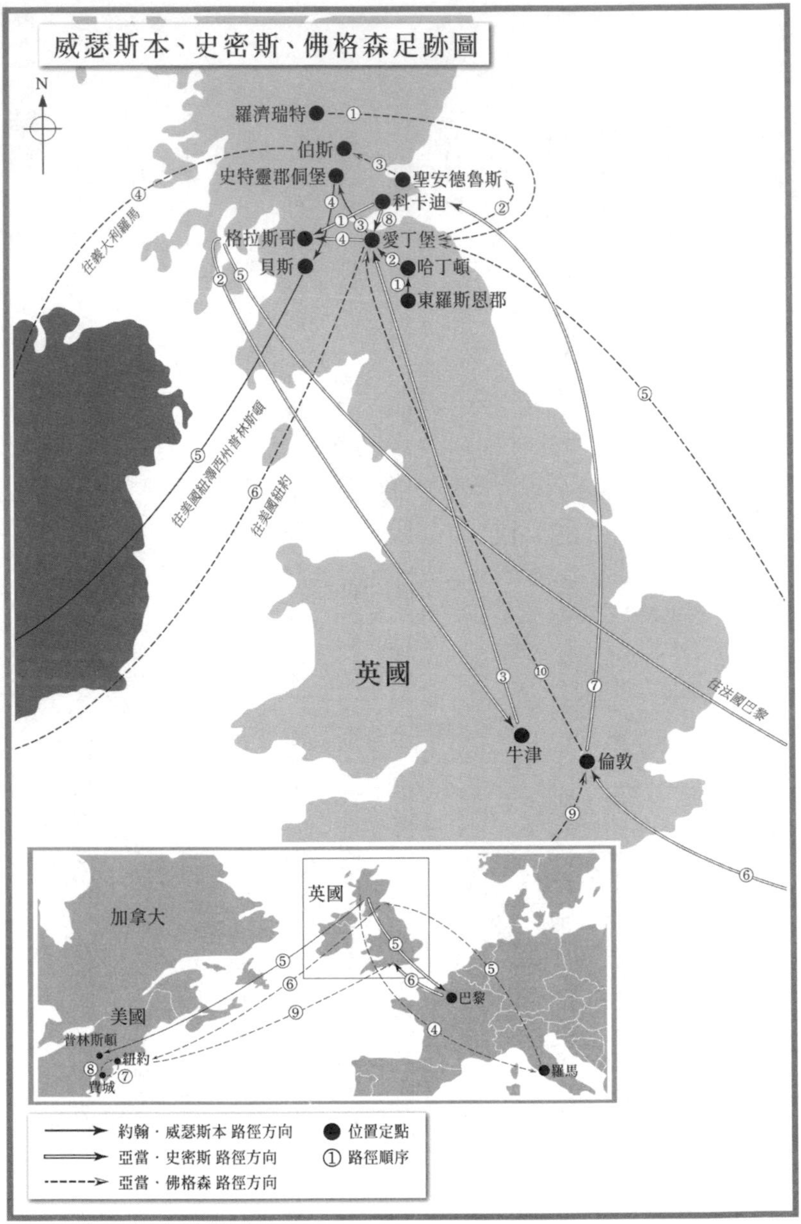

本圖僅作為人物行徑路線之參考，依照現今疆界繪製，非十八世紀實際疆界劃分。

Ferguson, Adam.

- *A Sermon Preached in the Ersh Language to his Majesty's Highland Rigment of Foot* (London: 1746).
- *The Morality of Stage-Plays Seriously Considered* (Edinburgh, 1757).
- *Remarks of a Pamphlet Lately Published by Dr. Price*, p. 7.
- 'Of the French Revolution with its Actual and Still Impending Consequences in Europe,' in Vincenzo Merolle (ed.), *The Manuscripts of Adam Ferguson*, (London: Pickering & Chatto, 2006)

Hopfl, H. M..

- 'From Savage to Scotsman: Conjectural History in the Scottish Enlightenment,' *Journal of British Studies* 17: 2 (1978), pp. 19-40.

Mailer, Gideon.

- *John Witherspoon's American Revolution* (Chapel Hill: North Carolina University Press, 2017).

Medic, Hans.

- "Civil Society", "bürgelichen Gesellschaft","Zivilgesellschaft"Adam Ferguson, An Essay on the History of Civil Society, in Uffa Jensen et. al. (eds.), Gewalt und Gesellschaft: Klassiker modernen Denkens neu gelesen (Leipzig: Walstein Verlag, 2011), pp. 47-58

Jeffry H. Morrison, Jeffry H.

- *John Witherspoon and the Founding of the American Republic* (Notre Dame, Indiana: University of Notre Dame Press, 2005), pp. 72.

Gary B. Nash, Gary B..

- 'The American Clergy and the French Revolution, William and Mary Quarterly, 22: 3 (1965), pp. 392-412.

Sher, Ricjard.

- *Church and University in the Scottish Enlightenment*, p. 78.

Smith, Adam.

- *Correspondence of Adam Smith,* (Indianapolis, Liberty Fund, 1987).
- *Theory of Moral Sentiments* (Indianapolis: Liberty Fund, 1982).

Witherspoon, John.

- *A Serious Enquiry into the Nature and Effects of the Stage* (Glasgow: printed for J. Bryce and D. Paterson, 1757), p. 6.
- *An Address to the Natives of Scotland*, p. 7.

大事年表

一六〇〇年　英國東印度公司建立。

一六〇二年　義大利耶穌會傳教士利瑪竇與明朝李之藻共同繪製《坤輿萬國全圖》。

荷蘭東印度公司成立。

一六一六年　日本德川幕府發布第一次鎖國令，禁止奉書船以外船隻度航。

一六三五年　日本第三次鎖國令，明朝、荷蘭以外的船隻只能停靠長崎。

一六四四年　明朝滅亡，順治在北京即位，開啟大清帝國。

一六八五年　法王路易十四廢除〈南特詔書〉，規定法國境內新教徒改宗羅馬公教，否則必須離開法國。最終有將近八十萬法國新教徒移居荷蘭、英格蘭等地。

一六八七年　牛頓出版《自然哲學數學原理》。

一六八八年　英格蘭光榮革命。英格蘭哲學家洛克發表〈一封有關寬容的信〉。

一六八九年◆洛克匿名出版第一版的《政府論》。
一六九〇年◆洛克出版《人類理解論》。
一六九四年◆法國思想家、哲學家伏爾泰誕生。
一六九七年◆皮埃貝爾（Pierre Bayle）出版《歷史批判辭典》。
一七〇四年◆牛頓出版《光學原理》。
一七〇六年◆皮埃貝爾過世。
一七〇七年◆蘇格蘭與英格蘭合併為大不列顛。
一七一一年◆英國哲學家與歷史學家大衛・休姆誕生於蘇格蘭愛丁堡。
一七一二年◆法文作家與哲學家盧梭誕生日內瓦。
一七一五年◆法王路易十四過世（在位七十二年），路易十五即位。
一七一六年◆萊布尼茲完成《論中國人的自然神學》。同年逝世於漢諾威。
一七二二年◆清帝國康熙皇帝駕崩，隔年年初雍正帝即位。
一七二三年◆三浦梅園誕生於日本。

前野良澤（蘭學開創者）誕生於日本。
阿睦爾撒納誕生於衛拉特蒙古輝特部。
陸燿誕生於中國。
梁國治誕生於中國。
阮浹誕生於越南。
威廉．錢伯斯誕生於瑞典。
保爾．霍爾巴赫誕生於德國。
晁俊秀（法籍耶穌會士）誕生於法國。
約書亞．雷諾茲誕生於英國。
威廉．布萊克史東誕生於英國。
理查．普萊斯誕生於英國威爾斯。
亞當．史密斯誕生於英國蘇格蘭。
亞當．佛格森誕生於英國蘇格蘭。
約翰．威瑟斯本誕生於英國蘇格蘭。

一七二四年

清朝考據學泰斗戴震誕生於中國。
《四庫全書》總纂修官紀昀誕生於中國。
哲學家伊曼努爾．康德誕生於普魯士王國柯尼斯堡。

一七二五年　俄皇彼得大帝過世，女皇凱薩琳即位。
英國發生金融南海泡沫。

一七二七年　中俄簽訂《恰克圖界約》。
英王喬治二世即位。

一七三〇年　由西川正休訓點的《天經或問》和刻本出版。
雍正成立軍機處。

一七三四年　英國文藝同好會成立，成員為壯遊過義大利的貴族士紳，特別鼓勵研究古希臘羅馬藝術。

一七三七年　清帝國雍正駕崩，乾隆即位。
威瑟斯本進入愛丁堡神學院就讀。
史密斯從格拉斯哥大學畢業進入牛津大學進修。

一七三八年　越南順化阮福闊即位稱武王，制定朝儀典章，稱順化為富春城。

一七四〇年　錢伯斯隨瑞典東印度公司經商船到達中國廣州。
雷諾茲在倫敦肖像畫家哈德森門下當學徒。

奧地利王位繼承戰爆發。

一七四三年

錢伯斯二度到達中國廣州。

阮洨科舉中鄉解（鄉貢）。

雷諾茲結束學徒生活，開始從事肖像畫業。

耶穌會教士王致誠出版《鄰北京中國皇家園林之特別報導》（法文），一七五二年英文版出版。

一七四四年

阮洨二十一歲，棄科舉之學，專心研讀「性理四書，五經大全書」。

普萊斯開始以不服從國教會的新教牧師身分，活躍於倫敦社會。

一七四五年

三浦梅園首次到外地出遊，到長崎、太宰府、熊本旅行。

準噶爾汗國爆發天花，首領噶爾丹策零病逝，因繼承問題，準噶爾爆發內亂。

佛格森擔任蘇格蘭高地政府軍團牧師。同年蘇格蘭高地詹姆士黨人軍事叛變。

一七四七年

史密斯結束牛津大學的學習，回到愛丁堡擔任收費講師。

一七四八年

錢伯斯第三度前去中國廣州。

孟德斯鳩匿名出版《論法的精神》。

奧地利王位繼承戰爭參戰國簽訂《亞琛和約》，結束戰爭。

一七四九年

中國山東連年欠收，商人陳世元將番薯引進山東。

錢伯斯棄商，前往巴黎藝術學校學習建築。

霍爾巴赫繼承舅舅的貴族頭銜後，搬入巴黎皇家路宅邸，定期舉辦沙龍。

德國大文豪哥德出生。

一七五〇年

三浦梅園參訪伊勢神宮。

雷諾茲開始為期兩年的義大利壯遊，行經羅馬、那不勒斯、佛羅倫斯、波隆那與威尼斯。一七五二年途經巴黎，最後回到倫敦。

盧梭出版《論科學與藝術》。

一七五一年

法國狄德羅開始編纂《百科全書》，直至一七七二年完成整套著作。

一七五二年

陸燿在北京考中舉人。

一七五三年

阮惠（光中帝）出生於越南歸仁府西山邑。

雷諾茲完成凱佩爾提督全身肖像畫，成為「宏偉」肖像畫的宣言。同年大英博物館成立。

布萊克史東在牛津開私授講座，講授英國普通法。

一七五四年

阿睦爾撒納被準噶爾汗達瓦齊所敗，阿睦爾撒納向清朝輸誠。

陸燿考授內閣中書，父喪，後入軍機處章京處任職，隨後擢戶部郎中等職。

英國藝術、製造、商業勵進會成立，便是今日通稱的皇家藝術勵進會（RSA）。雷諾茲亦為早期會員。

佛格森卸下牧師工作至歐洲遊歷，回到愛丁堡擔任律師公會圖書館主任。

一七五五年

二月，在阿睦爾撒納的獻策下，清廷出兵準噶爾，攻佔伊犁。七月阿睦爾撒納叛變，控制伊犁。

十一月一日，葡萄牙里斯本發生八級以上大地震。

盧梭出版《論人類不平等的起源》。

一七五六年
阿睦爾撒納出逃哈薩克，同年藉由蒙古動盪再度重返準噶爾。
歐洲國家經歷外交革命，轉以政治現實主義成為外交準則。
七年戰爭爆發。

一七五七年
二月，阿睦爾撒納糾集準噶爾殘存勢力，被推舉為準噶爾總台吉。七月，阿睦爾撒納被清軍擊潰，逃亡至俄羅斯。九月二十一日因天花在托博爾斯克病逝，得年三十五歲。
阮浹第一次科考會試，未能如意。
錢伯斯主持英國皇室邱園的修園工程。

一七五八年
布萊克史東被牛津大學理事會聘任為威納里安英格蘭法講座教授，此舉正式確立普通法與羅馬法並立。布萊克史東成為英國大學有史以來第一位專任普通法的教授。
普萊斯被任命為紐因頓格林聚會堂的上下午傳道師。同年出版著作《道德原理中的主要原則綜述》。

一七五九年
亞當．史密斯出版《道德情思理論》。

一七六〇年
藝術、製造、商業勵進會舉辦首屆英國當代藝術展覽，雷諾茲亦參與展出。

一七六一年

英王喬治三世即位。

大英藝術家協會正式成立，雷諾茲亦為其成員。

盧梭出版《社會契約論》。

錢伯斯完成邱園工程，同年出版《位於薩雷的丘園園林和建築之平面圖、立面圖、剖面圖與透視圖》一書。

一七六三年

七年戰爭結束，普奧簽訂《休伯特斯堡條約》，英法西簽訂《巴黎和約》，英國取得法國在北美洲大部分殖民地。

一七六四年

雷諾茲向友人詹森博士提議在倫敦成立文人社團「俱樂部」，成員包括眾多才華洋溢的知識分子如經濟學家史密斯、哲學家柏克、外交家馬嘎爾尼，小說家高爾．史密斯等等。

義大利拿坡里思想家切薩雷．貝加利亞出版名著《論犯罪與刑罰》。

一七六五年

越南順化武王薨，權臣張福巒擅改遺詔立阮福淳繼位，張氏專擅朝政，引致歸仁西山兄弟阮岳、阮侶和阮惠聚眾起事。

布萊克史東出版《英格蘭法評述》第一卷，第四卷也是最後一卷於一七六九年出版。

普萊斯以數學和哲學成就獲選皇家學會會士，其中簽名支持的有班傑明．富蘭克林和堪通等人。

一七六六年

阮洟參加第二次科舉會試，選擇不入場。

雷諾茲進入文藝同好會，同時也獲聘為文藝同好會畫家。

一七六七年

佛格森出版《文明社會史論》。

一七六八年

阮洟辭官，歸隱笠峯山。

英國庫克船長南太平洋探險隊首次啟程。

英國皇家藝術學院設立，雷諾茲獲選為首任院長。

威瑟斯本移民北美，擔任紐澤西學院校長。

瓦特改良的蒸汽機獲得專利，該蒸汽機具有獨立的冷凝機，在工業革命期間被廣泛運用。

一七六九年

雷諾茲受封為爵士。

普萊斯獲得蘇格蘭亞伯丁大學馬修學院神學博士。

一七七〇年

陸燿選任雲南大理府知府，以親老改任山東登州府知府，隔年調任濟南府知府。

霍爾巴赫匿名出版了《論自然之體系》。

布萊克史東被任命為民事訴訟法院法官。

德國哲學家黑格爾出生。

一七七一年

杉田玄白與前野良澤等人在江戶一同見學解剖罪犯屍體現場，將 *Ontleedkundige Tafelen* 帶到現場，且約定將該書譯為日文。

越南混戰，西山阮氏三兄弟、北方鄭主與南方阮福淳、阮福映展開世紀爭鬥。

魏斯特創作的畫作〈沃爾夫將軍之死〉在學院展覽中展出，引發雷諾茲和魏斯特對歷史畫的爭論。

普萊斯出版《養老金支付的觀察》。並開始為了撤銷限制宗教自由的《檢覈法》與《地方公職法》而奔走，普萊斯一生都在為宗教自由而努力，不過直到一七九〇年他最後一次策動請願，此志仍未成功。

一七七二年

陸燿出任山東運河道，駐濟寧州。

錢伯斯出版研究中國園林的代表作《東方造園論》。

一七七三年

普萊斯出版《關於國債問題向公眾提出的呼籲》。

北美發生波士頓茶黨事件。

四庫館開館，開始編修《四庫全書》。

教宗克萊孟十四世解散耶穌會，直至一八一四年，教宗庇護七世予以恢復。

雷諾茲完成〈約瑟夫・班克斯爵士的肖像〉。

一七七四年

前野良澤與杉田玄白翻譯的《解體新書》出版。

王倫在山東壽張起事，陸燿時鎮守濟寧，安然度過亂事，得到讚揚。

哥德小說《少年維特的煩惱》出版。

法王路易十五過世（在位五十八年），路易十六即位。

布萊克史東成為王座法庭法官。

北美第一次大陸會議。

一七七五年

陸燿升任山東按察使，重刊《急救方》。

北美第二次大陸會議，美國獨立戰爭爆發。

一七七六年

雷諾茲完成〈歐麥（麥的肖像）〉，以及〈黃亞東肖像〉。

普萊斯出版《對於公民自由本質，政府原則，和對美戰爭之正義和政策的觀察》，表達對美國爭取公民和宗教自由的支持。同年潘恩《常識》、亞當．史密斯《國富論》出版。

北美十三州發布〈獨立宣言〉，威瑟斯本是唯一一位學院人士兼神職連署人。

陸燿出版《甘薯錄》推廣甘薯種植。同年由陸燿主導的《山東運河備覽》纂修成書、編纂的《切問齋文鈔》刊印。

吉朋出版《羅馬帝國衰亡史》第一卷。

哲學家大衛．休姆逝世。

瓦特蒸汽機首次應用在商業用途上，於礦井抽水。

一七七七年

普萊斯出版《對於公民自由本質和價值，和對美戰爭的額外觀察》。

富蘭克林說服法國政府出兵支持北美對抗英國。

一七七八年

三浦梅園再訪長崎，見吉田耕牛等蘭學者。

陸燿任山東布政使，因母病解任回籍奉養。

西山阮岳在歸仁稱帝，阮惠大敗阮福映。阮福映避居暹羅，阮惠揮兵北上攻打鄭主。

盧梭、伏爾泰過世。

北美國會邀請普萊斯成為美國公民，並邀請普萊斯和他的家人移民至美國，普萊斯始終沒有答應移民。

一七八〇年

阮惠攻嘉定，阮福映避居暹羅，向法國求援。

布萊克史東過世，享年五十七歲。

一七八一年

康德出版《純粹理性批判》，與一七八八年出版的《實踐理性批判》、一七九〇年出版的《判斷力批判》，合稱三大批判。

十月，英軍於約克鎮戰役投降，結束美國獨立戰爭。

普萊斯獲選為北美波士頓文學與科學院院士。同年普萊斯與喬治·華盛頓一同獲頒北美耶魯大學法學博士學位。

一七八二年

《四庫全書》第一套書成。

阮浹《幸奄詩稿》結集。

一七八三年

山東興修河堤，陸燿因河工專長署任山東布政使，隔年實授。

英美簽署《巴黎合約》，北美十三州獨立。

一七八四年

陸燿升任湖南巡撫。

普萊斯出版《對於美國革命的重要性的觀察》。

一七八五年

陸燿逝世，享年六十三歲。同年山東巡撫明興向乾隆皇帝上呈陸燿《甘薯錄》，乾隆讚賞此書，下令刊刻推廣。

普萊斯獲選為美國費城哲學學院會員。

一七八六年

阮惠佔領順化，隨即出兵昇龍，黎帝出走，請求清朝出兵，阮惠南返途經乂安第一次寫信給阮浹，稱之為「羅山夫子」，遊說阮浹出山相助建功立業。阮浹拒絕。

哈克尼新學院（New College, Hackney）成立，普萊斯成為其中一位導師。

一七八七年

廢除奴隸貿易社團在倫敦成立。普萊斯受該組織成員邀請成為創會社員，但由於他年事以高、工作纏身而婉拒該邀請。不過，他仍持續支持廢除奴隸貿易。

一七八八年

清朝乾隆皇帝以「扶黎」之名出兵安南。阮惠在順化稱帝改元光中，北上抗清，路經乂安，派官脅迫阮浹下山相見。

一七八九年

三浦梅園逝世，享年六十六歲。

越南光中帝大敗清軍，乾隆封阮惠為安南國王。

保爾．霍爾巴赫逝世，享年六十六歲。

七月十四日法國大革命爆發。八月二十六日，《人權與公民權宣言》公布。

普萊斯在倫敦酒館中為「革命社」做一六八八革命百年紀念演講，並支持法國大革命理想。此演講出版，題為《論愛本國》。

一七九〇年

史密斯出版《道德情思理論》第六版。同年於愛丁堡過世。

哥德首次出版《浮士德》。

倫敦皇冠與錨酒館舉行首次的巴士底監獄紀念活動。十一月一日艾德蒙．柏克出版《法國大革命的反思》，批評普萊斯《論愛本國》布道文和法國大革命。同年瑪麗．沃斯通克拉夫特出版《為人權辯護》，為普萊斯和法國大革命辯護。

一七九一年

阮浹南下順化覲見光中帝，提出治國之法。光中帝任命阮浹為「崇正書院院長」，命其將儒學經典譯釋為國音（字喃）。

普萊斯二月從哈克尼的葛雷維爾比特聚會堂退休。四月在哈克尼家中逝世，享年六十八歲。

一七九二年

- 潘恩出版《人的權利》第一部。
- 阮浹完成《小學國音演釋》一書。同年光中帝駕崩，景盛帝即位。
- 雷諾茲於倫敦逝世，享年六十九歲。
- 沃斯通克拉夫特出版《為女權辯護》。
- 潘恩出版《人的權利》第二部。
- 四月，法國向奧地利宣戰，爆發法國大革命戰爭。九月，法國君主體制被廢，第一共和成立。

一七九三年

- 阮浹完成《詩經國音演釋》、《書經國音演釋》和《易經國音演釋》，獻給朝廷。同年阮福映攻打歸仁。
- 英國馬加爾尼率領使團訪北京，覲見乾隆皇帝。
- 一月法王路易十六被處死，九月法國大革命進入恐怖時期。
- 高德溫出版《關於政治正義的探究》。

一七九四年

- 威瑟斯本於普林斯頓過世，享年七十一歲。

一七九五年

- 阮浹將《小學國音演釋》重新釋譯編纂完成。

一七九六年 乾隆退位，嘉慶即位。
錢伯斯於倫敦逝世，享年七十三歲。

一七九七年 雷諾茲共十五次的《藝術演講錄》與其他著作首度集結為《雷諾茲作品集》出版。

一七九九年 乾隆駕崩。
拿破崙發動霧月政變，法國大革命結束。

一八〇〇年 西山景盛帝派官護送阮洨來富春，阮洨建議遷都河內。

一八〇一年 阮福映攻入順化，景盛帝逃至河內。

一八〇二年 阮福映召阮洨輔政，阮洨拒絕，同年西山朝亡國。越南南北統一。

一八〇三年 阮洨逝世於笠峯山，享年八十歲，其演釋的字喃儒學經典在政權轉變時被焚燬。

一八〇四年 康德過世，享年八十歲。

一八〇六年 黑格爾出版《精神現象學》。

一八〇七年　三月英國國會通過《廢除奴隸貿易法令》。

一八一一年　江戶幕府的翻譯機關「蕃書和解御用掛」（「蕃書調所」前身）成立。

一八一三年　雷諾茲弟子與助手諾思寇特出版《雷諾茲回憶錄》，於一八一八年擴充出版為《約書亞·雷諾茲爵士傳記》。

一八一六年　佛格森於聖安德魯斯過世，享年九十三歲。

一八二八年　英格蘭與威爾斯撤銷《檢覈法》與《地方公職法》。

一八三七年　英國維多莉亞女王登基。

一八四〇年　中英鴉片戰爭爆發，一八四二年清朝戰敗、簽訂《南京條約》。

一八五一年　倫敦「世界萬國博覽會」開展。

作者介紹

主編

陳正國　愛丁堡大學歷史學博士，中央研究院歷史語言研究所研究員，臺大歷史系兼任教授。主要研究興趣為蘇格蘭啟蒙運動以及英國商業與殖民歷史。

作者群（依姓氏筆畫排序）

孔令偉　哥倫比亞大學東亞系暨歷史學系博士，中央研究院歷史語言研究所助研究員。研究領域為世界史視野下的元明清中原與域外交流史、滿蒙藏語文學。

王汎森　中央研院院士，研究領域以十五世紀以降到近代中國的思想、文化史為主，近年來將研究觸角延伸到中國的「新傳統時代」，包括宋代以下理學思想的政治意涵等問題。

李仁淵　中央研究院歷史語言研究所副研究員，研究領域為中華帝國晚期的社會文化史，著有專書《晚清的新式傳播媒體與知識份子：以報刊出版為中心的討論》。

汪采燁　英國伯明翰大學歷史學博士，天主教輔仁大學歷史學系副教授。主要研究興趣為法國大革命時期政治思想與文化、近代英國婦女與文化史。著有〈法國大革命期間英國各派對於出版自由之辯〉和〈法國大革命的道德反思——沃斯通克拉夫特的政治思想研究〉等論文。

張存一　國立臺灣大學歷史學系碩士生。主要研究興趣為十八世紀法國思想與知識史，尤重「百科全書作者」（Encyclopédistes）知識編纂與思想發展間的關係。

張省卿　臺北輔仁大學博館所所長及歷史學系暨研究所教授。德國柏林洪堡大學藝術史博士；研究領域為東西交流史，著有*Natur und Landschaft*、《台北城官廳集中區》、《東方啟蒙西方》、《新視界》等專書。

陳禹仲　中央研究院人文社會科學研究中心助研究員。研究興趣為歐美政治思想史、近代早期歐洲史、當代政治理論等。

鄭永常　香港新亞研究所博士。專長明史、東南亞史、東亞海洋史。國立成功大學歷史系兼任教授。

謝佳娟　英國牛津大學藝術史博士，研究領域包括近現代歐洲藝術史、印刷文化、收藏與展示史、藝術史學史。

藍弘岳　中央研究院歷史語言研究所副研究員中，著有《漢文圏における荻生徂徠——医学・兵学・儒学》（東京：東京大學出版會，2017）、〈「帝國」概念在漢文圈的翻譯與流傳：從幕末日本到清末中國〉（《中央研究院歷史語言研究所集刊》第93本第1分，2022）等。

歷史大講堂

1723，世界史的11扇窗：接觸、匯聚與開創，從全球史中的人物，看見現代世界的格局與變化

2023年12月初版
2024年3月初版第二刷
定價：新臺幣550元

作者：
孔令偉、王汎森、李仁淵、汪采燁、張存一、張省卿
陳正國、陳禹仲、鄭永常、謝佳娟、藍弘岳

主編	陳正國
叢書編輯	陳胤慧
校對	呂佳真
內文排版	菩薩蠻
封面設計	職日設計

出版者	聯經出版事業股份有限公司
地址	新北市汐止區大同路一段369號1樓
叢書編輯電話	(02)86925588轉5317
台北聯經書房	台北市新生南路三段94號
電話	(02)23620308
郵政劃撥	帳戶第0100559-3號
郵撥電話	(02)23620308
印刷者	文聯彩色製版印刷有限公司
總經銷	聯合發行股份有限公司
發行所	新北市新店區寶橋路235巷6弄6號2樓
電話	(02)29178022

副總編輯	陳逸華
總編輯	涂豐恩
總經理	陳芝宇
社長	羅國俊
發行人	林載爵

行政院新聞局出版事業登記證局版臺業字第0130號

本書如有缺頁，破損，倒裝請寄回台北聯經書房更換。　ISBN 978-957-08-7191-3 (平裝)
聯經網址：www.linkingbooks.com.tw
電子信箱：linking@udngroup.com

家圖書館出版品預行編目資料

1723，世界史的11扇窗：接觸、匯聚與開創，從全球史中的人物，看見現代世界的格局與變化/陳正國主編．初版．新北市．聯經．2023年12月．432面．14.8×21公分（歷史大講堂）
ISBN 978-957-08-7191-3（平裝）
[2024年3月初版第二刷]

1.CST：世界史　2.CST：世界傳記

711　　112019324